高等职业教育"十四五"药品类专业系列教材

零售药店实务

张平 李灵 主编

化学工业出版社

·北京·

内容简介

本书为校企双元合作教材,由多所职业院校联合知名医药零售连锁企业编写。内容以零售药店工作过程为导向,以现代医药零售工作岗位为抓手,以真实工作任务为依据,对接行业发展新动态和新规范,融入"岗课赛证"理念,主要包括药店认知、药店基础作业、药店商品陈列、药店商品销售服务、中药柜销售服务、门店促销、网上药店运营、药店拓展8个项目,32个任务。

本书可供药品经营与管理、药品服务与管理、食品药品监督管理、药学、中药学、药物制剂技术、药品生产技术等专业作为教材使用,也可供各大零售连锁药店的医药零售工作者学习参考。

图书在版编目(CIP)数据

零售药店实务 / 张平,李灵主编. —北京:化学工业出版社,2024.3(2025.6重印)
ISBN 978-7-122-44995-5

Ⅰ.①零… Ⅱ.①张…②李… Ⅲ.①药品-专业商店-商业经营-高等职业教育-教材 Ⅳ.①F717.5

中国国家版本馆 CIP 数据核字(2024)第 017683 号

责任编辑:王 可 蔡洪伟 王 芳　　文字编辑:丁 宁 药欣荣
责任校对:杜杏然　　　　　　　　　　　装帧设计:关 飞

出版发行:化学工业出版社
　　　　(北京市东城区青年湖南街13号 邮政编码100011)
印　　装:高教社(天津)印务有限公司
787mm×1092mm　1/16　印张16½　字数480千字
2025年6月北京第1版第2次印刷

购书咨询:010-64518888
售后服务:010-64518899
网　　址:http://www.cip.com.cn
凡购买本书,如有缺损质量问题,本社销售中心负责调换。

定　　价:48.00元　　　　　　　　　版权所有　违者必究

出版说明

为了更好地贯彻《国家职业教育改革实施方案》，落实教育部《"十四五"职业教育规划教材建设实施方案》（教职成厅〔2021〕3号），做好职业教育药品类、药学类专业教材建设，化学工业出版社组织召开了职业教育药品类、药学类专业"十四五"教材建设工作会议，共有来自全国各地120所高职院校的380余名一线专业教师参加，围绕职业教育的教学改革需求、加强药品和药学类专业"三教"改革、建设高质量精品教材开展深入研讨，形成系列教材建设工作方案。在此基础上，成立了由全国药品行业职业教育教学指导委员会副主任委员姚文兵教授担任专家顾问，全国石油和化工职业教育教学指导委员会副主任委员张炳烛教授担任主任的教材建设委员会。教材建设委员会的成员由来自河北化工医药职业技术学院、江苏食品药品职业技术学院、广东食品药品职业学院、山东药品食品职业学院、常州工程职业技术学院、湖南化工职业技术学院、江苏卫生健康职业学院、苏州卫生职业技术学院等全国30多所职业院校的专家教授组成。教材建设委员会对药品与药学类系列教材的组织建设、编者遴选、内容审核和质量评价等全过程进行指导和管理。

本系列教材立足全面贯彻党的教育方针，落实立德树人根本任务，主动适应职业教育药品类、药学类专业对技术技能型人才的培养需求，建立起学校骨干教师、行业专家、企业专家共同参与的教材开发模式，形成深度对接行业标准、企业标准、专业标准、课程标准的教材编写机制。为了培育精品，出版符合新时期职业教育改革发展要求、反映专业建设和教学创新成果的优质教材，教材建设委员会对本系列教材的编写提出了以下指导原则。

(1) 校企合作开发。本系列教材需以真实的生产项目和典型的工作任务为载体组织教学单元，吸收企业人员深度参与教材开发，保障教材内容与企业生产实际相结合，实现教学与工作岗位无缝衔接。

(2) 配套丰富的信息化资源。以化学工业出版社自有版权的数字资源为基础，结合编者团队开发的数字化资源，在书中以二维码链接的形式或与在线课程、在线题库等教学平台关联建设，配套微课、视频、动画、PPT、习题等信息化资源，形成可听、可视、可练、可互动、线上线下一体化的纸数融合新形态教材。

(3) 创新教材的呈现形式。内容组成丰富多彩，包括基本理论、实验实训、来自生产实践和服务一线的案例素材、延伸阅读材料等；表现形式活泼多样，图文并茂，适应学生的接受心理，可激发学习兴趣。实践性强的教材开发成活页式、工作手册式教材，把工作任务单、学习评价表、实践练习等以活页的形式加以呈现，方便师生互动。

(4) 发挥课程思政育人功能。教材结合专业领域、结合教材具体内容有机融入课程思政元素，深入推进习近平新时代中国特色社会主义思想进教材、进课堂、进学生头脑。在学生学习专业知识的同时，润物无声，涵养道德情操，培养爱国情怀。

(5) 落实教材"凡编必审"工作要求。每本教材均聘请高水平专家对图书内容的思想性、科学性、先进性进行审核把关，保证教材的内容导向和质量。

本系列教材在体系设计上，涉及职业教育药品与药学类的药品生产技术、生物制药技术、药物制剂技术、化学制药技术、药品质量与安全、制药设备应用技术、药品经营与管理、食品药品监督管理、药学、制药工程技术、药品质量管理、药事服务与管理等专业；在课程类型上，包括专业基础课程、专业核心课程和专业拓展课程；在教育层次上，覆盖高等职业教育专科和高等职业教育本科。

本系列教材由化学工业出版社组织出版。化学工业出版社从 2003 年起就开始进行职业教育药品类、药学类专业教材的体系化建设工作，出版的多部教材入选国家级规划教材，在药品类、药学类等专业教材出版领域积累了丰富的经验，具有良好的工作基础。本系列教材的建设和出版，既是对化学工业出版社已有的药品和药学类教材在体系结构上的完善和品种数量上的补充，更是在体现新时代职业教育发展理念、"三教"改革成效及教育数字化建设成果方面的一次全面升级，将更好地适应不同类型、不同层次的药品与药学类专业职业教育的多元化需求。

本系列教材在编写、审核和使用过程中，希望得到更多专业院校、一线教师、行业企业专家的关注和支持，在大家的共同努力下，反复锤炼，持续改进，培育出一批高质量的优秀教材，为职业教育的发展做出贡献。

本系列教材建设委员会

编写人员名单

主　　编	张　平　李　灵	
副 主 编	刘　博　王元忠　郭抗萧	
编写人员	王元忠	重庆化工职业学院
	王宇轩	湖南中医药高等专科学校
	刘　伟	漱玉平民大药房连锁股份有限公司
	刘　博	黑龙江农垦职业学院
	刘文斌	江苏食品药品职业技术学院
	刘宸菀	湖南食品药品职业学院
	李　灵	益丰大药房连锁股份有限公司
	张　平	湖南中医药高等专科学校
	宋英杰	山东大学药品监管科学研究院
	赵一纯	湖南化工职业技术学院
	贺　君	益丰大药房连锁股份有限公司
	郭抗萧	长沙卫生职业学院

前言

据统计，截至 2022 年底，我国零售药店已突破 64 万家。在这庞大的体系背后，是国家对药品分类管理的深入推行和人民群众自我药疗需求的提升。药店已成为公众购药的重要渠道，是落实健康中国战略的市场载体。随着新业态衍生，利用专业服务增强多元化经营能力显得尤为重要，推动着传统药店经营管理者向现代健康顾问型医药新零售药店运营人才融合演变。本教材立足药品流通过程中对医药零售人才的需求，以医药零售企业为载体，以零售药店工作流程为主线，以零售药店工作过程为导向，以现代医药零售工作岗位为抓手，以真实工作任务为依据，从宏观到微观，从简单到复杂，遵循学生职业能力培养的基本规律和素质培养基本要求，科学设计工作任务和项目。

本教材有以下几个鲜明特点：

（1）注重"岗课赛证"融通。本教材根据医药零售药店的各项工作过程，明确行动领域工作要求，进行岗位职业能力系统分析，有机融入"1+X"证书考试内容和职业技能大赛考核标准，强化专业知识和新业态要求的技术技能融合、互通、内化，构建"项目导向、任务驱动"新型模块化的课程内容结构，促进"岗课赛证"融通。

（2）注重紧跟行业发展步伐，与时俱进。当今零售药店均已采取线上网店和线下实体店两种模式并行经营，同时在国家的双通道政策影响下，DTP 药店也如火如荼地发展起来，赋予了零售药店工作人员多重的角色，因此，零售药店的典型工作任务已经有所变化，本教材能够很好地匹配和适应该趋势和业态的发展。

（3）注重"产学研"的交叉融合。本书中涉及的许多操作指南是从全国大型药品零售连锁企业实践成熟的、已经作为企业内部 SOP 使用的操作规范中选取的，兼具教学性与实用性，不仅可供学生学习使用，还可以作为从业人员的工具书。因此，本教材为校企双元合作教材，内容丰富、视角多元化，有利于拓展读者的思路和视野。

（4）注重知识梳理与总结。本教材中的每个项目均在讲述正式内容前设置了完整的知识导图，使学生能够较系统地了解课程内容以及各部分之间的逻辑关系。

本教材共有八个项目，具体编写分工为：项目一由赵一纯编写，项目二由贺君、李灵与刘博编写，项目三由张平编写，项目四由刘文斌与王元忠编写，项目五由宋英杰和刘伟编写，项目六由郭抗萧编写，项目七由王宇轩编写，项目八由刘宸菀和李灵编写。

本书在编写过程中得到了各参编单位的大力支持与指导，在此一并表示感谢！

由于编写人员学识、精力有限，书中难免存在疏漏和不足之处，恳请业内专家、同行和广大读者批评指正，以使修订时更加完善。

编 者
2023 年 9 月

目录

项目一　药店认知　/　001

任务一　了解行业　/　002
一、药店类型　/　003
二、各类药店的区别　/　003
三、药店功能区　/　003
四、药店经营相关法律法规　/　004

任务二　了解岗位　/　008
一、店经理（店长）职责　/　008
二、值班经理（领班）职责　/　009
三、执业药师（药师）职责　/　009
四、营业员（健康顾问）职责　/　009
五、收银员职责　/　010
六、质量管理员职责　/　010
七、药品养护保管员职责　/　010

项目二　药店基础作业　/　013

任务一　营业准备　/　014
一、个人方面的准备　/　016
二、销售方面的准备　/　016

任务二　药店收银　/　019
一、收银员操作规范　/　020
二、营业款缴存操作规范　/　020

任务三　盘点补货　/　024
一、药品盘点管理　/　025
二、药品补上货管理　/　028

任务四　药店防损　/　033
一、药品日常防损管理　/　034
二、药店防盗管理　/　035
三、药店防抢管理　/　036
四、药店防火管理　/　037

任务五　药店交接班　/　042
一、交接班的必要性及要求　/　043
二、交接班商品交接　/　043
三、交接班财务交接　/　044
四、交接班其他经营事宜交接　/　044

任务六　填写质量报表　/　047
一、与药品相关的质量报表　/　048
二、场地及仪器设备质量报表　/　053
三、人员相关质量管理记录　/　054
四、药品监督部门监管记录　/　055

任务七　填报经营报表　/　058
一、企业基本情况表　/　059
二、门店周工作计划表　/　060
三、每月月初工作表　/　061
四、每月月末工作表　/　061
五、门店促销执行表　/　062
六、门店月度会议分析表　/　063
七、门店日清工作表　/　063
八、门店早会执行表　/　065

项目三 药店商品陈列 / 069

任务一 陈列准备 / 070
  一、药品的分类陈列要求 / 071
  二、关键陈列位 / 072
  三、磁石点理论 / 072
任务二 陈列商品 / 077
  一、零售药店商品陈列的原则 / 077
  二、药品陈列的常用技巧 / 078
任务三 手绘POP海报 / 083
  一、手绘POP的工具 / 084
  二、手绘POP的字体 / 084
  三、手绘POP书写技巧 / 085

项目四 药店商品销售服务 / 090

任务一 接待顾客 / 092
  一、药店员工接待礼仪 / 093
  二、识别不同类型的顾客 / 095
  三、接近顾客的技巧 / 096
任务二 问病主诉 / 102
  一、问病的基本要求 / 103
  二、询问疾病特征 / 103
  三、询问既往史 / 104
  四、问病的技巧及注意事项 / 104
任务三 药品推介 / 109
  一、药品推介流程 / 110
  二、药品推介的基本原则 / 110
  三、药品连带销售的技巧 / 112
  四、药品销售中注意运用FAB法则 / 112
任务四 用药指导 / 116
  一、常规用药指导 / 117
  二、特殊人群用药指导 / 120
  三、特殊剂型用药指导 / 122
任务五 慢病管理 / 128
  一、慢病主要管理范围 / 129
  二、门店慢病患者服务流程 / 129
  三、常用慢病基本仪器的使用 / 131
  四、健康教育 / 132

项目五 中药柜销售服务 / 136

任务一 中药饮片调剂服务 / 137
  一、调剂设施 / 138
  二、调剂工具 / 140
  三、调剂流程 / 141
  四、调剂过程中的注意事项 / 142
任务二 中药临方炮制加工服务 / 145
  一、中药代煎 / 146
  二、中药切片 / 148
  三、中药打粉 / 149
  四、熬糕 / 150
任务三 药食同源中药饮片的销售服务 / 154
  一、概述 / 155
  二、药食同源中药的种类 / 155
  三、药食同源中药饮片食疗的用法和用量 / 155
  四、药食同源中药饮片食疗的注意事项 / 157

项目六　门店促销　/　160

任务一　促销策划　/　161
　一、门店促销的目的、特征和方式　/　162
　二、促销策划书的结构和内容　/　163
任务二　促销实施　/　172
　一、促销的信息发布、人员安排　/　173
　二、促销材料的准备和场地布置要求　/　174
　三、促销实施的注意事项　/　175
　四、活动评价　/　175
任务三　售后服务　/　179
　一、药品退换货的程序和要求　/　180
　二、顾客投诉异议的处理　/　180

项目七　网上药店运营　/　184

任务一　商品呈现　/　185
　一、商品选择　/　187
　二、商品信息　/　187
任务二　店铺装修　/　192
　一、网上药店首页布局的原则　/　192
　二、网上药店首页的基本组成　/　193
任务三　客户服务　/　197
　一、客服知识准备　/　198
　二、客服行为规范　/　199
　三、客服商品推介　/　200
　四、客服订单催付　/　201
　五、客户问题处理　/　201
任务四　物流评价　/　206
　一、订单管理　/　206
　二、客户评价　/　208
任务五　微营销运营　/　212
　一、微营销内容选择　/　212
　二、推广引流技巧　/　214
　三、互动留存技巧　/　215
任务六　直播运营　/　219
　一、团队筹划　/　220
　二、商品筹划　/　221
　三、场景筹划　/　222
　四、直播实施过程　/　222

项目八　药店拓展　/　227

任务一　药店选址和开办　/　228
　一、商圈　/　228
　二、影响选址的因素和药店选址的原则　/　229
　三、确定药店经营策略的原则和方法　/　230
　四、开办的必备条件　/　233
　五、医保定点药店开办的要求　/　234
任务二　布置营业卖场　/　237
　一、招牌设计的内容　/　238
　二、营业卖场的出入口设计要求　/　239
　三、设施设备的管理要求　/　241
　四、环境管理要求　/　242
任务三　运营DTP药店　/　248
　一、DTP药店的基础介绍　/　249
　二、DTP药店与医院、传统药店的区别　/　249
　三、DTP药店运转模式　/　249
　四、DTP药店药事服务　/　250

参考文献　/　254

项目一 药店认知

【项目介绍】

药店是零售药品的商店,是直接向患者销售药品的经营企业。早在千年以前的宋朝,大名鼎鼎的改革家王安石批准创建了中医药史上第一家官办的药店——"太医局熟药所",也叫"买药所",这是中国零售药店的前身。随着社会生活方式的变化和医疗制度的改革,人们形成了"大病去医院,小病上药店"的观念。零售药店作为药品流通的终端环节,其经营条件和经营行为,如人员素质、管理制度、购药途径、储存条件、销售登记、用药指导等,对药品质量和安全用药具有重大影响。

【知识导图】

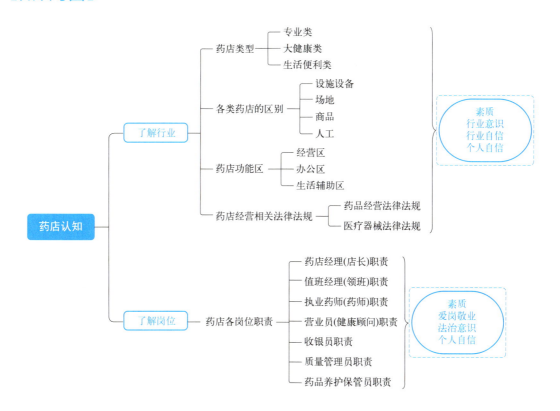

【学习要求】

通过本项目的学习,有清晰的行业认知及岗位认知,能区分药店的主要类型,并分析零售药店的主要发展趋势。能说出开办药店的相关政策法规,能总结药店的主要组织结构,并明晰药店岗位设置及工作人员主要职责。

任务一　了解行业

【学习目标】

素质目标：具有行业意识、行业自信、个人自信，严格遵守和执行零售药店的各项法律法规、规章制度，为患者的用药安全负责。

知识目标：能准确总结药店的类型并阐述各类型药店的区别，能基本说出开办药店的相关政策法规。

能力目标：能判断药店的具体类型，能分析零售药店的现状及发展趋势。

阅读材料

小陈在旅行时出现了感冒症状，于是他来到路边的药店，想自行购买一些药品服用。药店执业药师龙女士得知小陈想购买的药品中包含了处方药，于是告知小陈不能对其直接销售处方药。小陈在龙药师的指导下，使用该药店的电子处方服务系统与医生进行视频交流，医生问诊后确诊其病情，并开具电子处方，其中包含处方药——头孢克肟分散片。该药店执业药师审方后进行处方调配。小陈在这次的购药过程中切实感受到如今零售药店"为民生"的理念，这也是药店近年来的发展趋势。

如今医药零售行业监管部门提到更多的词汇是"专业服务""合理用药"。药店逐渐发展为以顾客合理用药为目标，大力发展药品服务和医疗服务，充分利用新兴的互联网工具，建立以经营和专业服务为驱动的药品零售新模式。

作为药学工作者，必须严格遵守和执行零售药店的各项法律法规、规章制度，为患者的用药安全负责。同时，还要具有一定的行业意识，及时了解药店的发展趋势，探索药店的发展策略，更好地提供顾客想要的服务。

【任务要求】

能通过参观 GSP 模拟药房，总结药店经营区的具体划分设置；能利用信息检索手段，查阅资料，了解目前国内价值排名前十的药店，并分析其主要类型及特点。

要求：药店经营区的具体划分设置符合 GSP 要求及药品储存要求等原则，有一定的职业素养和信息素养。

【任务准备】

项目	基本实施条件	备注
场地	60m² 以上的 GSP 模拟药房、60m² 以上的计算机房	必备
设备	50 台计算机	必备
工具与材料	计时器、货架、空白纸、药品按照系统用途分类的标签、笔、尺子、橡皮擦	必备

【相关知识】

零售药店主要经营要素包括场地、人工、商品、设施设备、资本等，在具体经营过程中的组合方式、结构有较大差异，且在一定时期表现出较稳定的经营风格和经营形态。零售药店在长时间的演化过程中，被划分成多种类型，每一种类型的要素组合与结构都有自己的特点。

一、药店类型

1. 专业类

专业类药店经营的主要品类是处方药、非处方药（OTC）等。常见的业态类型有药诊店、DTP（Direct to Patient，直接面向患者）药房、国医馆、诊所等。其中国医馆、诊所有医师坐堂或咨询，能够解决部分处方来源问题。专业店还可以与周围的社区医疗机构或综合性医院形成互动，医生开具处方，药店执业药师审方调配。

M1-1 零售药店的类型

2. 大健康类

大健康类药店经营的品类除了药品以外，还有中药饮片、贵细滋补、保健品、医疗器械、消字号产品、理疗产品、智能化可穿戴设备等，还包括药妆、营养品、功能性食品等。主要业态类型有健康药房、中医项目＋药店、养生馆、直销＋会销＋药店、中药精品店等。在大健康药店中，中医中药是其核心经营项目和品类，中医理疗等各种传统医疗项目也受到患者的欢迎，还有执业药师、健康管理师、营养师、心理咨询师等专业技术服务人才提供各项服务。

3. 生活便利类

生活便利类药店经营方式和品类结构上类似超市、便利店等，常见的业态类型有药店系统的店中店、OTC乙类柜、药店超市、远程药店O2O（线上药店线下消费）等，该类药店最大的特点是药品不必成为其经营的一个主要品类。

二、各类药店的区别

1. 设施设备（专业服务设施设备配置率）

专业服务设施设备配置率从高到低依次为专业类型店、大健康类型店、生活便利类型店。

2. 场地

大健康类型店大都是从当初的平价大药房（卖场）转型而来，场地面积较大（多在500m^2以上），所以其坪效偏低，今后提升空间大，方式也有不少；生活便利类型店面积较小（多在100m^2以下），所以其坪效较高；专业类型店面积可大可小，营业额更多地取决于其专业服务能力。

3. 商品（数量占比）

专业类型店药品数量较多，便利品少；生活便利类型店便利品和健康品的占比在提高；大健康类型店的健康品相对占比较高。

4. 人工（人效）

专业类型店人效最高，说明专业服务项目和人员的技术服务能力可以带来更高的营业额；生活便利类型店人工成本或许比大健康类型店控制得好，所以人效会高一些。

三、药店功能区

一般性便民连锁药店面积要求在60m^2以上，而创办具有一定规模的超市连锁店，面积要在100m^2以上，做到营业场地宽敞、环境清洁，柜台及货架整齐合理，标志醒目。药店区域分为经营区、办公区和生活辅助区。三个场所必须分开或隔离。办公区、生活辅助区不得存放库存商品（药店全部合格商品一律进入商品陈列展示区，上柜上架）。

四、药店经营相关法律法规

(一)药品经营法律法规

1. 《中华人民共和国药品管理法》

《中华人民共和国药品管理法》(简称《药品管理法》)是为了加强药品管理,保证药品质量,增进药品疗效,保障公众用药安全和合法权益,保护和促进公众健康而制定的法律。于1984年9月20日第六届全国人民代表大会常务委员会第七次会议通过,自1985年7月1日起施行。2019年8月26日,新修订的《中华人民共和国药品管理法》经第十三届全国人民代表大会常务委员会第十二次会议表决通过,于2019年12月1日起施行。

2. 《药品经营质量管理规范》(GSP)

1998年,在1992版GSP的基础上重新修订了《药品经营质量管理规范》,并于2000年4月30日以国家药品监督管理局令第20号颁布,2000年7月1日起正式施行。现行的版本是于2016年6月30日经国家食品药品监督管理总局局务会议审议通过,现予公布,自公布之日起施行。

3. 《中华人民共和国药品管理法实施条例》

《中华人民共和国药品管理法实施条例》(简称《药品管理法实施条例》)是根据《药品管理法》制定的实施条例。2002年8月4日由国务院令第360号公布,自2002年9月15日起施行。根据2016年2月6日《国务院关于修改部分行政法规的决定》,对《药品管理法实施条例》进行第一次修订;根据2019年3月2日《国务院关于修改部分行政法规的决定》,《药品管理法实施条例》进行了第二次修订。2022年5月9日,国家药监局发布《药品管理法实施条例(修订草案征求意见稿)》,向社会公开征求意见。

4. 《药品经营和使用质量监督管理办法》

《药品经营和使用质量监督管理办法》是为加强药品经营和药品使用质量监督管理,规范药品经营和药品使用管理活动,根据《中华人民共和国药品管理法》《中华人民共和国疫苗管理法》《中华人民共和国药品管理法实施条例》等法律、行政法规而制定的。该办法共七章七十九条,自2024年1月1日起施行。在中华人民共和国境内的药品经营、使用质量管理及其监督管理活动应当遵守该办法。

5. 《药品经营许可证管理办法》

为加强药品经营许可工作的监督管理,根据《药品管理法》《药品管理法实施条例》的有关规定,制定本办法。

6. 《处方药与非处方药分类管理办法(试行)》

《处方药与非处方药分类管理办法(试行)》是国家药品监督管理局发布的药品类管理办法,于1999年6月11日通过审议,2000年1月1日起正式施行。本办法对于处方药的调配、购买和使用以及非处方药的标签、说明书、包装印刷和销售都进行了明确的规定。

(二)医疗器械法律法规

1. 《医疗器械监督管理条例》

《医疗器械监督管理条例》是为了保证医疗器械的安全、有效,保障人体健康和生命安全制定的。于2014年2月12日国务院第39次常务会议修订通过,由国务院于2014年3月7日发布,自2014年6月1日起施行。2017年5月4日国务院发布第680号令,公布《国务院关于修改〈医疗器械监督管理条例〉的决定》,对《医疗器械监督管理条例》进行修订。2020年12月21日国务院第119次常务会议修订通过《医疗器械监督管理条例》,2021年2月9日国务院令(第739号)发布,自2021年6月1日起施行。

2. 《医疗器械经营监督管理办法》

《医疗器械经营监督管理办法》是为加强医疗器械经营监督管理,规范医疗器械经营行为,保证医疗器械安全、有效，根据《医疗器械监督管理条例》制定的。于2014年6月27日国家食品药品监督管理总局局务会议审议通过，2014年7月30日国家食品药品监督管理总局令第8号公布，自2014年10月1日起施行。最新版于2022年3月10日由国家市场监督管理总局令第54号公布，自2022年5月1日起施行。

【任务实施】

参观GSP模拟药房。学生通过参观GSP模拟药房，总结药店总体布局区域。完成后，通过信息检索、查阅资料，了解目前国内竞争力排名前十的药店，并分析其主要类型及特点。进行自评、互评、师评。

【任务评价】

考核内容		评分细则	分值	自评	互评	师评
职业素养与操作规范(20分)		仪容仪表：工作服穿着整齐(袖口扎紧)，得4分；不披发、化淡妆、不佩戴首饰，双手洁净、不留长指甲，指甲不染色，得4分	8			
		精神面貌：饱满热情、面带微笑、耐心细致、礼貌用语，得5分	5			
		参观过程中爱惜财产，对商品和货架轻拿轻放，得3分	3			
		信息素养：能正确使用网络手段，查阅权威资料，得4分	4			
技能(80分)	零售药店各区域简图	画出GSP模拟药房的处方药品区，得3分	3			
		画出GSP模拟药房非处方药品区，得3分	3			
		画出GSP模拟药房医疗器械区，得3分	3			
		画出GSP模拟药房中药饮片区，得3分	3			
		画出GSP模拟药房保健食品区，得3分	3			
		画出GSP模拟药房其他非药品区，得3分	3			
		画出GSP模拟药房药店仓库，得3分	3			
		画出GSP模拟药房收银服务区域，得3分	3			
		画出GSP模拟药房空调、冷藏柜等必备设施设备，得3分	3			
		画出GSP模拟药房必备悬挂的证件，得3分	3			
		画出GSP模拟药房必备悬挂的制度，得3分	3			
		画出GSP模拟药房的促销区域或物料，得3分	3			
	查阅药店信息	查阅国内当年竞争力排名前十的药店，得2分；每写出一个药店的类型及特点，得6分	44			
总分及得分			100			

【任务考核答卷】

班级：　　　　　姓名：　　　　　学号：　　　　　成绩：

GSP 模拟药房的功能区简图：

国内十大零售药店的名称、类型和特点。

1.

2.

3.

4.

5.

6.

7.

8.

9.

10.

【任务实训报告】

班级：　　　　　姓名：　　　　　学号：　　　　　成绩：

实训任务	
实训目的	
实训步骤	
注意事项	
实训反思	

【课后作业】

药店的类型及其主要的特点：

任务二　了解岗位

【学习目标】

素质目标：具有遵守药店相关法律法规、热爱零售药店各岗位、尊重顾客、热情服务、真诚守信的职业素养。

知识目标：能准确总结药店岗位设置与职责，说出药店工作人员应具备的素质及基本礼仪。

能力目标：能对药店岗位进行设置，能严格履行工作中的职责。

【任务要求】

能够根据药店岗位设置，画出药店组织结构图，列出工作人员在营业前、营业中和营业后三个阶段的基本职责。

要求：药店组织结构图采用思维导图形式，分为一级、二级等，结构完整，内容简洁明了。

【任务准备】

项目	基本实施条件	备注
场地	60m² 以上的多媒体教室	必备
工具与材料	空白纸、笔、尺子、橡皮擦	必备

【相关知识】

药品是特殊的商品，药店各岗位职责如下。

M1-2　药店各岗位人员

一、店经理（店长）职责

店经理是药店经营目标的实现者，也是药店经营的直接责任人。店经理负责门店的全面工作，是药店的现场指挥者，负责全店工作安排、上级精神的传达及一切日常事务的管理。店经理的重点工作主要包括顾客管理、员工管理、供应商管理、收银管理和数据分析。

具体职责如下：

（1）全面负责门店的管理工作，对门店 GSP 工作负全部责任，树立良好的企业形象。

（2）按 GSP 的要求开展各项工作，做好商品的销售及现场管理工作。

（3）保障商品销售账实相符。

（4）注意安全操作，保障门店商品、人员与设施设备的安全。

（5）管理并培训好下属员工，积极发挥员工的工作能动性。

（6）负责门店请货、退货、销售、收银、防损、票据流转、顾客投诉、卫生清洁等各项工作的落实。

（7）负责门店的各类促销活动，做好促销策划和实施。

（8）连锁门店经理还需要作为连锁总部和门店沟通的桥梁，积极地贯彻和执行公司的各项规章、制度和政策。

二、值班经理（领班）职责

（1）协助店长全面负责门店的管理工作，树立良好的企业形象。
（2）按GSP的要求开展各项工作，做好商品的销售及现场管理工作。
（3）保障商品销售账实相符。
（4）注意安全操作，保障门店商品、人员与设施设备的安全。
（5）协助店长、药师管理并培训好下属员工，积极发挥员工的工作能动性。
（6）协助负责门店请货、退货、销售、收银、防损、票据流转、顾客投诉、卫生清洁等各项工作的落实。
（7）负责当班的相关内部、外部职能部门的接待工作。

三、执业药师（药师）职责

（1）遵守国家药品管理法律、法规，遵守职业道德，忠于职守。
（2）熟悉药品性能，掌握专业知识和技能以及最新药品信息。
（3）负责处方的审核及监督调配，提供用药咨询与信息，指导合理用药，开展治疗药物的监测及药品疗效的评价，指导帮助顾客正确选购非处方药进行自我药疗，始终保证药品质量合格和患者用药安全。
（4）参加培训和继续教育，参与社区或商圈内的卫生保健活动。
（5）负责门店商品进货的质量验收、养护工作，负责近效期药品的跟踪管理，按照GSP的要求做好各类经营质量管理表格。
（6）负责本店员工的药品知识培训，及时传达国家有关政策、法规并监督执行，用最新的药品信息辅助员工理解与掌握相关药品知识，指导其做好各区域的商品养护，提高员工的专业素质。
（7）负责对门店商品质量进行处理，如包装破损等，将资料证件不全、下货错误、顾客投诉的商品质量问题、经营中出现的药物严重不良反应和重大质量事故等及时上报质量管理部门、采购部门和物流配送部门，并跟踪处理结果。

四、营业员（健康顾问）职责

（1）认真执行《药品管理法》及GSP相关规定，熟悉管理区域内商品摆放及分区分类。
（2）严格遵守公司或企业各项规章制度。
（3）负责药品摆放、清洁整理、标签价码对应等工作。
（4）向顾客正确推介药品，介绍药品的功能主治、用法用量等知识，保证用药安全，做好药学服务。
（5）中药配方坚决执行处方调配制度，成药凭处方销售处方用药，二者按处方复核制度双签名，保证无差错事故。
（6）负责相关柜台药品质量与养护以及服务投诉的前期处理工作。
（7）负责将商品信息和在柜商品短缺情况上报当班管理员。
（8）认真做好商品的验收工作，对责任区内的药品数量账实相符负责。
（9）认真做好责任区内卫生工作，交接班时做好贵重商品的库存交接工作。
（10）中药柜台技术指导人员应负责中药饮片上柜正确，药品鉴别准确，处方的审方、调配、复核工作无差错，对中药服用做指导性咨询，保证用药安全。
（11）执行门店的各类促销活动，开展促销实施。
（12）为实施O2O（线上支付线下消费）的顾客进行快速、准确地拣货、配送和打包服务。

五、收银员职责

（1）严格遵守收缴款制度，准确无误地进行收缴款工作。
（2）负责前台票据信息的录入和门店销售核算，保证数据处理正确并传输至后台。
（3）唱收唱付，负责提醒顾客携带购物凭证，以维护自身消费权益。
（4）营业时间不得无故脱岗、串岗，票据移交清楚，营业款按时交纳财务，严禁携带公款回家，若发生金额短少或误收假币，由当事人自行赔偿。
（5）现金管理制度，收银员不得私自结算收款单，不得擅自挪用或私借营业款。
（6）负责收银设备的清洁、维护工作。
（7）对发票、账相符负责。
（8）熟悉当日门店的促销活动。

六、质量管理员职责

（1）坚持"质量第一"观念，严格执行国家有关法律法规规定，坚决执行药房质量管理制度。
（2）对购入的药品进行验收和质量把关，严格按照药品标准和合同质量条款逐批抽样验收购进药品，凡不符合质量规定的药品有权并有责任提出拒绝收货，在验收时发现疑问的品种，按照GSP的要求严格处理。
（3）对已经售出的确定有质量问题的药品负责采取措施，及时追回。

七、药品养护保管员职责

（1）爱岗敬业，工作认真负责，业务精益求精。
（2）认真执行药品保管养护制度，指导营业员对药品进行分类陈列、养护。
（3）检查门店商品的储存条件，做好药品养护检查记录，每月对所有商品检查一次。
（4）根据季节做好"防尘、防潮、防污染、防虫、防霉"工作，采取相应的措施。
（5）养护中发现有质量问题的商品，应通知营业员马上下架，同时报告门店质量负责人。
（6）正确使用养护、计量设备，建立档案，定期检查、维护、保养，同时做好记录。
（7）定期做好质量月报表，对近效期、滞销商品做好催销工作。
（8）接受质量负责人的监督。

【任务实施】

你作为某药店负责人，制作一份药店的组织结构图，列出营业前、营业中和营业后三个阶段工作人员的基本职责。

【任务评价】

考核内容	评分细则	分值	自评	互评	师评
职业素养与操作规范（20分）	仪容仪表：工作服穿着整齐（袖口扎紧），面部微笑，得5分；不披发、化淡妆、不佩戴首饰、双手洁净、不留长指甲、指甲不染色，得5分	10			
	图表制作清晰，卷面干净，线条笔直，得5分	5			
	字迹清晰，无墨团，得5分	5			

续表

考核内容		评分细则	分值	自评	互评	师评
技能 （80分）	制作药店组织结构图	写出药店负责人，得3分	3			
		写出质量负责人，得3分	3			
		写出质量管理员，得3分	3			
		写出质量验收员，得3分	3			
		写出养护员，得3分	3			
		写出处方审核员，得3分	3			
		写出营业员，得3分	3			
	药店人员营业前、中和后三阶段的基本工作职责	列出营业前环境相关准备，得5分；列出个人相关准备，得5分；列出销售相关准备，得5分	15			
		列出营业中执行《药品管理法》和GSP等相关法律法规要求，得5分；列出遵守工作纪律要求，得15分；列出接待顾客要求，得5分；列出售后服务要求，得2分；列出处理顾客异议和抱怨要求，得3分；列出验收、盘点要求，得4分；列出交接班要求，得5分	39			
		列出营业后整理、检查、补货、打扫相关要求，得5分	5			
总分及得分			100			

【任务拓展】

根据药店各岗位职责，总结药店工作人员应具备的基本素质。

【任务考核答卷】

班级： 姓名： 学号： 成绩：

药店工作人员应具备的基本素质：

【任务实训报告】

班级：　　　　　姓名：　　　　　学号：　　　　　成绩：

实训任务	
实训目的	
实训步骤	
注意事项	
实训反思	

【课后作业】

按照药店运营的相关法律法规要求，药店应设置的岗位：_____

M1-3 药店认知课件

项目二　药店基础作业

【项目介绍】

药店基础作业是指门店的基本作业流程，具体包括营业前、营业中、营业后及门店日常维护的工作事项，是确保门店正常营业的流程。

【知识导图】

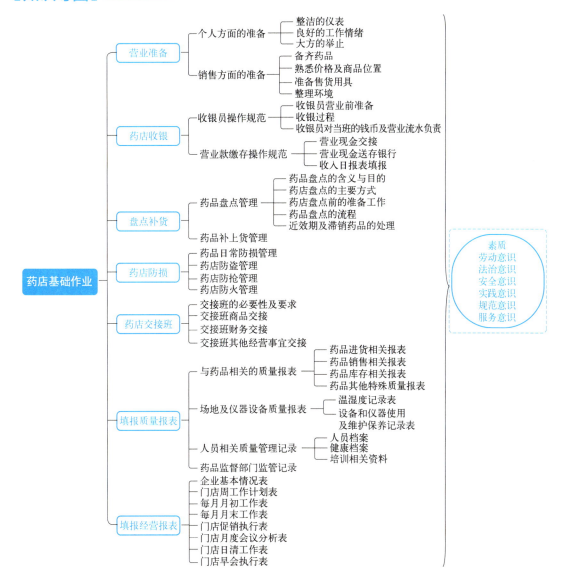

【学习要求】

通过本项目的学习，具备门店作业时的规范意识、服务意识，具备对基础工作的劳动实践意识。能够完整阐述药店基础作业的基本步骤；熟悉各项作业的流程与技巧。

【项目"1+X"证书考点】

任务中与药品购销职业技能等级证书对接的内容。

等级	工作领域	工作任务	职业技能要求
初级	5. 药品核算	5.1 柜组核算	5.1.1 能清点、管理现金。 5.1.2 能使用各类非现金支付结算方式。 5.1.3 能填制、审核各种票据和凭证。 5.1.4 能填制进销存日报表
		5.2 门店盘点	5.2.1 能制订零售门店盘点工作计划。 5.2.2 能按照零售门店要求进行初点、复点和抽点。 5.2.3 能按操作规程进行盘点作业并填写相关单据。 5.2.4 能正确填写盘点损益报表
中级	3. 药品特殊储存养护	3.3 药品盘点	3.3.1 能正确进行库存盘点。 3.3.2 能正确进行库存结算。 3.3.3 能正确处理盘亏。 3.3.4 能正确处理盘盈
	5. 经济核算	5.2 经营分析	5.2.1 能应用定量分析、业务分析、行为分析相结合的方法，对门店进行综合分析。 5.2.2 能分析实际收支与预算等门店内部资料
高级	3. 医药营销	3.2 营销实施	3.2.3 能进行品类管理

【项目职业技能大赛考点】

药品购销员技能大赛

项目	任务要求
理论内容	药品购销理论：药品销售票据的管理、药品不良反应报告、库存盘点方法、药品效期管理

任务一　营业准备

【学习目标】

素质目标：具备药店营业员要求的职业道德，遵守药店营业员的职业操守。
知识目标：能够准确描述药店营业员营业准备工作的流程及其相关要求。
能力目标：能依据营业前个人在仪容仪表、工作情绪、接待礼仪的对应要求以及在销售商品、价格及门店5S方面的要求开展营业准备。

> **阅读材料**
>
> **工欲善其事，必先利其器**
>
> 　　工匠做工与思想品德的修养从表面上看来是风马牛不相及的事，但实质上却有相通的道理。
>
> 　　《论语集解》引孔安国的注解说："工以利器为助，人以贤友为助。"常言说得好："磨刀不误砍柴工。"工匠在做工前打磨好工具，操作起来就能得心应手，就能达到事半功倍的效果，思想品德修养也是一样。选择品德高尚的人交往，与他们做朋友，受他们的影响熏陶，潜移默化，自己的思想境界和道德修养就会在无形中得到提升。其实，这就是《颜渊》里曾子说君子"以友辅仁"的道理。
>
> 　　"工欲善其事，必先利其器"出自《论语》孔子告诉子贡，一个做手工或工艺的人，要想把工作完成，做得完善，应该先把工具准备好。比喻要做好一件事，准备工作非常重要。

【任务要求】

　　熟练知晓门店营业前人员和销售方面的准备流程。
　　要求：熟悉个人仪容仪表、接待礼仪及营业前商品、价格等对应相关物品的准备要求。

【任务准备】

一、任务名称

　　药店营业前准备。

二、任务条件

项目	基本实施条件	备注
场地	60m² 以上的模拟药房	必备
设备	员工工装、商品、价签、货架、药店5S管理基础设施	必备
工具与材料	计算器、笔、发票、购物袋、收银纸	必备

【相关知识】

M2-1 营业准备

　　因为行业的特殊性，药店所接待的顾客都是特殊性群体，她（他）们来到店里都是有指向消费的，服务只是销售整体过程中的一部分，顾客的消费指向是药品，店员在做好个人岗前准备工作之外，更重要的是做好销售方面的准备工作，这方面是否准备得充分直接关系到一天的营业流程，这里称之为"基础工作"。基础工作准备得充分，就能保证药店营业时忙而不乱、提高效率，减少顾客的等待时间，避免差错和事故。药店店员每日要与形形色色的顾客打交道，除全身心投入外，针对不同性格的顾客店员还要采取不同的策略。不打无准备之仗，方能立于不败之地。营业之前，店员应该做好充分的准备。

　　营业前的准备主要有两方面：①个人方面的准备；②销售方面的准备。有了这两方面的精心准备，店员在营业时才会胸有成竹，在运用各项业务技术时才能游刃有余，才能尽快地进入优秀店员的角色之中。

一、个人方面的准备

（一）整洁的仪表

一个优秀的店员会保持整洁美观的容貌，着装统一，表现出稳重专业的言谈举止，店员仪表能够感染顾客，能够和顾客建立更好的信任感，从而更好地进行药学服务。以下为保持仪表的四个方面。

1. 仪容整洁

上岗前应做好自身头发、面部、颈部、手部等的清洁工作，清除口腔及身体异味，修剪鼻毛，禁止留长指甲、染指甲及使用刺鼻气味香水。

2. 穿着素雅

店员的着装是顾客首先注意到的，药店店员由于工作性质不宜打扮得花枝招展，按公司要求不佩戴或佩戴少量不夸张首饰，以免引起顾客反感。着装应统一，并佩戴工作牌。同一门店不得有冬装、夏装同时出现的情况，工装要整洁、平整，纽扣统一齐全，不将衣袖或裤腿卷起；不准敞怀、散扣，服装保持干净清洁。破旧工装会影响门店形象，须主动更换。药店店员工作需长时间站立，不应穿拖鞋、超过3cm的高跟鞋，鞋子一般选择黑色、棕色布鞋、软皮鞋为宜，鞋子保持可视范围的干净清洁。颜色花哨或刺眼的球鞋禁止穿着上岗。

3. 发型要求

发型应自然大方，避免怪异的发型和发色。总的要求为：头发保持清洁，前不盖眉、侧不过耳、后不遮领。女员工发不过肩，长发要盘起，可用带网兜的头花将头发盘起；男员工不留长头发，不留大鬓角及胡须。

4. 化淡妆

女店员可适当化淡妆，以形成良好的自我感觉，增强自信心，同时也给顾客留下一个清新的印象，而浓妆艳抹只会招致顾客反感。

（二）良好的工作情绪

店员在上班的时间里要有饱满的热情，充沛的精力，要求店员在上岗前必须调整自己的情绪，始终保持一个乐观向上、积极愉快的心理状态。店员不应把不好的情绪带到工作中，更不能借机向顾客发火，顾客不是店员的出气筒，伤害了顾客反过来只会损害药店及店员自身的利益。

（三）大方的举止

在药店里，如果店员的言谈清晰明确、举止大方得体、态度热情持重、动作干净利落，那么顾客会感到愉快舒适；反之，如果店员举止轻浮、言谈粗俗、动作拖沓、心不在焉，顾客会感到厌烦，只希望尽快离开。

二、销售方面的准备

销售方面的准备包括以下几个方面。

（一）备齐药品

营业前需检视柜台，看药品是否齐全，及时将缺货补齐，要使药品处于良好的待售状态。

（二）熟悉价格及商品位置

店员要对负责区域内药品价格（特别新到货药品）了解于心，并能够准确地说出药品的价格，顾客才会对其有信任感受，反之，店员对询价的顾客吞吞吐吐、支支吾吾甚至还要查阅相关数据，顾客就会心存疑虑，甚至打消购买的念头；若对商品位置不熟悉，当顾客需要购药时，店员在店内到处寻找，也会给顾客带来非常不专业的感觉。

(三) 准备售货用具

工作中必备的计算器、笔、发票、购物袋、收银纸等用具要事先准备齐全，不能临时再去寻找。

(四) 整理环境

药店营业之前，保持店内外清洁卫生，调整好货区光源，对货架上的药品全面检查，明亮清洁的工作环境会给消费者留下好的印象，延长留店时间。

（1）外部环境　门前入口（雪季要及时清扫）、门窗的清洁；各种活动后遗留下的张贴画痕迹的清理。

（2）内部环境　垃圾桶是否留有隔夜垃圾，要做到每个班组交接时清理干净，地面、柜台、货架等营业设施清洁维护。

（3）柜台、货架内的药品及商品的补充摆放，做到无倒置，一货一标分类摆放。

（4）具备对外开放洗手间的药店，要保持洗手间的清洁，营业前及时检查香皂（洗手液）、卫生纸是否齐全，有无难闻异味并及时处理。

俗语有云"磨刀不误砍柴工"，事前做好充分的准备，能使工作更为顺畅。药店店员做好营业前的准备工作，对于一天的销售工作有很大的帮助。尤其是销售前的准备，直接服务于销售工作。当然，个人方面的准备也不能忽视，因为店员是药店专业服务形象的直接体现。

【任务实施】

模拟药店现场，由教师准备好模拟工装、头花、商品、货物价签，提前做好商品陈列等，分批次轮流对着装进行相互检查，另外批次同学开展分组评价，每轮4组，每组3～5人，其中两组进行营业前形象准备，两组进行货位、价格熟悉。

（1）营业前形象准备　工装、鞋子、头发到位。

（2）货位价格熟悉　能准确在固定时间内（合格为5min内准确拿到30个品种，且有部分别名）找到商品并报出价格。

【任务评价】

考核内容	评分细则	分值	自评	互评	师评
营业前形象准备(50分)	1. 服装整洁、平整,纽扣统一齐全,衣袖、裤腿无卷起、散扣,得10分； 2. 身体、口腔无刺激性味道,无外观可见头皮屑,指甲长度小于0.2cm,无指甲油,得12分； 3. 头发前不盖眉、侧不过耳、后不遮领,无异色染发,长发女生用网兜发夹固定长发,得10分； 4. 鞋子颜色符合要求,鞋跟不超过3cm,得10分； 5. 态度大方自然,情绪饱满,得8分	50			
货架货位熟悉(50分)	1. 根据所报的商品名称准确找到货位并拿取,得20分； 2. 每个商品准确报出模拟价格及当期活动价格,得30分	50			
总分及得分		100			

【任务实训报告】

班级：　　　　　姓名：　　　　　学号：　　　　　成绩：

实训任务	
实训目的	
实训步骤	
注意事项	
实训反思	

【课后作业】

1. 营业前个人方面要准备好的三个方面包括：＿＿＿＿＿＿＿＿＿＿＿＿＿
＿＿＿＿＿＿＿＿＿＿＿＿＿＿＿＿＿＿＿＿＿＿＿＿＿＿＿＿＿＿＿＿＿＿＿＿

2. 营业前销售方面有四个方面的注意是：＿＿＿＿＿＿＿＿＿＿＿＿＿＿＿
＿＿＿＿＿＿＿＿＿＿＿＿＿＿＿＿＿＿＿＿＿＿＿＿＿＿＿＿＿＿＿＿＿＿＿＿

3. 整洁的仪容仪表包括：＿＿＿＿＿＿＿＿＿＿＿＿＿＿＿＿＿＿＿＿＿＿
＿＿＿＿＿＿＿＿＿＿＿＿＿＿＿＿＿＿＿＿＿＿＿＿＿＿＿＿＿＿＿＿＿＿＿＿

M2-2 营业准备课件

任务二　药店收银

【学习目标】

素质目标：具备药店收银员工作所要求的职业道德，遵守收银员职业守则。文明礼貌、热情周到地服务顾客，养成严谨细致、热情周到的工作作风。

知识目标：掌握零售药店对现金及微信、支付宝、医保、金融支付卡等结算知识。了解药店的资金管理。

能力目标：熟悉收银机操作，能够按规范进行现金管理，达到收银人员的相关要求。

阅读材料

收银台背柜的奥秘

收银台后面的背柜上陈列一些季节性商品，例如，夏天摆放凉茶类产品，冬天摆放板蓝根、红枣、核桃等产品，很多时候顾客在那里等候付钱，会自然地观察收银台背柜的商品，自然激发了顾客冲动性购买。商品品类选择原则：商品的体积不要太大，不要选择易碎、液体类商品、如玻璃制品、瓶装的蜂蜜等；商品定期更换；食品和非食品应分开陈列，不应在同一货架陈列；为提高整体毛利，在商品陈列上70%货架陈列非食品，30%货架陈列食品；商品的毛利率需高于品类平均毛利率；陈列容易被客户忽略的商品及冲动性购买的商品；同一货架的商品不要太单一，需多样化。

【任务要求】

能够熟练掌握所经营商品的现金及非现金结算知识。

要求：熟悉收银机操作、票款结算及识别现金真伪等方法，能够按规范进行资金管理，能遵守收银员服务规则，文明礼貌、热情周到地服务顾客。

【任务准备】

一、任务名称

药店收银工作。

二、任务条件

项目	基本实施条件	备注
场地	60m² 以上的模拟药房	必备
设备	收银台、扫码器、收银电脑、钱箱、小票打印机	必备
工具与材料	计时器、药品(商品)实物(20个品种以上)、小票打印纸、点钞机、模拟微信收款码、模拟支付宝收款码、模拟电子医保码、现金券、空白纸、药品按照系统用途分类的标签	必备

【相关知识】

一、收银员操作规范

药店收银员要有良好的道德思想品质，责任心强，具有纯熟的专业技能和基本的财务知识。熟悉零售药店工作流程。

（一）收银员营业前准备

（1）每天上岗后做好收款前的准备工作，检查收款机是否能正常工作，发票、找零准备是否做好。

（2）对医保系统、微信、支付宝、银联刷卡进行系统的检查，发现问题及时上报并跟进处理，保证门店的正常经营。

（二）收银过程

收银员是药店面向顾客的一面旗帜，收银的速度及态度能反映药店的精神面貌。在收银时，应做到"三声两到手"。

（1）"三声" 即顾客到收银台有招呼声，顾客付款有唱收唱付声，顾客离柜有道别声。顾客到收银台时说："您好，请问这是您的货物吗？我现在给您打单。"顾客付款时说："您好，收您××元，找您××元，请拿好！"顾客离店时说："谢谢，请慢走！"

（2）"两到手" 即商品袋装好后一手提袋子，一手托袋底送到顾客手上，找零的钱票或顾客的卡及小票递到顾客手上。严禁商品和钱随意放置桌面让顾客自取。

（三）收银员对当班的钱币及营业流水负责

（1）每天的营业款按时缴纳。当门店营业结束后，将所有款项及预收订金、退定金、收据、赠券、签单单据、存档单、发票使用结账单上交店长，并由店长或当班经理填写收款收据，双方签字生效。

（2）每天收取的钞票和代金券要认真查验、核对，对不明事宜及时询问店长。误收、错收或收假等由收银员自己负责解决，并承担损失。关于伪钞鉴别，运用手感及设备辨认伪钞，以免给公司及个人造成不必要的损失。如因个人疏忽导致收取伪钞，应由当事人负责补偿公司的经济损失。

（3）有钞票收讫章的单位，当班收银员要管理好自己的钞票收讫章，不容许乱放、乱盖，否则后果将会自负。每天发生的打折、预收订金、签单、退单及结账状况，需由店长签字。因责任心不强、工作疏忽和业务生疏发生录错单导致的款项不符（收银长短款），多款上缴，少款自付。收银员在收款过程中要认真核对票据，发现问题及时和营业员、店长沟通，以避免和减少错误和损失。

（4）备用金管理，每日交接班时同交接人共同清点备用金数目并回报当班经理签名确认。

（5）做到当班时任何因素、任何人都不得从收银台借款或赊借物品。

二、营业款缴存操作规范

（一）营业现金交接

当班营业结束时，收银员交班。交班时收银员要退出当班收银系统，停止前台收银操作。

交班时，收银员在未清点金额前不得查看后台系统收银数据，不得截留、挪用营业现金。全额清点当班备用金，交付当班经理或接班人员。收银员清点营业现金，打印医保、银联、消费卡等非现金单据，准确完整填写专用的"营业缴款单"。"营业缴款单"填写内容主要有门店名称、填写日期、摘要、大小写金额、收银员签名。其具体要求为：①上午班与下午班营业款要分开填写"营业缴款单"，注明"上午""下午"；②不同收银员要分开填写"营业缴款单"；③收银员要分栏填写现金金额、医保金额、银联金额、支票（赊销）金额等；④收银员将营业款、"营业缴款单"及部分特殊电脑小票等上交门店当班经理。

门店当班经理或接班人清点当班收银员的营业款及单据，审核"营业缴款单"及现金的准确性，待审查无误后，在"营业缴款单"上签字。

（二）营业现金送存银行

每日固定时间（上午或下午），门店当班经理汇总填写单据，并将前一班的营业现金分开填写，存入公司指定的银行。送存银行时要求两人同行，以保证安全。不得推迟存款或不全额存款。

有门店结算卡的门店，由门店财务管理员负责保管，纳入保险柜，不得随意存放。结算卡丢失时应第一时间向公司财务部门报备或申请注销。

（三）收入日报表填报

每班营业结束，收银员将营业款及相关单据交当班经理审核无误后，按公司要求由当班经理在后台填写并上传"缴款单登记"。

【任务实施】

模拟药店现场，由教师准备好电脑（含收银软件）、小票打印机、练习币、商品、购物袋、模拟收付款码、电子医保、医保卡等，分批次轮流开展，另外批次同学开展分组评价，每组两人。六组为一批进行，三组进行收银过程练习，三组进行收银员营业前准备。

（1）收银过程：做到"三声两到手"，对每个环节需操作到位。

（2）收银员营业前准备：认真检查，对发现的异常问题正确处理。

M2-3 收银实训操作

【任务评价】

组名：

考核内容		评分细则	分值	自评	互评	师评
职业素养与操作规范(20分)		仪容仪表：工作服穿着整齐（袖口扎紧），得4分；不披发、化淡妆、不佩戴首饰，双手洁净、不留长指甲，指甲不染色，得4分	8			
		精神面貌：饱满热情、面带微笑、耐心细致、礼貌用语，得5分	5			
		操作过程中爱惜财产，对商品和货架轻拿轻放，得3分	3			
		效率意识：收银操作熟练，有一定的时间意识，得4分	4			
技能(80分)	收银过程	1. 顾客到收银台有招呼声，得5分； 2. 收银过程中每扫单一个商品，念一个名字并说出金额，得15分； 3. 顾客给钱（或卡）时有回应"收您××钱（或收您××卡）"，得10分； 4. 找零或刷卡完毕时有回应声"您好，共收××元，找您××元请拿好"或直接拿刷卡小票给顾客确认并签字，得15分； 5. 零钱或卡及小票双手给顾客，得5分； 6. 收银结束后标准递商品给顾客，得10分； 7. 顾客离开柜台时有道别声，得5分	65			

续表

考核内容		评分细则	分值	自评	互评	师评
技能 (80分)	收银员营业前准备	1. 检查收款机正常与否,尝试进行单据录入是否运行,得3分; 2. 检查发票是否有,没有及时上报,得2分; 3. 检查零钱是否充足,不足及时通知值班经理或自己准备兑换工作,得8分(零钱不足门店额定备用金60%,及5元以下小额钞票占总零钱数50%、角票不足的扣4分); 4. 对医保系统、微信、支付宝、银联刷卡进行检查,得2分	15			
总分及得分			100			

【任务实训报告】

班级:	姓名:	学号:	成绩:
实训任务			
实训目的			
实训步骤			
注意事项			

实训反思	

【课后作业】

1. "三声两到手"包括：_____

_____

_____

2. 请至少举例4种药店非现金收款方式：_____

_____

_____

M2-4 药店收银课件

任务三　盘点补货

【学习目标】

素质目标：具备药品"账物相符，人人有责"的职业意识，具有高效的团队协作精神，具备盘点实践操作意识。

知识目标：能够完整准确地阐述门店盘点操作前准备工作及盘点的具体操作方法。基本阐述盘点操作原则及盘点注意事项、补上货操作原则及注意事项。

能力目标：能运用盘点技术按要求完成盘点工作；学会盘点过程中的具体操作方法；能运用补上货的操作流程完成补上货管理。

阅读材料

给患者发错药是谁的错？

小李在一家零售药店上班，昨晚刚刚完成了本季度的药品盘点，第二天有位顾客前来投诉，说自己买的药品不对，这究竟是怎么一回事呢？原来，小李的同事小王在盘点药品时，为了方便，把药品更换了位置，而小李为顾客拿药时，凭既往印象取药导致错发药物。给顾客发错药究竟是谁的错呢？如何避免此类事件的发生？

建议采取以下措施：新药上架或盘点药品时，外观相似、适应证不同的药品，应仔细核对药品及其摆放位置后再上架；而对于产品外包装设计缺陷容易导致用药差错的药品，督促药商或供货商改进外包装；建立复核发药制度，提高发药准确性，发药时注意核对名称、规格、数量、剂型，看清楚对药单或处方再发药。

【任务要求】

能够根据门店的要求，做好药品的盘点操作前准备工作、药品效期整理工作，并按照盘点的具体操作方法、流程独立完成门店药品盘点及补上货工作并识别近效期药品。

要求：能在规定时间内正确完成盘点任务，盘点过程规范，盘点记录书写正确，有一定的实践劳动意识。

【任务准备】

一、任务名称

药店商品的店内盘存及库内盘存。

二、任务条件

项目	基本实施条件	备注
场地	$60m^2$ 以上的 GSP 模拟药房	必备

续表

项目	基本实施条件	备注
设备	温湿度计、阴凉柜、体重计	选备
工具与材料	计时器、药品(商品)实物(20个品种以上)、药品标签、货架、盘点表、红蓝色圆珠笔、垫板、计算器	必备

【相关知识】

一、药品盘点管理

（一）药品盘点的含义与目的

药店盘点是指定期或不定期地对药店内商品进行全部或部分的清点，以确定该期间实际库存和差异，从而掌握该期间内的实际损耗，它是考核药店定额执行的重要依据。药品盘点是药店经营活动中一项重要的工作环节。

M2-1 视频动画：药品盘点操作实训

（二）药店盘点的主要方式

药店盘点方式依据不同的标准有不同的分类，例如：按盘点的时间分为营业前盘点、营业中盘点和营业后盘点；依据是否定期分为定期盘点和不定期盘点；依据企业考核方式分为突击盘点和通知盘点等。以下依据盘点时商品是否全面分为全盘和局盘。

（1）全盘：是对药店内部所有的库存商品进行盘点，其总原则是见物盘物。这种盘点比较耗时耗力，但是能够全面地掌握药店库存商品的实际状况，主要是在季度末、主要管理者异动和破产清算时进行的盘点。

（2）局盘：是对特定部分的库存商品进行盘点的操作，这种盘点比较简单方便，但是只能知晓部分医药商品的实际状况，主要是在交接班或营业后的贵重、易盗商品和次要管理人员异动时等进行的盘点。

（三）药店盘点前的准备工作

药店盘点，关系到与药店供应商或者总部仓库之间的业务往来，所以在确定进行盘点之前，有一系列的准备工作需要完成，包括对仓库或供应商和顾客的告知工作，以免出现供应商或仓库在盘点时送货，或者在停业盘点时顾客前来购物而徒劳往返。除此之外还要进行环境和商品的准备。

1. 环境准备

药店一般应该在盘点前一日做好环境整理工作，主要包括检查各个区位货架的商品陈列、商品货架的位置和编号是否与盘点表一致；清楚卖场和仓库的各个死角并清理货架的底层；将各项设施设备、备品存放整齐。

2. 商品准备

在进行正式盘点开始前两天，企业的门店和仓库应该对商品进行整理，这样会使盘点工作有序、有效地进行。主要对商品进行以下几个方面的重点整理。

（1）促销商品的整理　在企业进行促销的商品因为促销的原因在原本属类地有陈列，在促销的展台、陈列架、化车等上面也有陈列，因此对于这类商品，在盘点前应该做到集中存放，并让盘点人知道其固定的位置。还有一些促销商品是组合式的，要分清每一种商品的类别和品名，进行分类整理，不能混同于一种商品。

（2）库存商品的整理　一方面是要注意容易被大箱子挡住的小箱子，应该将小箱子放在大箱子的前面，否则容易造成实际库存的遗漏；另一方面是注意避免把非满箱的箱子当作整箱计算，所以要在箱子上面标明内在商品的确切数量，否则容易造成计算上的库存偏多。

（3）窄缝和随机陈列商品的整理　采用这两种方式陈列的商品需要有专人进行整理，最好由商品上架的人员进行清点。

（4）正常陈列的商品的整理　正常陈列的商品一般容易整理，主要是注意每一种商品中是否混杂了其他的商品，注意包装类似、厂家一样、品名相同、规格不同的商品清点；还要注意后面的商品是否被前面商品挡住了而没有计数。

（5）盘点前商品的最后整理　一般在盘点前两小时对商品进行最后的整理，这时要特别注意陈列在货架上的商品，其顺序不能改变，即盘点清单上的商品顺序与货架上的商品顺序是否一致，否则，在盘点时会造成商品的张冠李戴。

（四）药品盘点的流程

1. 盘点的一般操作流程

盘点的一般操作流程详见图 2-1。

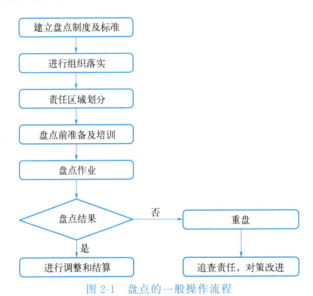

图 2-1　盘点的一般操作流程

2. 盘点的作业流程管理

（1）建立盘点制度及标准　由总部统一制定，包括盘点方法、周期、账务处理、差异处理及奖惩制度等。

（2）组织落实　全部盘点或部分盘点的组织落实、区域划分等。

（3）盘点工作　要划分区域，责任到人。

（4）盘点前准备　人员组织、工具、通告、环境整理、工作分配与盘前培训、各种资料整理等。

（5）盘点作业资料整理与分析、库存调整、差异处理、奖惩实施等。

3. 盘点的具体操作方法

盘点正式开始前，要由盘点负责人向所有成员进行培训，说明盘点工作的重要性、具体要求、注意事项及异常情况的处理等。

盘点作业可分三种：初点作业、复点作业及抽点作业。盘点作业最好是两人一组，一人负责清点，一人负责记录，由初点人和复点人配合完成。实施盘点时，应按照负责的区位，按商品货架顺序，逐架逐排依序由前至后，由上至下，由左至右进行盘点。

（1）初点作业（初盘） 由初点人对货架商品展开盘点，按盘点表顺序先读货架编号，然后读货号、品名、规格、单位、数量、零售价等，依次进行，而复点人此时作为填表者，如实根据初点人的读数进行记录或核对。初点作业须用蓝色圆珠笔来记录，并由初点人在初点处签名，以示负责。盘存者在盘点中，咬字要清楚，音量适中，以让填表者听清楚为原则。盘点时应顺便检查药品的有效期。

（2）复点作业（复盘） 由复点人对货架商品展开盘点，手持另一份盘点表，依序检查，先读货架编号，然后读货号、品名、规格、单位、数量、零售价等，依次进行，而初点人此时作为填表者，应如实根据复点人的读数进行记录或核对。复盘完之后对单，由初盘人员与复盘人员一起逐项核对两次的盘点数量是否一致，如不一致，两人再次核实盘点数量，确定盘点数量后，对差异进行修改，并签名确认。

（3）抽点作业（抽盘） 在初盘和复盘结束后，由门店店长或盘点负责人对盘点结果进行抽盘。抽时时应重点抽查的内容：盘点表的书写是否符合规范；容易漏盘的药品；对门店影响较大的、单价高的药品；有异议的药品；复查劣质和破损的药品情况。

4. 盘点中的注意事项

（1）已完成货架编号定位的药品不可再随便移动。

（2）盘点时应顺便检查药品的有效期，过期、破损等药品应立即做记录并下架，以便统一处理。

（3）应注意不同药品的计量单位。

（4）每一货架盘点后在合计与单位的空白栏间，从右上至左下画斜线，并在抽点栏签名，以发挥确实核对的作用。

（5）盘点表上的数据应填写工整和清楚，以免出现难以辨认的情况。

（6）盘点时写错的数字，不能在盘点表上用涂改液等涂抹，可将原数据划掉，重新书写并在修改处签名确认。

（7）对大件药品、堆头盘点时要注意安全，以防掉落造成伤害。

（8）盘点中应注意不要高声喧哗或阻碍顾客通行等，遇到突发状况应及时向负责人汇报。

（五）近效期及滞销药品的处理

1. 近效期药品的管理

一般情况下，指药店临近有效期不足 6 个月的药品称为近效期药品。销售时，既要遵循依法销售的原则，又要遵循合理销售的商业规则，合理预期其所销售的药品。药师及门店工作人员必须始终对到期或快到期的药品保持警惕。当验收货物时，核对调拨单，检查快到期的药品。上货、理货和盘点时，有必要再一次核查药品的有效期（失效期），保证在该药品的法定效期内合理使用完毕。

（1）检查和记录 效期在 6 个月以内的近效期药品，各店每月填报效期预警表。驻店药师（店经理、医师）指导员工，根据商品分区管理，检查效期药品。检查、记录重点药品名、编码、批号、效期、数量、进销退存变化。每月盘点时对该表内容进行核对。该表每季度更新一次。

（2）效期药品的销售和处理 效期在 1～6 个月商品称为近效期商品，销售人员应对该类商品予以特别关注，积极销售。对近效期商品进行有效的陈列，如使用特殊的色标标识等在标价签上作出员工周知的特别标记。销售人员应熟练掌握有关商品知识。在驻店药师（店经理、医师）的指导下及时进行广告宣传以促进销售。与此同时，也可以积极争取采购部和供应商的支持，争取退货或更换陈旧的商品包装。

（3）预防措施 为了减少店面近效期商品的损失，需进行店面之间的调拨，如商品过期，不计入调入店面的损失，损失由调出店面承担。各门店的销售实行先产先出、近期先出的原则，即先销售老批号商品,后销售新批号商品。

(4) 准过效商品的处理　效期在1个月以内的商品为准过效期商品,准过效期商品门店一律下架。按企业有关制度进行处理。

(5) 对已过期失效的药品的处理　对已过期失效的药品应该填写药品报损审批表,审批表通过之后除应按药品的报损处理方法处理外,还应该注意将废品敲碎深埋,不可随便抛弃,防止混用或引起人畜接触过敏事故的发生。

2. 滞销药品的处理方法

在零售店的经营过程中,滞销商品的存在是不可避免的问题。如果对滞销商品置之不理,那么将大大影响卖场的经营效率,同时也会使卖场失去原有的魅力。而且,滞销商品积压在仓库中或者摆放在货架上,资金难以周转,无法采购新商品,最终可能使卖场出现混乱。因此将滞销商品进行早期处理是卖场的一个重要职责。通过对滞销商品的早期处理,换回现金,可以采购畅销商品摆上货架,能促进卖场商品的良性循环,是提高销售额的一个重要措施。

处理滞销药品,通常采用如下方式。

(1) 经常检查,发现滞销及时处理。

(2) 发现滞销首先采取更换展示位置,把滞销产品摆放到门店的黄金位置,或POP加大宣传力度,以期提高商品销量。实践证明,采用此方法一般可以处理1/3的滞销商品。

(3) 若是代销商品,在结账前如发现滞销,应快速退货。所以门店与采购应及时做好沟通,特别是在引进新品时,必须随时注意销售状况。

(4) 如已经付款而仍产生滞销,可采取以下方式处理:一是想办法退给供应商;二与供应商交涉,换其他新产品;三是要求供应商降价出清(补价差);四是要求供应商提供赠品出清;五是门店自行降价出清;六是门店做一个专题性的促销,争取出清;七是对于可以拆零销售的药品,可以通过药品拆零方式售卖。

二、药品补上货管理

补上货是药品流通环节重要的组成部分,对药店销售、管理等具有重要意义。

1. 补货点

补货点是指药品的采购需求,可直接由库存存货量来判定。当库存小于补货点,就必须发出请购或采购行为,采购量应等于经济批量与补货倍量的最小联集。补货点告诉我们何时下订单可以避免缺货同时又保证库存最小。

2. 药店补货业务流程

门店药品的来源主要有中心配送和外购两种方式,采用哪种方式补货,依据门店的性质而有所不同。目前业内主要采用总部集中采购、门店中心配送的补货方式,因此,中心配送是主流补货方式。

3. 门店补货的具体操作

(1) 下单　门店根据销货及库存情况确定补货品种,填写补货单,列明补货商品的货号以及补货的要求等。

(2) 验收与入库　药品入库验收是药品进入经营环节的第一道程序。验收的目的是保证入库药品数量准确,质量完好。

药品验收由验收员根据原始凭证、随货同行单、入库通知单等各项要求进行检查,按规定进行抽样验收,最后填写验收记录,并签字保存备查,保存5年。

完成检查后,门店收货人员在凭证上签字确认。对存在问题的药品,门店有权拒收,填写相关表单并向配送中心退货。验收记录应记载供货单位、数量、到货日期、品名、剂型、规格、批准文号、批号、生产厂家、有效期、质量状况、验收结论和验收人员等内容。门店销售的贵重药品如中药材或饮片应由双人同时逐一验收并进行品名、产地、供货单位、生产企业、生产日期和批号等的检查,还应注意是否有发霉、虫蛀等不符合质量标准的情况。

4. 补货时的注意事项

(1) 在营业高峰前和结束营业前容易缺货,店长应要求店员及时发现药品缺货情况,并进行补货。补货以补满货架、端架或促销区为原则,尽量不堵塞通道,不妨碍顾客自由购物,补货时要注意保持卖场的清洁。

(2) 补货前要先对系统的库存数据进行确认,确定属于缺货时,将暂时缺货标签放置在货架上。补货品项依促销品项、主力品项、一般品项的重要等级依次补货上架。要依据药品的有效期,必须遵循"先进先出"的原则。

(3) 补货时,必须逐个药品检查有效期。近效期药品应堆放在最明显处,并且挂近效期药品标示牌,填写近效期药品催销表,交给店长催销。发现过期药品必须第一时间下架,并立即通知主管进行处理。同时,要严格保证"先进先出"的原则,保质期较短的药品要陈列在货架的最外端,如果有旧包装商品,一般要先将旧包装商品消化完毕后才能将新包装商品上架。

(4) 补货时要注意检查商品的质量、外包装以及条形码是否完好,价格标签是否正确。按区域依货架的顺序进行。店员可在不改变陈列位置和方法的前提下进行补货。

(5) 补货时,必须保证所有商品正面朝外,如果补货完毕后商品仍然不能够充满整个排面,须将商品前移,保证商品从外部观察相对饱满。

(6) 对已变质、受损、破包、受污染、过期、条码错误的商品严禁出售。

(7) 补货时要利用工具(平板车、五段车、周转箱等)进行补货,以减少体力支出,提高工作效率。

(8) 叠放在栈板上的货品,应将重量及体积大的放在下层,体积小和易坏的放在上层,摆放整齐。

(9) 补货完毕后速将工具、纸箱等整理干净。

(10) 补货时药品要轻拿轻放,避免对药品造成损害及危害他人安全。

(11) 补货完成后,要及时清理垃圾并送到指定点,存货送回库存区。

【任务实施】

M2-7 药店盘点操作实训

模拟盘点现场,由教师准备好盘点用具及一定数量的需盘点的药品,分批次轮流开展,另外批次同学开展分组评价。每三人一组,分别扮演初点、复点及抽点的角色。三组为一批进行。

(1) 首先确定此次盘点所用的方式方法。

(2) 做好盘点前的准备工作,如整理药品、检查盘点工具等。

(3) 两人一组严格按照盘点配置图的要求,按盘点操作规范进行初点和复点。

(4) 由该组中剩下的另一名学生负责抽点。

(5) 教师检查学生的盘点结果,同时观察并及时纠正学生整个盘点过程中不符合规范的步骤及操作。

(6) 各组根据盘点结果,对门店目前的库存结构、商品质量等基本情况进行简单的分析。

【任务评价】

组名:

考核内容	评分细则	分值	自评	互评	师评
职业素养与操作规范(20分)	仪容仪表:工作服穿着整齐(袖口扎紧),得4分;不披发、化淡妆、不佩戴首饰,双手洁净、不留长指甲,指甲不染色,得4分	8			
	精神面貌:饱满热情、面带微笑、耐心细致、礼貌用语,得5分	5			

续表

考核内容		评分细则	分值	自评	互评	师评
职业素养与操作规范(20分)		操作过程中爱惜财产,对商品和货架轻拿轻放,得3分	3			
		效率意识:盘点速度快,有一定的时间意识,得4分	4			
技能(80分)	盘点前的准备工作	1. 人员组织分工合理,得6分; 2. 在规定时间内准备好盘点工具、资料、盘点单,得8分; 3. 及时发布盘点通告,得8分; 4. 盘点前环境整理,得8分	30			
	盘点操作	1. 按盘点表顺序,依次进行盘点,顺利完成初点作业,得6分; 2. 盘点时检查药品的有效期,得6分; 3. 复点作业时拿取新盘点单进行复盘,得6分; 4. 初盘人和复盘人逐项进行两次盘点结果的比对,得6分; 5. 找店长或负责人进行抽点作业,得6分	30			
	盘点结果比对	1. 盘面与账面相符,进行调整与结算,得10分; 2. 盘面不合,重新盘点,得10分	20			
总分及得分			100			

【任务拓展】

根据中级药品购销职业技能等级证书的要求能进行药品盘点管理,有专升本需求学生可拓展学习。

【任务考核答卷】

班级: 　　　姓名: 　　　学号: 　　　成绩:

商品盘点表

部门: 　　　年　月　日　　货架编号: 　　　盘点单号:

货号	品名	规格	单位	数量	零售价	金额	复点	抽点	差异

抽点: 　　　　　　　复点: 　　　　　　　初点:

【任务实训报告】

班级：　　　　　　姓名：　　　　　　学号：　　　　　　成绩：

实训任务	
实训目的	
实训步骤	
注意事项	
实训反思	

【课后作业】

1. 盘点的作业流程：

2. 药品盘点的常用方法：

3. 补货的注意事项：

任务四　药店防损

【学习目标】

素质目标：具备防微杜渐的安全意识；善于观察，具有发现可疑人和事的敏感度；具有保护自己人身安全的意识。

知识目标：能够准确地阐述出门店易发生损失的常见情况及日常防损的方法；能够基本描述门店防盗、防抢的措施，门店发生火灾的原因及常见防火的措施。

能力目标：能运用防损的方法设计防损管理制度；学会分辨门店中行为异常的顾客；能够发现可能引起火灾的因素并处理。

阅读材料

互换

有一位顾客连续两天都来药店。第一天晚上他来后并没有买药，只是不紧不慢地看说明书，然后趁店员不注意将2盒骨康胶囊（31元/盒）里的药品与2盒愈伤灵胶囊（5元/盒）里的药品互换，将药放回原处后就走出了药店。第二天上午9点，该顾客又出现了，径直走到货架前很自然地拿出那两盒换好的愈伤灵胶囊到收银台交钱，用10元钱买下了62元的药品。

对策：此类情况伪装性太强，一般只能以预防为主。除需要防损员特别提防外，营业员、收银员等也要特别注意。若全药店的工作人员都保持高度警惕，再狡猾的小偷也难以得逞。特别是收银员在收银时要养成观察药品包装的习惯，凡是打开过包装的坚持一律开包核对数量和内容物，这是杜绝此类偷盗行为最有效的办法。

【任务要求】

能根据零售药店易发生损失的常见情况及防损的方法设计防损管理制度。

要求：能在规定时间内设计科学、合理、可行的防损管理制度，防损管理规范，安全记录书写正确，有一定的法律意识和安全意识，有一定的警惕意识和服务意识。

【任务准备】

一、任务名称

零售药店防损管理制度。

二、任务条件

项目	基本实施条件	备注
场地	60m² 以上的 GSP 模拟药房	必备

续表

项目	基本实施条件	备注
设备	温湿度计、阴凉柜、体重计、计时器	选备
工具与材料	药品(商品)实物、干湿抹布、签字笔、空白纸、灭火器、沙箱	必备

【相关知识】

一、药品日常防损管理

M2-8 药品日常防损管理课件

(一) 易发生损失的常见情况分类

门店接收进货时的商品零售值与售出后的零售值之间的差额称为药品的损耗。门店作业出现其中的任何一个因素，都会增加损耗，从而减少利润。为了提高绩效，就要了解药店药品发生损耗的原因，并严格加以控制。

药店药品损耗的原因主要包括以下几个方面。

1. 由于收银员行为的不当所造成的损耗

（1）打错同一品种、不同规格药品的金额。

（2）收银员与顾客借着熟悉的关系，故意漏扫部分贵重药品或私自键入较低价格抵充。

（3）收银员因同事熟悉的关系而发生漏打、少算的情形。

（4）由于药品价格无法确定而错打金额。

（5）对于未贴标签、未标价的药品，收银员打上自己臆测的价格。

（6）误打后的更正手续不当。

（7）收银员虚构退货而私吞现金。

（8）某些商品促销特价时期已过，但收银员仍以特价销售。

2. 由于作业手续上的不当所造成的损耗

包括药品进货的重复登记；不合格药品未及时办理退货；销后退回药品的重复登记；药品有效期检查不及时而过期；药品条码标签贴错；新旧价格标签同时存在；药品、保健品促销结束未恢复原价等。

3. 由于验收不当所造成的损耗

验收时少点数量，造成短缺；仅仅验收数量，未做品质检查所产生的损失；进货的发票金额与验收金额不符；进货药品未能入库等都可能造成药品的损耗。

4. 药品保管不当所造成的损耗

药品保管不当所造成的损耗原因包括：未妥善保管药品，使部分药品丢失或变质；进货过多，长时间销售不完，导致商品变质；销售退回药品未妥善保管，导致丢失或变质。

M2-9 药品储存最怕什么

5. 盘点不当所造成的损耗

主要原因有：数错数量；看错或记错售价、货号、单位等；盘点表上的计算错误；盘点时遗漏商品；将赠品记入盘点表；将已填妥退货表的商品记入；因不明负责区域而做了重复盘点。

6. 偷窃所造成的损耗

员工内部偷盗及药店外偷盗都可造成药品的损耗。

7. 顾客不当的行为而造成的损耗

顾客不当的退货；顾客将商品污损；顾客调换标签；高价商品混杂于类似低价商品中，使收银员受骗等行为可造成药品的损耗。

M2-10 药品储存应该注意什么

8. 意外事件引起的损耗

主要包括水灾、火灾、台风和停电等自然意外事件；抢劫、夜间偷窃和诈骗等人为意外事件。

（二）药店日常防损的方法

1. 重点区域防损控制

药店如果面积较大，员工众多，顾客人流复杂，就会使防损工作具有一定的难度。损耗较为突出的一些重点区域必须重点管理。如收银出口处、员工出入处、贵重药品区等要加强管理，防止偷盗行为的发生，以此来减少损失。

2. 重点环节损耗控制

运营环节的损耗控制由药店自行掌控。重点控制由员工不诚实的行为或工作疏忽、漏洞、违规等引起的损耗，药店店长要注意如下几个方面。

（1）销售环节　随时注意货架条形码变动情况，特别防止低价条形码贴在高价商品上。在巡视中发现商品近有效期时，及时提醒尽快促销。注意商品堆放安全性，将放置不平稳或可能影响到药品质量的放置位置进行改正。

（2）服务台咨询、服务环节　维持好服务台的工作秩序。参与调解服务台产生的各类纠纷。

（3）收银环节　应将收银通道做成可拦截式。收银员离开收银台时，要将"暂停收银"牌摆放在顾客能看见的地方。一位顾客收银完毕，再接待下一位顾客。收银完毕后，将现金完全放进收银机抽屉，同时将收银机钥匙转至锁定状态，钥匙随身携带或交由店长保管。

（4）药品贮存养护环节　对库存药品要根据其温湿度要求进行分区分库存放。对库存药品定期进行正确的养护，防止药品发生变质。定期检查库存药品，发现可疑变质药品要及时进行处理，防止药品的变质，变质药品不可再售出。

二、药店防盗管理

（一）药店常见的偷盗形式

1. 直接盗取

偷盗者直接将药品装入兜中或手提袋、背包中，然后故意在店内闲逛一会儿再出去。一般比较小的药品或者临门的架子上的药品容易被直接盗取。

2. 调换条码

把贵重商品的条码和便宜商品的条码对换，一般发生在条形码粘贴在盒子上的商品，这样的商品比较少，同时偷盗者做起来比较麻烦，因此不常发生。

3. 调换外包装

将两种类似的药品进行调换，把贵重的药品放在便宜的药品包装盒里。或者干脆带走里面的药品，留下外包装盒子。

4. 用假药调换真药

往往是几个人同时进店，其中有1~2个人会主动找营业员点名要一种药品看一下，当营业员把药品递到该顾客手中的时候，其余的几个人也会喊营业员过去帮忙，当营业员注意力分散时药品就被调包了。

（二）药店防止外盗的方法和技巧

外盗行为是指顾客或假装成顾客的人偷窃药店里的商品。其具体偷窃行为主要从以下几方面进行防范。

（1）经常对员工进行有关知识的培训，互相交流经验，使新员工能尽快熟悉偷窃人的特点，能敏捷地察觉。

（2）制造舆论导向，在卖场处贴上警示标语。开架自选药店营业员经常走动，避免旁若无人地聊天。

（3）亲切地向每位顾客问好，打招呼，主动适时地给予帮助，对可疑人员要多加注意。

（4）理货员经常整理并检查商品的排面，避免因为排面的零乱让人有机可乘。

（5）尽量将高单价或是体积小的商品陈列在柜台附近，以利于收银员就近管理。

（6）在药店内外配备防盗设施，尤其是卖场死角地带，增设辅助设施，如反射镜、闭路电视、监视系统等，建立电子防盗系统。

（三）药店防止内盗的措施

1. 内部偷盗行为具体表现

员工内部偷盗主要有收银员作弊和员工偷盗两种，具体包括：员工直接偷盗药店的商品；员工直接偷盗同事的私人财物；员工与员工或外人勾结、策划、协助进行盗窃；员工利用改换标签或包装，将贵重的商品以便宜的商品价格结账；员工未经过正常程序，故意将价格标低，使自己的朋友、亲属受惠；员工未经许可，私自使用供应商提供的赠品；员工贪污公款，携款潜逃；收银员从收银机中盗窃钱款；收银员为亲属、朋友等少结账或不结账等。

2. 内部偷盗行为的防范

（1）要挑选诚实的员工，对员工身份要全方位进行核实及评估，以此来判断员工的忠实度。

（2）经常开展员工教育，对员工进行从入职开始的不间断教育工作，教育分正面、反面，采用开会、板报、活动等多种形式。

（3）设置监控系统，时时监控药店营业区内活动。

（4）健全内部职责考核制度，实行商品包干责任制，药品丢失时相应负责员工要承担一定的责任，并让所有员工齐抓共管，相互监督。

（5）经常性盘点，每天都对药品进行盘点，做到当天丢失药品当天查处，不给偷盗行为留下时间空隙。

（四）药店常见被盗情况分析及处理

发现偷盗行为但该行为未完成时，应立即注意偷盗者行踪，想办法引起偷盗者的注意，使他们自动终止偷窃行为并将偷窃商品物归原处。只有在证据确凿，并且确定偷盗者离开收银柜台之后未付款且商品仍在偷盗者身上的情况下才能采取行动。对于情节轻微者，以"是否有商品忘记了交款"等问题来诱导偷盗者将赃物交回。只有在确定偷盗者未付款并离开药店经营范围以后才能捕拿，并立即通知药店负责人。捕拿偷盗者时，应由两位以上的人员执行，作为人证，其中一人应与偷盗者同性别。

情节较轻者，要求偷盗者主动将未付款的商品放在桌上。对于拒不承认的偷盗者，还可通过出示证据，使其无以抵赖，但不要对偷盗者搜身。要求偷盗者填写书面说明书，说明其偷盗行为过程，并签名表示一切陈述属实。要求偷盗者交出有效证件，登记记录。

情节严重的交由警察处理，并建立偷盗者档案，提高警惕。当双方有了争议的时候，要想到用法律的手段来解决问题。

三、药店防抢管理

（一）识别可疑顾客

通过观察顾客的行为举止，可以判断其有无可疑之处。一般顾客买药，神态自然，眼光盯着药品看；而当顾客不是看药品，而是频频地四处环顾，并且表现出紧张不安、心怀鬼胎的样子时，店员往往要留神了。另外，现在合伙协作作案的情况越来越多。有时，药店会同时来几个人，同时要多种商品，这时营业员要特别留意那些没有明确购买意向却又问这问那的"顾客"，在人数较多的情况下，务必要做到忙而不乱，防止有人浑水摸鱼。

(二)药店防抢措施

抢劫的对象,除了药店本身以外,也会发生歹徒在卖场抢劫其他顾客的事件,这会对药店的形象和声誉造成极坏的影响。在药店营业时间逐渐延长的趋势下,有必要对抢劫的情形加以防范。

1. 抢劫的预防

(1) 要注意药店的内部布局和商品陈列方法,陈列要整齐,留有一定的过道空间。卖场灯光明亮,使用白炽光,便于观察店内情况。

(2) 时刻保持药店玻璃的通透性,店内的广告不要悬挂和张贴太低,以免妨碍视线。

(3) 在顾客稀少时要十分警惕,如有保安员,保安员不要随便离场。

(4) 店门设计应尽量朝着大马路,不要朝向小岔路,店门不宜开口太多。

(5) 在收银机下设置保险柜,收入大钞应直接投入保险柜,如无保险柜可将大钞及时存入附近银行。

(6) 收银员在交接班时点钱动作要快,尽量避免在顾客面前长时间数钱。

(7) 平时药店对员工要进行防抢教育和训练,以便意外发生时能正确应对。

2. 遭抢劫后的处理

(1) 以确保顾客和自己的人身安全为第一原则,在歹徒手持凶器的情况下不作无谓的抵抗,双手动作应让歹徒看清楚,以免歹徒误解而造成伤害。

(2) 在不影响人身安全的情况下尽量拖延时间,假装合作,尽可能使现金损失降至最低,也可谎称不知道保险柜的密码。

(3) 记住歹徒的容貌、衣着、身高和年龄等特征。趁歹徒不备时可迅速按下报警器报警。

(4) 遭抢劫后应向上级主管部门报告,并向公安机关报案。

(5) 保持犯罪现场的完整性,不要破坏可能存在的指纹和其他证据。

(6) 公安人员和主要负责人到达现场查看完毕后清点损失情况。

四、药店防火管理

(一)药店发生火灾的原因

M2-11 药店防抢、防火管理课件

分析起火原因,了解火灾发生的特点,是为了更有针对性地运用技术措施,有效控火,防止和减少火灾危害。药店发生火灾的原因主要有以下几点。

1. 电气

电气原因引起的火灾在我国火灾中居于首位。有关资料显示,近年来全国因电气原因引发的火灾占火灾总数的32.2%。电气设备超负荷、电气线路接头接触不良、电气线路短路等是电气引起火灾的直接原因。间接原因是电气设备故障或者设置和使用不当。如使用电热扇距可燃物较近,超负荷使用电器,购买使用劣质开关、插座、灯具等,忘记关闭电器电源等。

2. 吸烟

顾客吸的烟蒂和点燃烟后未熄灭的火柴梗温度可达到800℃,能引起许多可燃物燃烧,而药店中可燃物较多,极易引起火灾。

3. 设备故障

药店常用设施设备疏于维护保养,导致在使用过程中无法正常运行,因摩擦、过载、短路等原因造成局部过热,从而引发火灾。如:一些电子设备长期处于工作或通电状态,因散热不力,最终导致内部故障而引起火灾。

4. 放火

放火主要是指采用人为放火的方式引起的火灾。一般是指当事人以放火为手段达到某种目的。这类火灾为当事人故意为之,通常经过一定的策划准备,因而往往缺乏初期救助,火灾发展迅速，后果严重。

5. 雷击

雷电导致的火灾原因，大体有 3 种。

（1）雷电直接击在建筑物上发生热反应、机械效应作用等。

（2）雷电产生静电感应作用和电磁感应作用。

（3）高电位雷电波沿着电气线路或者金属管道系统侵入建筑物内部。在雷电较多的地区，建筑物上如果没有设置可靠的防雷保护设施，便有可能发生雷击起火。

（二）药店常见防火措施

1. 火灾的预防

（1）药店应具有消防标志（如"禁止吸烟""危险品""紧急出口""消防设备"等）。设置消防通道、紧急出口、疏散图、消防设施、火警广播等。

（2）药店除了应具备各项符合国家规定，或经消防主管机关审核认可的各项消防设施及设备外，应拟定一套完善的消防作业应变程序，以便在火警发生时，能确保财产、人员的安全。

（3）各项消防安全设备、消防水源要定期检查和管理。

（4）定期对员工进行培训，讲解灭火设备的功能、使用方法以及防火注意事项和逃生的基本常识。

（5）所有员工应随时注意有无火种，电器插座附近应经常清扫，并要经常检查有无松动或损坏，如有应及时进行修理。

（6）下班前要检查和关闭各种电气设备。

2. 火灾发生时的处理方法

（1）轻度火灾　发现人员应利用就近的消防设施迅速扑灭火势。

（2）重大火灾　①应在第一时间拨打火警电话，并告知药店经理。②除电灯外，及时关掉所有电气设备。③通过店内广播通知全体员工保持镇定，按平时消防演习的程序行动，打开安全门，指挥店内顾客迅速离开现场。④在保证人身安全的前提下，安全管理组长或负责人应指挥店员将现金及贵重物品移到安全位置。⑤如果有人员受伤，应立即进行临时抢救并送医院治疗。

【任务实施】

每组 3～5 人，总结门店产生药品损耗的情况，讨论分析药品损耗的原因，提出应对措施，拟定零售药店防损管理制度，并做成 PPT 进行汇报。同学开展分组评价。

【任务评价】

组名：

考核内容	评分细则	分值	自评	互评	师评
职业素养 （25分）	仪容仪表：工作服穿着整齐（袖口扎紧），得 4 分；不披发、化淡妆、不佩戴首饰，双手洁净、不留长指甲，指甲不染色，得 4 分	8			
	精神面貌：饱满热情、面带微笑，耐心细致、礼貌用语，得 5 分	5			
	团队合作：与小组成员之间有较强的团队合作精神，能相互促进、团结协作，得 3 分	3			
	创新意识：学生思想敏锐、务实，而且有创新意识或有独特见解，得 4 分	4			
	法律意识：自觉坚守法律红线，做诚实的员工，得 5 分	5			

续表

考核内容		评分细则	分值	自评	互评	师评
技能 (75分)	PPT制作	1. PPT整体效果大方得体,得3分; 2. 文字清晰、语言使用正确和文笔流畅,得4分; 3. PPT图片效果新颖、符合方案配文,得3分	10			
	门店药品防损管理制度	1. 包括药品损耗的常见情况,得8分; 2. 应对药品损耗的情况能够采取有效措施,得8分; 3. 开展员工的培训,做到全员防损,明确分工,人人有责,得8分; 4. 设有员工防损奖励条例,得8分; 5. 设有员工防损处罚条例,得8分; 6. 药品防损管理制度内容完整,语句通顺流畅,得7分; 7. 药品防损管理制度的制定科学合理,得8分	55			
	内容讲解	讲解流畅、逻辑清晰、用语专业、发音标准,得10分	10			
总分及得分			100			

【任务拓展】

针对有专升本需求学生学习。

【药品防损技能考核答卷】

M2-12 影响药品质量的环境因素课件

班级:　　　　姓名:　　　　学号:　　　　成绩:

内容	药品防损管理条例	药品防损管理内容
门店药品防损管理制度	药品日常防损管理条例(至少8条)	
	药品质量防损条例(至少5条)	
	门店防盗管理条例(至少8条)	
	门店防抢管理条例(至少5条)	
	药店防火管理条例(至少5条)	
	员工的培训条例(至少8条)	
	员工防损处罚条例(至少5条)	
	员工防损奖励条例(至少5条)	

【任务实训报告】

班级：　　　　　姓名：　　　　　学号：　　　　　成绩：

实训任务	
实训目的	
实训步骤	
注意事项	
实训反思	

【课后作业】

1. 药店药品损耗的原因有：_____

_____

_____

_____

2. 药店防止外盗的方法和技巧：_____

_____

_____

_____

3. 药店突发火灾，应如何处理？_____

_____

_____

_____

M2-13 盘点补货、药店防损课件

任务五　药店交接班

【学习目标】

素质目标：具备交接班实践操作意识，在实践学习中体会主人翁意识。

知识目标：能够完整准确地阐述零售药店的交接班项目，能基本阐述药店交接班的商品及营业额交接操作要点。

能力目标：能按照要求操作商品交接及营业款交接。

阅读材料

药店收银员3个月非法牟利3000多元与20000个会员积分

某知名连锁药店的第118分店有一个叫小丽（化名）的收银员，在做收银员前两个月当中，每天下班收银结账时，要么长款，要么短款。长款出来的上交店长登记，而短款之处则需要自己赔付，心里觉得很不公平。认为长款了就义务上交，短款要赔，为什么不能拿长款冲减短款呢？于是她做了一个大胆的决定：店长不给冲减，我自己冲减。从此，每天只要发现收银机金额比电脑销售额少，则会在收银时只扫码告诉顾客金额，不出单，也就是说，顾客付了钱后，拿走了药品，但收银机并没有确定收钱。顾客前脚走，收银员直接取消本单，于是这一单的金额就能平了甚至多出短款的账。多出的钱则收进自己口袋。同时，她还发现有的顾客会使用公共会员卡进行购买，而购买产生的积分是可以兑换礼品的。于是，她让自己妈妈办了会员卡，趁着便利，平时用自家的卡给非会员顾客购买商品，产生积分，并让自己家人每周大量兑换礼品。由于该店交接班执行欠完善，短短几个月时间，小丽非法牟利3000多元与20000个会员积分。最后，被公司发现异样进行调查，将小丽作开除处理，不发放当月所有工资，另外赔偿公司3个月的盘点亏损与她家人兑换的赠品费用，合计人民币8.5万元，并在本地区店长会议上作通报批评。

【任务要求】

根据规范要求，做好门店营业额、商品及营业区域的交接，独立完成分配范围的交接及记录。

要求：在限定时间内按照要求完成钱、货、其他经营事宜的交接，有一定的实践操作意识。

【任务准备】

一、任务名称

药店交接班实操。

二、任务条件

项目	基本实施条件	备注
场地	60m² 以上的 GSP 模拟药房	必备
设备	电脑、收银机、钱币、验钞机、收银软件系统	选备
工具与材料	交接班台账、笔、空白纸张、商品实物（20种以上，每种数量不等）	必备

【相关知识】

一、交接班的必要性及要求

M2-14 交接班的必要性及要求

交接班是上一班工作人员在一段时间内各项工作涉及的情况的转移，是交接人通过工作交接的方式将各项工作转移给下一班交接人的统称。事实证明，班组上下班交接和交接班记录的传递能起到沟通信息、发现问题、协调配合的作用。工作交接能保证在原在岗人员暂时离岗的情况下，相关岗位所涉及的工作能持续开展，不因员工的离岗而产生断层或衔接不良。是确保工作连续性、稳定性和责任划分的环节，做好交接班工作，可预防工作失误、工作事故甚至重大漏洞的出现，从而保证门店营运工作的正常运转。

交接班的要求如下。

（1）交接班原则上在营业低峰期进行，前后承接的两个班所有员工都必须到场。

（2）在商品、财务、后续工作特殊安排等交接确认后，交接人、接交人必须认真填写相应台账，并签字确认，特殊情况时还需要有监交人签字确认。

（3）交接班讲究时效性，以免影响下一班接待顾客，以 300~500 个商品的交接数量为参考，30min 内全部完成为宜。

（4）交接班时间为正常营业时间，有顾客进店需正常接待。

二、交接班商品交接

M2-15 交接班商品交接

商品交接属于盘点中的"局盘"，即局部盘点范畴。一般遵循以下原则。

（1）商品交接目录以贵重商品及易被盗商品为主。

（2）通常按门店商品数量的百分比设定商品交接目录。以门店商品总数的 20%~30% 设定为宜，若该门店贵重商品数量较多，也可适当提高交接数。

（3）交接班目录应由店长或指定责任人定期更新，最长不超过一个季度，若门店商品结构有大调整或增加贵重商品，则随时更新。

（4）商品交接按柜组进行目录设置，为促进员工熟悉全场商品及防止后台漏洞，应定期对所负责的交接柜组轮换。

（5）考虑到商品名称为非唯一性，许多同一名称不同规格或不同厂家的商品都属于交接范畴，因此，应以具有唯一性的商品编码为标准进行数量盘存，商品编码可为国际码，也可为公司内部的编码。同时交接表上应写明商品名称、规格、生产厂家，最大限度降低错误概率。

（6）商品交接时若出现货物数量与上一次记录有差异，应先查询上一班销售情况、商品协调情况等，严禁照单填写造成虚报，查询以后台数量为准。

（7）门店盘点日、会员日、重点促销日、来货日因为商品周转变化快，一般不安排商品交班，其他日期均需执行；门店店长或指定责任人应按要求组织员工进行商品交接及交班后执行交班核对。

（8）商品交接后，双方还应在当日交接台账上签字确认。

商品交接班基本信息示例见表 2-1。

表 2-1　××门店×月商品交接班表

商品编码	商品名称	规格	生产厂家	库存数量			
				1号	2号	3号	…
601924583	安宫牛黄丸	3g×1粒	北京同仁堂	3	2	2	
601824523	安宫牛黄丸	3g×1粒	南京同仁堂	3	1	1	
…	…	…	…	…	…	…	
交/接人签字				张三/王五	王五/张三	李四/张三	

三、交接班财务交接

财务交接是上一班营业状态的体现，门店交接班财务交接包含备用金交接和营业款交接，营业款包含现金及第三方支付额。

1. 备用金交接

在零售药店中，为了找零需求或应对突发情况，都会给门店留存一定数额的备用金，根据店型的不同，备用金的金额有所差异，每个门店在一定时期内的备用金是固定的，一般以现金的方式体现。备用金属于公司财产，仅限于找零、兑换，不可以挪借他用。

备用金交接注意事项如下。

（1）备用金不属于当天营业额范畴，原则上保管在保险柜中，营业时需要找零可部分取出，在交接营业款之前应先按该门店备用金数额清点拿出，全额移交下班人员。

（2）交接时，大面额现金应当面确认真伪。

（3）在营业款清点清楚后，若当期营业款少于后台数据的，严禁使用备用金进行填补。

（4）为更好地实现备用金的找零功能，在交接班财务交接清楚后，应尽可能将备用金更换为零钱。

（5）备用金的清点及确认应上下班交接人员同时在场。

2. 营业款交接

营业款是指门店销售商品、提供服务而收取的款项，包括现金款、微信款、支付宝款、银联卡刷卡款、医保卡刷卡款及会员储值消费款等非现金款。

（1）现金款交接　①调出营业系统后台的现金额，按收银机内钞票的额度大小顺序进行。②大面额现金应确认真伪，发现假钞应报告店长或指定责任人进行处理，原则上有专职收银员的应由专职收银员进行赔付。③出现现金长短款时，对多出款项应由交接人先确认是否有漏单，若确认没有，多出款项应先上缴，每月由公司下发缴款及实际营业款差异，门店核对差异后出现短款部分，由店长查全店进行分摊赔付。④清点及确认交接人员应同时在场、记录在册并签字确认。

（2）非现金款交接　非现金也称为第三方支付，在营业后台系统中有所体现，具有准确性高的特点，所以在后台查询，根据要求记录在台账上，双方签字即可。

最后，还需要核对现金与非现金款项之和是否与后台系统当班营业额相等。确保所经手的公司款项准确是作为员工必守的红线，交接班时一定要仔细核对，一旦造成失误，往往会在职业生涯中留下难以磨灭的污点。

四、交接班其他经营事宜交接

1. 顾客需求交接

顾客的需求多样，门店不能即时满足时应记录台账，交接班时需一同交接，特殊事宜还需叮嘱到位，如定时送货、定时上门检测、预约服务等，交接班人员同时签字确认。

2. 设施设备交接

设施设备运行情况、是否有特殊情况需要跟进，如约定检修等。

3. 其他非常规交接

如公司指令传达、清洁卫生、未完成事项说明等。

【任务实施】

模拟药店现场，由教师准备好交接班台账、现金及已上货陈列的药品，设定备用金及后台数据，设定各商品上一班记录数量，分批次轮流开展，另外批次同学开展分组评价，每组进行一轮钱、货、其他经营事宜的交接，每组3～5人，同步分别进行三项交接。两组为一批进行，一组扮演交接人，一组扮演接交人。

（1）商品交接　根据商品交接目录上的商品逐一核对，确认商品编码、规格、生产厂家，对有数量差异的查询上一班次销售及货物协调情况，填写完整数量后双方签字。

（2）财务交接　双方同时在场清点金额，先由交接人进行清点，再由接交人核对，首先核对备用金，核对后台销售金额及现金额，现金额清点完毕后与后台网上支付数额进行相加应等于总销售额，注意是否出现长短款，全程注意辨识钱币真伪，最后双方签字，店长或指定负责人签字确认。

（3）其他经营事宜交接　对顾客的特殊需求、设施情况、公司指令进行交接，双方签字确认。

【任务评价】

组名：

考核内容		评分细则	分值	自评	互评	师评
职业素养与操作规范(25分)		仪容仪表：工作服穿着整齐（袖口扎紧），得4分；不披发、化淡妆、不佩戴首饰，双手洁净，不留长指甲，指甲不染色，得4分	8			
		精神面貌：饱满热情、面带微笑、耐心细致、礼貌用语，得5分	5			
		操作过程中爱惜财产，对商品和货架轻拿轻放，得3分	3			
		效率意识：交接班迅速，有一定的时间意识，得4分	4			
		服务意识：有顾客进店正常接待，不推诿，得5分	5			
技能(80分)	商品交接	1. 正确核对商品编码，区分不同规格及厂家，得7分； 2. 有差异部分能进行后台查询，得8分； 3. 商品交接班目录表能准确填写，得5分； 4. 双方签字确认，得5分	25			
	财务交接	1. 由交接人先行清点核对，得5分；接交人直接清点，不得分； 2. 先核对备用金，得5分； 3. 营业额正确清点、核对，得5分； 4. 长短款正确登记，数额超过十元及时报告店长或指定负责人，得3分； 5. 大额款项现场辨别真伪，得3分； 6. 现金、总金额与电脑相同，得5分； 7. 清点完毕后双方签字，得2分； 8. 店长或指定负责人签字，得2分	30			

续表

考核内容		评分细则	分值	自评	互评	师评
技能（80分）	其他经营事宜	1. 特殊顾客需求完整交接，得8分； 2. 设施设备使用故障及具体说明等，得7分；（若无，则可不进行特别说明） 3. 其他非常规交接如公司指令传达等，得5分	20			
总分及得分			100			

【任务实训报告】

班级：　　　　姓名：　　　　学号：　　　　成绩：

实训任务	
实训目的	
实训步骤	
注意事项	
实训反思	

【课后作业】

1. 营业款是指：_____
2. 商品交接表上的信息应当包含：_____

M2-18 药店交接班课件

任务六　填写质量报表

【学习目标】

素质目标：具备保证药品质量的法治意识，在学习中体会规范操作、坚守法律红线。

知识目标：能够完整准确地阐述零售药店的质量报表种类；基本阐述各类质量报表的关键点，填写规范。

能力目标：能按照GSP要求填写各项基础质量报表。

阅读材料

由来已久的药品质量管理

药品质量管理在中国古代的历代王朝中都有所体现，各级管理机构也都对药品经营管理尤为重视，不断地规范药品市场。北宋王安石变法时对药品经营管理形成了较为完善的体系，宋神宗熙宁五年（1072年）三月期间，政府颁布了《市易法》，规定了药品不允许任何人私自制作和经营，需由政府专卖。到了1076年，朝廷又在东京即现在的开封设立了中国历史上第一个国家药店——熟药所，又称"卖药所"，由专人负责药品的制作及售卖。后将熟药所单独剥离，改名为医药惠民局，制药的修合药所改名为医药和剂局。在经营和管理上，两局均监督严格，并设立药品保质期，如因积时间过长超过保质期，则及时进行毁弃处理，以保证药物功效。无论是惠民局还是和剂局，均各自有"药局印记"和"和剂局记"四个字的大印，下设的东、南、西、北四局，也在制药和售药时加盖公章，以确保药品的质量。这是当前国内较为完整的关于中国古代药品质量管理的记录。

【任务要求】

能够根据《药品管理法》《药品质量经营管理规范》（GSP）的要求做好门店质量报表的填写及归档，确保门店质量信息的准确完整、可追溯。

要求：质量报表填写及归纳符合GSP的要求，坚守法律红线，有一定的法治意识。

【任务准备】

一、任务名称

药店质量报表填写。

二、任务条件

项目	基本实施条件	备注
场地	60m² 以上的GSP模拟药房	必备
设备	阴凉柜、中药柜、冷藏柜	选备

续表

项目	基本实施条件	备注
工具与材料	计时器、温湿度计、药品（商品）实物（20个品种以上）、签字笔、货架、药品不良反应/事件报告表、温湿度记录、药品拆零记录	必备

【相关知识】

药店质量报表是指为确保药品质量，在药品流通过程的各环节中，建立的相关质量记录。包括收货、验收、储存、养护、销售、出库，以及有效期的管理、不合格药品销毁管理、不良反应报告、人员培训等。

2019年12月1日，号称"史上最严"的药品监管法律——新修订版《中华人民共和国药品管理法》正式实施，对药品研制、生产、经营、使用全过程中药品的安全性、有效性和质量可控性都提出了更高的要求。

一、与药品相关的质量报表

与药品相关的质量报表主要指在商品的进、销、存过程中的相关记录表。

M2-19 与药品相关的质量报表

（一）药品进货相关报表

零售药店的商品进货报表主要指来货验收报表。商品从公司仓库到门店后，收货人员依据本店补货计划、进货计划、配送部门的"商品配送清单"及"送货交接单"，对实物进行核对，在货单相符的情况下收货，并在"商品配送清单"及"送货交接单"上签字盖章。同时在系统后台进行来货验收，来货验收一般为后台管理，但部分数据需手动录入。

来货验收单示例见表2-2。

表2-2　××公司来货验收单

配送单号	1234567			门店编号		12345			出库时间		2021/1/1 8:54
收货类型	手动收货			收货时间		2021/1/2 10:54			收货人		张三
商品编码	商品名称	国家医保编码	国家医保名称	规格	批号	有效期	收货数量	单位	请货单号	清货单行号	交货单号	上市许可持有人	器械备案人/注册人	供应商地址	供应商联系方式
123456789	养血清脑颗粒4g×15袋天士力医药集团股份有限公司	ZA15FAY012501020 0941	养血清脑颗粒	4g×15袋	210202	2024/10/30	10	盒	BAQ3201 234567	55	1234567			××医药公司	123-1234567

表2-2中一般基础数据在药品扫码后会自动生成，其中收货人一栏需手动输入，收货数量一栏需人工现场点货，按实际到货数量进行录入。

药品在单据货物齐全的情况下，到门店后的一个工作日内应验收完毕。验收合格的，按照药品贮藏要求上架销售。验收不合格的，不得上架销售，直接放置不合格区，并由药师或执业药师填写退货单退回仓储部门作退库处理。

不合格药品退换货记录表示例见表 2-3。

表 2-3　不合格药品退换货记录表

2012 年

月/日	药品名称	规格	单位	数量	批号	有效期	生产厂家	退换原因	供货单位	签收人	记录人
8月8日	强力枇杷露	225mL	盒	1	×××	2014年4月	石药集团	外包装破损	××医药	张三	李四

（二）药品销售相关报表

零售药房与药品销售相关的质量报表主要有处方药调配销售记录表、药品拆零销售记录表、中药调配记录表、含特殊药品复方制剂销售记录表等。

1. 处方药调配销售记录表

处方药必须凭医师开具的处方方可销售，需经处方审核人员审核后方可调配和销售，调配或销售人员均应在处方上签字或盖章，并做好"处方药调配销售记录"。目前，大部分公司均在销售处方药后由后台系统自动生成记录。

处方药调配销售记录表示例见表 2-4。

表 2-4　××公司××店处方药调配销售记录表

销售时间	商品编码	商品条码	商品名称	商品规格	生产厂家	销售数量	单位	商品批号	患者姓名	患者性别	购药人姓名	调配人

2. 药品拆零销售记录表

拆零药品是指药房药师根据医师处方用量进行药物调配时，将药品拆开原包装后再进行临床调配和使用。药品的包装通常有外包装、中包装、小包装 3 种类型。直接接触药品的包装叫最小包装单元，如瓶、复合膜袋、铝塑罩板等，拆开的包装已不能完整反映药品的名称、规格、用法、用量、有效期等全部内容。在操作管理上，药品拆零应做到以下几点：①负责拆零销售的人员经过专门培训，拆零的工作台及工具保持清洁、卫生，防止交叉污染，操作人员不得用手直接接触药品。②拆零药品的包装药袋是直接接触药品的，应符合要求，且应在包装上标明药品名称、规格、数量、用法、用量、批号、有效期以及药店名称等内容。③拆零药品必须建立拆零销售纪录，以便掌握拆零药品的进货来源及销售去向，一旦因拆零药品出现质量问题时，能追溯到原包装药品信息和拆零操作过程，确保拆零药品的安全使用。内容包括拆零起始日期、药品的通用名称、规格、批号、生产厂商、有效期、销售数量、销售日期、分拆及复核人员等。④需提供药品说明书原件或者复印件。⑤药品在拆零销售期间，保留原包装和说明书。

药品拆零销售记录表示例见表 2-5。

表 2-5　药品拆零销售记录表

条码：___123___　　品名：___阿苯达唑片___　　规格：___0.2g×10 片___
生产企业：___中美史克___　开始拆零日期：___2020 年 1 月 1 日___　截止日期：_____

2020 年		批号	生产日期	有效期至	销售数量	剩余数量	分拆人	顾客姓名	复核人
月	日								
1	1	2019040212	201902	202202	2 粒	8 粒	张三	王五	赵七

3. 中药调配记录表

中药调配多是指中药处方的调剂。指患者持医生所开处方，交于药店相关工作人员，经过工作人员审方、计价、调配、复核、发药等多个程序后，将医生所开处方涉及的中药按要求配好，交于患者的过程。

中药调配记录表示例见表 2-6。

表 2-6　中药调配记录表

年　　　　　　月												
日期	顾客姓名	付数	方剂总味数	应发重量	实发重量	误差	调配人	核对人	顾客签名	顾客地址	联系方式	叮嘱

4. 含特殊药品复方制剂销售记录表

含有麻黄碱或其他易制毒制剂的品类，如"白加黑""康泰克"等药物，在销售过程中需实名登记，每人最多购买 2 个最小包装。

含特殊药品复方制剂销售记录表示例见表 2-7。

表 2-7　含特殊药品复方制剂销售记录表

销售时间	商品名称	商品规格	生产厂家	销售数量	单位	商品批号	购买人姓名	购药人身份证号	调配人

（三）药品库存相关报表

零售药房与商品库存相关的质量报表主要有药品养护记录表、中药养护记录表、中药饮片清斗装斗记录表等。

1. 药品养护记录表

零售药店的药品养护是指在药品的储存期间所进行的保养和维护。储存的目的是储存药品的使用价值，使其在使用时发挥正常功能。零售药房的储存和养护是实现药品交换价值和使用价值的必备条件。养护的意义在于：①及时发现问题、确保药品质量。②发现近效期药品，及时预警、催销。③对缺货药品及时进行登记及进货补充。

药品养护记录表示例见表 2-8。

表 2-8　2020 年 ××店库存药品养护记录表

日期	养护类型	商品名称	规格	单位	库存数量	养护数量	生产企业	批号	有效期	批准文号	质量状况	处理措施	处理结果
1月1日	普通养护	养血清脑颗粒	4g×15袋	盒	8	7	天士力医药集团股份有限公司	123456	2023/5	1234	合格	正常销售	
1月1日	普通养护	养血清脑颗粒	4g×15袋	盒	8	1	天士力医药集团股份有限公司	123456	2023/5	1234	外包装破损	停止销售	下架退回

养护过程中，出现不合格商品，应及时下架，避免销售。

2. 中药养护记录表

中药养护是指对中药饮片在储存期间所进行的保养和维护。

中药饮片养护记录表示例见表2-9。

表2-9 2020年××店中药饮片养护记录表

日期	饮片品名	饮片规格	单位	数量	饮片产地	生产日期	批号	质量情况	养护措施	养护员
1月1日	山药	500g	袋	5	甘肃	2019/10	12345	合格	防虫防蛀	张三

3. 中药饮片清斗装斗记录表

中药清斗是指把中药斗里面剩余的中药碎渣移出来。清斗的目的是保持药品的质量，减少饮片的碎渣。装斗是指把中药饮片按照固定排好的斗位装入中药斗中。清斗时需登记清斗批号，清斗后方可装斗。中药的清斗与装斗在操作时应注意：①坚持"三查三对"原则。即查药斗上书写的药名与饮片包装合格证名称一致，查在药斗内残存的饮片与饮片包装内品种一致，查药斗内饮片与饮片包装内炮制的片型规格一致。不允许错斗、借斗。②坚持"先进先出，先产先出"原则，装斗前应先倒出药斗内残存饮片，清扫斗内灰尘与死角，在新进饮片装斗前，原剩下的饮片应销售完毕、清斗完毕方可装斗，不同批号的中药饮片存放同一斗中必须有包装袋分隔。③饮片在装斗时应留有余地，以避免在调配过程中推拉药斗而产生饮片外溢，导致串斗、混药等事故。④清斗装斗完毕需在"中药饮片清斗装斗复核记录"上登记，清斗和装斗人、复核人签名。

中药饮片清斗装斗记录表示例见表2-10。

表2-10 2020年××店中药饮片清斗装斗记录表

通用品名	清斗药品产地	规格	清斗批号	清斗时间	清斗前斗内剩余数量	装斗日期	装斗数量	装斗药品产地	规格	装斗批号	质量状况	备注
山药	甘肃	500g/袋	12345	1月1日	30g	1月1日	500g	甘肃	500g/袋	12345	合格	/

清斗人：	装斗人：	复核人：

（四）药品其他特殊质量报表

药品的其他特殊质量报表主要指药品不良反应/事件报告表。该表由国家药品监督管理局统一制定，报告录入数据库，由专业人员分析药品和不良反应/事件之间的关系。根据药品风险的普遍性或严重程度，决定是否需要采取相关措施，如在药品说明书中加入警示信息、更新药品如何安全使用的信息等。在极少数情况下，当认为药品的风险大于效益时，药品将撤市。

药品不良反应/事件报告表内容示例见表2-11。

表2-11 药品不良反应/事件报告表

首次报告 ☑　　跟踪报告 □　　　　　　　　　　编码：_____

报告类型：新的 □　严重 ☑　一般 □　　报告单位类别：医疗机构 □　经营企业 ☑　生产企业 □　个人 □　其他 □_____

患者姓名：张三　性别：男 □ 女 ☑　出生日期：1955年1月1日 或年龄：　民族：汉　体重(kg)：72　联系方式：123456

原患疾病：高血压、高血脂　　医院名称：_____　病历号/门诊号：_____　既往药品不良反应/事件：有 □　无 □　不详 ☑　家族药品不良反应/事件：有 □　无 □　不详 ☑

相关重要信息：吸烟史 □　饮酒史 □　妊娠期 □　肝病史 □　肾病史 □　过敏史 □_____　其他 □

药品	批准文号	商品名称	通用名称 (含剂型)	生产厂家	生产批号	用法用量 (次剂量、途径、日次数)	用药起止时间	用药原因
怀疑药品	国药准字H	×××	×××缓释片	×××药业有限公司	4	10mg po. qd	2021年1月— 2021年2月	降血压
并用药品	国药准字H	×××	×××胶囊	××药业股份有限公司		5mg po. qd	2015年1月— 2021年2月	降血脂

不良反应/事件名称：皮疹、瘙痒　　　不良反应/事件发生时间：2021年1月29日

不良反应/事件过程描述(包括症状、体征、临床检验等)及处理情况(可附页)：

患者因高血压并高血脂于1月25日按处方到店购药，服用三天后全身多处出现皮疹，皮疹为类圆形及椭圆形的水肿性色斑，外表呈紫红色，直径约1~5cm不等。边界清楚，继续服药四天后部分皮疹出现大疱，伴有皮肤瘙痒。自行停×××缓释片后三天红斑颜色变淡，瘙痒减轻。

不良反应/事件的结果：痊愈 □　好转 ☑　未好转 □　不详 □　有后遗症 □　表现：_____
　　　　　　　　　　死亡 □　直接死因：_____　　死亡时间：　年　月　日

停药或减量后，反应/事件是否消失或减轻？　　是 ☑　否 □　不明 □　未停药或未减量 □
再次使用可疑药品后是否再次出现同样反应/事件？　是 □　否 □　不明 □　未再使用 ☑

对原患疾病的影响：不明显 □　病程延长 ☑　病情加重 □　导致后遗症 □　导致死亡 □

关联性评价	报告人评价：肯定 □　很可能 □　可能 ☑　可能无关 □　待评价 □　无法评价 □　签名：赵五
	报告单位评价：肯定 □　很可能 □　可能 □　可能无关 □　待评价 □　无法评价 □　签名：
报告人信息	联系电话：123456　　职业：医生 □　药师 ☑　护士 □　其他 □____
	电子邮箱：123456@123　　签名：刘七
报告单位信息	单位名称：×××连锁药房　联系人：××　电话：12345　报告日期：2021年2月15日
生产企业请填写信息来源	医疗机构 □　经营企业 □　个人 □　文献报道 □　上市后研究 □　其他 □_____
备注	

二、场地及仪器设备质量报表

零售药店的场地及设施设备质量报表主要指温湿度记录表、设备和仪器使用及维护保养记录表等。

M2-20 场地及仪器设备质量报表

(一)温湿度记录表

温湿度记录是对营业环境及药品特殊保存场所实时温湿度的记录,是保证药品质量的重要因素。在零售药店,需要对营业场所即常温区、阴凉区(柜)和冷藏柜进行跟踪记录。温湿度记录上下午各记录一次,全月需要进行最高、最低温湿度及平均温湿度的总结。常温区、阴凉柜和冷藏柜表格形式及记录时间范围相同,但在温湿度控制上有所不同。常温区的正常范围为温度10~30℃,湿度35%~75%;阴凉柜的正常范围为温度<20℃,湿度35%~75%;冷藏柜的正常范围为温度2~8℃,湿度35%~75%。一旦温湿度超过正常范围值,应及时采取降温或升温、通风、加湿或除湿等措施,让温湿度回到正常范围值。

温湿度记录表示例见表2-12。

表2-12 温湿度记录表(常温区)

(　　年　　月)(正常范围:温度10~30℃,湿度35%~75%)

日期	上午(9:00~10:00)						下午(15:00~16:00)					
	温度/℃	相对湿度/%	调控措施	采取措施后		记录人	温度/℃	相对湿度/%	调控措施	采取措施后		记录人
				温度/℃	湿度/%					温度/℃	湿度/%	
1	20	40	/	/	/	张三	28	45	/	/	/	王五
2	22	45	/	/	/	张三	32	50	开空调降温	28	40	王五
…												
31												
月最高温度/最低温度						平均温度:	月最高湿度/最低湿度					平均湿度:
℃/　℃						℃	%/　%					%

(二)设备和仪器使用及维护保养记录表

零售药店的设备及仪器包括空调、冷藏柜、阴凉柜、电脑、收银机、打粉机、发电机等,是维护药店正常运营的必备工具。

为方便管理,门店应对各项设施设备进行归档并编号,在归档表上记录设施设备的名称、型号备查,以免混淆。

设施设备的相关记录可分为使用记录和维护保养记录。

设备和仪器使用记录表示例见表2-13。

表2-13 设备和仪器使用记录表

设备名称	发电机	设备编号	006	放置地点	仓库	
日期	使用原因	开始时间	运转情况	停止时间	操作人	备注
4月5日	停电	10点	正常	17点	张三	机油已用完

设备和仪器维护保养记录表示例见表2-14。

表 2-14　设备和仪器维护保养记录表

设备编号	002	设备名称	空调	型号	格力 KFR-120LW
维护日期	检查维护原因	检查维护内容	检查维护结果	维护人	备注
4月5日	常规维护	检查是否运行正常、卫生维护	正常；干净	张三	/

三、人员相关质量管理记录

零售药店与人员相关的质量管理记录主要包括人员档案、健康档案与培训相关资料。

（一）人员档案

人员档案主要指人员任免通知、员工花名册、员工登记表。其中人员任免通知由公司下发；员工登记表是店内每一个员工具体情况的详细记录，由员工自己填写，店长、单位人力部门等签字确认留档；花名册是全店人员的汇总。

员工花名册表格示例见表 2-15。

表 2-15　××公司××店门店员工花名册

序号	姓名	性别	职务或岗位	职称	学历	所学专业	身份证编号	备注
1	张三	女	企业负责人	执业药师	本科	药学	1234	
2			质量负责人、验收员、审方员	执业药师				
3			养护员					
4			门店负责人、收货员					

（二）健康档案

健康档案是针对门店所有在岗人员健康状况的记录，每年初由公司统一下发年度健康体检计划，门店打印留档。每一位在岗员工体检后，应建立员工健康档案，并汇总在员工健康登记表中。

员工健康档案表示例见表 2-16。

表 2-16　××公司××店员工健康档案

编号：002　　　　　　　　　　　　建档时间：2020 年 2 月 10 日

姓　　名	张三	性别	女		
部　　门	××分店	岗位	门店负责人		
检查日期	检查机构		检查项目		采取措施
2月3日	××医院		血常规、肝功能、胸透、视力、肠道传染病、皮肤传染病		/

员工健康登记表示例见表 2-17。

表 2-17　××店员工健康登记表

序号	员工姓名	性别	岗位	体检日期	体检单位	体检结论	采取措施	备注
1	张三	女	门店负责人	2月3日	××医院	健康	正常上班	/
2								

（三）培训相关资料

零售药店的年度门店培训基础表格由公司统一制定，门店可根据自身实际需求进行部分删减，打印后存档。每场培训实施后，均需做"门店培训登记表"，所有参训人员签字留存。

门店培训登记表示范见表 2-18。

表 2-18　××公司门店培训登记表

培训时间	2020.01.04	培训编号	202001
门店名称	\multicolumn{3}{c}{×××店}	
培训内容	\multicolumn{3}{c}{药品经营质量管理规范相关知识培训}	
授课人	张三	培训地点	会议室
培训课时	2	考核方法	季度考试
培训内容	药品的陈列应当符合以下要求。 (1)按剂型、用途以及储存要求分类陈列，并设置醒目标志，类别标签字迹清晰、放置准确。 (2)药品放置于货架(柜)，摆放整齐有序，避免阳光直射。 (3)处方药、非处方药分区陈列，并有处方药、非处方药专用标识。 (4)处方药不得采用开架自选的方式陈列和销售。 (5)外用药与其他药品分开摆放。 (6)拆零销售的药品集中存放于拆零专柜或者专区。 (7)第二类精神药品、毒性中药品种和罂粟壳不得陈列。 (8)冷藏药品放置在冷藏设备中，按规定对温度进行监测和记录，并保证存放温度符合要求。 (9)中药饮片柜斗谱的书写应当正名正字；装斗前应当复核，防止错斗、串斗；应当定期清斗，防止饮片生虫、发霉、变质；不同批号的饮片装斗前应当清斗并记录。 (10)经营非药品应当设置专区，与药品区域明显隔离，并有醒目标志。			
签到	张三　王五　赵七		

四、药品监督部门监管记录

零售药店在经营过程中，药品监督部门会不定期对门店进行如商品抽检、现场检查等质量监督，并在过程中留下单据、检查记录等，门店需妥善保存。

【任务实施】

模拟药店现场，由教师准备好需要填写的表格及商品、温湿度计、拆零药品等，分批次轮流开展，另外批次同学开展分组评价，至少每组填写完整一个表格，每组两人。六组为一批进行，两组进行药品养护，两组进行温湿度记录，两组进行药品拆零记录。

(1) 药品不良反应/事件报告　对收到的信息准确询问，正确填写。

(2) 温湿度记录　会看温湿度计，准确记录，对超出正常范围的温湿度情况能正确处理。

(3) 药品拆零记录　对需要拆零的药物正确操作，填写正确并能说出拆零要点。

【任务评价】

组名：

考核内容		评分细则	分值	自评	互评	师评
职业素养与操作规范(20分)		仪容仪表：工作服穿着整齐(袖口扎紧)，得4分；不披发、化淡妆、不佩戴首饰，双手洁净、不留长指甲，指甲不染色，得4分	8			
		精神面貌：饱满热情、面带微笑、耐心细致、礼貌用语，得5分	5			
		操作过程中爱惜财产，对商品和设施设备轻拿轻放，得3分	3			
		效率意识：设定填表时间，有一定的时间意识，得4分	4			
技能(80分)	药品不良反应/事件报告	1. 正确询问患者基本资料并填写，得3分； 2. 怀疑药品/并用药品正确填写，得8分； 3. 不良反应/事件名称及发生时间正确填写，得3分； 4. 不良反应/事件过程描述及处理情况正确填写，得10分； 5. 其余信息正确填写，得6分	30			
	温湿度记录	1. 正确使用温湿度计，正确填写温湿度，得8分； 2. 对温湿度超出正常范围采取正确措施，得8分； 3. 月度最高、最低及平均温湿度正确填写，得4分	20			
	药品拆零记录	1. 正确填写表头，得10分； 2. 正确填写药物信息，得10分； 3. 签名栏填写，且有复核人，得5分； 4. 商品数量与发药、留存相当，得5分	30			
总分及得分			100			

【任务实训报告】

班级：　　　　　姓名：　　　　　学号：　　　　　成绩：

实训任务	
实训目的	
实训步骤	

续表

注意事项	
实训反思	

【课后作业】

1. 零售药店商品养护的意义在于：_____

2. 药品不良反应/事件的报告时限为：_____

M2-22 填写质量报表课件

任务七　填报经营报表

【学习目标】

素质目标：具备药店店长应具备的管理思维和数据思维方式，做到通过表格来进行管理和考核。
知识目标：能够基本阐述营运报表的填写内容和核算方式及其相关要求。
能力目标：能够填写并分析与药店营运有关的报表，做到日清日高，月清月高。

阅读材料

营运数据背后的意义

一、对运营指标全面监控，降低监督成本

将目标公式化，拆解成各个模块，通过数据监管每个模块的运营情况。

例如：铺货率指标，如果仅仅通过门店走访来巡视品项是否齐全，成千上万家门店的监督成本会非常高。而通过零售商的库存数据，就可以对所有门店的所有品项进行全面、实时的监控。

二、对问题正确归因

线下运营有一个难题，当产品在某一家门店业绩大幅下降时，难以进行正确的归因。产品、渠道和营销，到底哪个是造成业绩衰退的主要因素？如果缺少数据支持，基本只能依赖个人经验来判断，最终的解决方案就是在每个环节都投入资源去应对，虽然有时候也能解决问题，但是浪费了大量的资源。

如果每个环节都能数据化会是什么样子？以线上运营为例。

1. 如果是整个页面浏览人数很少，可以判定是渠道流量过小。
2. 如果浏览人数很多，购买的人很少，可以判定是营销活动的转化率较低。
3. 观察购买者后期的复购率，如果留存率很低，那就可以判定是产品本身的问题。

这样一来，问题出在哪个环节就一清二楚。通过对问题的正确归因，可以集中资源精准地解决难题，同时也提升了资源利用的效率。

三、形成反馈闭环，提升各环节效率

运营的目的就是提升各个环节的效率，让每个模块的齿轮都高速运转。要想做到这点，操作方案和用户反馈这两者之间必须能够形成一个闭环。

举个例子：在门店策划一个酸奶营销活动，活动期间，通过数据可以观测到转化率的多少、购买人群的人物画像、客单价的分布、不同产品之间的连带率以及下单高峰时间段等，这些用户行为以数据的形式反馈到商家手里，这样就可以不断优化营销方案。比如根据用户画像可以定制符合人物喜好的赠品；客单价分布的反馈可以制订用户更容易接受的促销形式；连带率的反馈可以将相关产品进行联合促销……

如果没有数据，例如线下卖场也做一个营销推广活动，那就只能得到一个数据，就是最终的销量是高还是低，至于产品最后卖给了谁、什么人群客单价高、什么时间段下单量最多、购买了酸奶的用户还购买了哪些商品等，这些信息最终都成了沉没数据。活动结束后只知道效果好不好，但是无法进行持续优化。

【任务要求】

熟练知晓门店营运相关表格的填报方法和背后的意义。
要求:能够对日常营运报表做出正确的分析。

【任务准备】

一、任务名称

药店经营报表的填写。

二、任务条件

项目	基本实施条件	备注
场地	60m² 以上的模拟药房	必备
设备	员工工装、商品、价签、货架、药店5S管理基础设施	必备
工具与材料	办公电脑、计算器、演算草稿纸	必备

【相关知识】

一、企业基本情况表

企业基本情况表(表2-19)是企业基本情况的体现,包括企业(单位)名称、企业(单位)代码、法定代表人、联系电话、详细地址、行政区划代码、企业登记注册类型等信息。

表2-19 企业基本情况表

企业名称	×××大药房			
经营范围	处方药、非处方药;化学药制剂、抗生素、中成药、生化药品、生物制品[除疫苗、除血液制品、除含麻醉药品和曲马多口服复方制剂、除注射剂(胰岛素除外)]		经营方式	零售
			是否委托配送	否
药品经营许可证号		统一社会信用代码		
注册地址				
所地区域				
仓库地址				
经营面积		仓库面积		
法定代表人		学历	执业资格	
			身份证号	
企业负责人		学历	执业资格	
			身份证号	
质量负责人		从事药品质量管理工作年限	执业资格/技术职称	
			身份证号	

续表

驻店药师		执业资格/技术职称		身份证号				
人员情况	职工总数	从事质量管理、验收、养护人员总数	驻店药师人数					
			执业药师	主任药师	药师	中药师	从业药师	药士	中药士	其他
联系人		联系电话						

二、门店周工作计划表

零售药店周工作计划表（表2-20）的填写是门店每周的必需工作。门店通过对上周业绩进行通报总结，得失分享，将有效经验进行复制以促进本周业绩的达成。

表2-20　周工作计划表

××××年××月第＿×＿周××大药房＿＿＿＿店工作计划

上周总结	下周计划
目标营业额：＿＿＿＿ 实际营业额：＿＿＿＿，完成比例：＿＿＿＿％ 目标毛利率：＿＿＿＿，实际毛利率：＿＿＿＿，完成比例：＿＿＿＿％ 新增会员数：＿＿＿＿，近效期产品销售情况：＿＿＿＿ 会员客单价：＿＿＿＿，客单价：＿＿＿＿	核心目标： 1. 目标营业额： 2. 目标毛利率： 3. 目标新增会员数：
分享目标完成的方法：	本月大促活动前的准备：
未完成目标的原因和障碍：	核心障碍：
克服障碍的对策和方法：	核心策略：
上周创新与收获：	核心成果：
上周员工情况： 员工无变动	提醒：
上周重大事项：	

其中，营业额=客单价×客流量，毛利润（即未除去人工费用、店租费用等所有费用之前的利润）=营业额×毛利率。在客单价、客流量这些基本条件不变的情况下，毛利率的高低是门店盈利水平的体现，毛利率越高，盈利能力越好。会员是门店的核心顾客，一个门店的稳定发展，

与会员的多少、会员的忠诚度有密切的关系,因此,重点关注会员的质量,是维护门店可持续性发展的重要工作。

三、每月月初工作表

每月月初工作表(表2-21)是药店管理人员为做好每月门店营运和相关工作安排的有力"武器",有利于明确工作目标,让结果更可控。计划预期可能的变化,有利于避免和减少工作失误,合理的计划安排有利于提高门店工作效率。

表 2-21 每月月初必备工作表

序号	具体工作内容	执行岗位	是否执行
1	每月×日考勤的维护与上报、灭火器的安全检查	店长/值班经理	
2	每月×日前按公司下发最新目录更新非会员目录	店长/值班经理	
3	每月初×日单据整理和上交	财务管理人员	
4	每月×日工资数据收集(加班费、其他补贴、门店效期及盘存扣款等)	店长/值班经理	
5	检查缺货登记本是否及时回复顾客	店长/值班经理	
6	本月工资打印及员工签字知晓	店长	
7	上月工资是否有核算错误或是漏发项目,本月是否已到位	店长	
8	×日前月度促销品种学习	店长/值班经理	
9	×日前店内月度会议(上个月业绩点评和制度学习)	店长	
10	×日前完成大扫除(橱窗、仓库、地面、商品、货架、办公区域等)	全员	
11	清洁卫生记录(1次/月)	质管员	
	药品养护检查记录月查表(1次/月)	质管员	
	计量器具周期检定记录(1次/月)	质管员	
	员工花名册(人员有变动及时更新)	质管员	
	员工健康档案表(每月检查过期及时通知)	质管员	
	仪器设备管理档案(1次/月)	质管员	
	冷链药品收货、验收及养护	质管员	
	中药养护检查记录	质管员	
	处方誊抄、整理	质管员	
12	最新监管政策、医药相关政策学习	全员	
其他			

四、每月月末工作表

每月月末工作表(表2-22),顾名思义就是对下一个月的工作情况的安排,在月末对下一个月即将要做的工作进行梳理安排,有利于在未来的工作中有序地推进各项事务。

表 2-22　每月月末工作表

序号	具体工作内容	执行岗位	是否执行
1	次月店内员工各项考核任务分配	店长	
2	次月排班表	店长	
3	盘点当月各项考核数据,冲刺所有可拿奖金项目	店长	
4	员工考试档案	全员	
5	相关商品提前备货	店长	
6	当月店务整理归档,下月店务表格准备	店长	
7	效期录入	店长	
8	当月定金清理	店长	
9	药学服务工作反思	全员	
其他			

五、门店促销执行表

药店促销是指以满足消费者需求为前提,将药店及其商品(服务)的信息通过各种促销方式传递给消费者或用户,促进消费者了解、信赖本企业的产品,进而唤起消费者需求,使其采取购买行为的营销活动。一场有效的促销要从商品、促销音乐、物料、POP、店内布置、对外宣传、对内考核等多方面进行准备,以期达到预期效果(表 2-23)。

表 2-23　促销前和促销中工作事宜梳理

项目	分项		检查标准	时间节点	是否执行	备注
促销前	商品准备	促销商品	促销商品重点宣传品种 100% 备货,非重点品种根据之前销售选择部分品种少备或不备(例如大件器械)	促销前 1~2 个配送周期		
			根据促销期间销量补充商品	促销期间		
	物料准备	促销音乐	促销前试听确认无误	促销前		
		宣传物料	促销前 1 个配送周期对海报、横幅等全面清理,未到及时上报且跟进到位	促销前 1 个配送周期		
		海报书写或打印	宣传海报、促销信息打印或书写完成	促销前		
	促销氛围布置	店内	橱窗贴、吊旗、海报、地贴、横幅全面布置到位	促销前		
			促销商品陈列位置调整到位,POP 悬挂完成			
	对外宣传准备	宣传开展计划制订	宣传商圈划分到人	促销前		
			社区活动开展时间、地点、人员分工安排			
			电话回访拟定、人员回访数量计划			
	对内宣传准备	目标下达	团队目标及员工个人目标分解与下达	促销前 1 周		
		促销动员大会	员工学习促销内容、熟悉方案、团队及个人目标 100% 掌握	促销前 5 天内		
	促销排班	促销排班	根据促销时间进度安排不同人次与班次	促销前 3 天		
	促销方案测试	促销方案测试	促销前 1 天结束营业后对促销方案进行全面测试	促销前 1 天		

续表

项目		分项	检查标准	时间节点	是否执行	备注
促销中	营业前准备	早会召开	再次强调当天团队及个人目标,鼓舞士气	促销中		
		促销音乐	开门营业则播音启动,××m 内能有听到	促销中		
		收银台准备	零钱准备	促销中		
	营业中执行	通报进度	每两小时通报一次团队及个人销售进度	促销中		
		盯现场	管理人员盯现场员工接待状态、收银台协助	促销中		
		补充商品	缺断货商品、赠品及时补充与协调	促销中		

六、门店月度会议分析表

门店月度会议的目的是总结门店上月业绩达标的基本情况以及相关人员的安排,同时做出对下一个月工作的安排,有利于公司把握当前门店的经营情况,对未来的发展起参考意义。门店月度会议内容主要包括上月业绩回顾、员工个人绩效点评、员工关怀、本月任务分解等内容(表 2-24)。

表 2-24 月度会议分析表

(××月)门店月度会议									
参会员工签名									
上月业绩回顾	总销售完成率	总毛利额完成率	毛利率	毛利率距任务差/超	客单价	客单价环比	客流量	客流量环比	
员工个人绩效点评	姓名	总销售	距销售额挑战差/超	上月个人得分	服务评分	服从性评分	会员卡完成差/超	顾客回头率	
员工关怀	新入职当天员工	入职一周员工	入职一个月员工		试用期员工		上月业绩最落后员工	上月业绩最好的员工表扬	
本月任务分解									
本月任务分解	姓名	销售挑战任务1	销售挑战任务2	销售挑战任务3	办卡任务	药学服务任务			

七、门店日清工作表

日清工作表(表 2-25)是通过对门店各岗位的工作内容、工作效率、行为规范、服务意识等

项目二 药店基础作业

方面进行考核,以加强门店日常管理,理清门店管理秩序,提升门店业绩和形象的专用表格,日清工作表是药店店长进行门店日常工作开展的必备工具,其主要内容包括:营业前准备、信息和商品关注、门店客流高峰期盯岗、上午班总结、下午班日清调整、请货安排与商品账目跟进、结束营业前、次日日清下达、质管日清相关等。

表 2-25 日清工作表

完成事项	序号	具体工作内容	执行岗位	是否执行
营业前准备	1	员工仪容仪表检查	店长/值班经理	
	2	按每天早会内容标准表开早会	店长/值班经理	
	3	日常音乐播音准备	店长/值班经理	
	4	检查橱窗招聘海报是否张贴	店长/值班经理	
	5	收银台零钞、折扣券	店长/值班经理	
	6	收银软件、医保刷卡系统准备	店长/值班经理	
信息和商品关注	1	检查上一班(或前一天)缺货登记本信息	店长/值班经理	
	2	前一天畅销断货商品查询,做好进货或协调安排	店长/值班经理	
	3	邮件查看及处理	店长/值班经理	
	4	新价处理,标价签的更换及打印	店长/值班经理	
	5	督促协助员工在高峰期后对卖场商品进行补货、标签等工作清理	店长/值班经理	
门店客流高峰期盯岗	1	观察员工对待顾客态度,不挑客、不甩客	店长/值班经理	
	2	协助收银台收银、换购、办理会员卡等工作,投诉第一时间处理	店长/值班经理	
	3	至少1次通报当班整体业绩与员工个人业绩进度	店长/值班经理	
上午班总结	1	召集员工对上午班销售做简要总结(当班和个人业绩完成情况)	店长/值班经理	
	2	营业款缴存、电脑缴存确认填写并上传总部	店长/值班经理	
	3	督促员工做好交接班,且抽查部分品种是否有丢失,损失及时处理	店长/值班经理	
	4	做好卫生陈列交接	店长/值班经理	
	5	竞争对手促销、价格了解(1~2周/次)	店长/值班经理	
下午班日清调整	1	根据上午班业绩达成情况及当下天气状况,合理地调整下午班半日清目标	店长	
请货安排与商品账目跟进	1	根据门店请货时间认真修改请货计划及退货安排	店长/值班经理	
	2	来货24h内进行差异上报	店长/值班经理	
	3	对上一次来货差异品种进行跟进	店长/值班经理	
	4	缺货登记本回复、商品进出账目处理	店长/值班经理	

续表

完成事项	序号	具体工作内容	执行岗位	是否执行
信息和商品关注	1	完善缺货登记本信息	店长/值班经理	
	2	当班畅销断货商品查询,做好进货或协调安排	店长/值班经理	
	3	邮件查看及处理	店长/值班经理	
	4	按规划进行学习	店长/值班经理	
	5	督促协助员工做好商品陈列整理,标价签对应,无标价签商品打印	店长/值班经理	
结束营业前	1	整理当天需要上报的各类数据	店长/值班经理	
	2	盘点当天业绩各项数据和准备次日早会内容	店长/值班经理	
	3	督促协助员工进行卖场卫生清理(扫地、拖地)	店长/值班经理	
	4	营业款确认并存放保险柜、当日销售确认	店长/值班经理	
	5	店内促销信息清理	店长/值班经理	
	6	闭店前检查(后场及办公室灯、插座、电源、电脑及水龙头是否已经关好,门锁是否锁好,安全系统是否启动)	店长/值班经理	
次日日清下达	1	次日门店及员工各项考核任务下达,作为次日早会内容之一	店长	
质管日清相关	1	温湿度记录(早晚各1次检查店堂和阴凉柜)	质管员	
	2	养护设备使用记录(空调、阴凉柜)	质管员	
	3	含特殊成分复方制剂销售登记	质管员	
	4	电子处方及处方药调配销售登记	质管员	
	5	单轨制处方整理	质管员	
	6	中药柜处方调配顾客确认表	质管员	

八、门店早会执行表

一日之计在于晨,早会提供了指导工作和每日培训的环境。利用早会,可以进行新产品、销售技巧的沟通,提高员工的技术水平,同时可以进行品质观念的灌输及公司各项政策的宣传。早会可以促进达成共识,是传播企业文化的媒介,可以培养好的习惯及行为观念,通过早会可以对工作教养、工作习惯加以宣传,不断地促进,不断地改进,从而提升员工的素质。同时通过早会,可以进行工作安排、上级指令的传达,从而使员工更清楚地了解整个公司的方针政策、市场运转情况及自己的工作方向,提升工作效率。早会还可以培养店长的权威与形象、风范与气质,给店长提供良好的锻炼环境,带动门店气氛(表2-26)。

表2-26 早会执行表

		月 日早会内容	早会执行人:	
1	点到	参加早会员工签名:		
2	每日学习	员工学习和前一天优秀事迹分享		
		药学服务技能学习		

续表

3	早会数据通报	昨天总销售完成率	月至今销售完成率	今日目标销售额	上午班销售目标	下午班销售目标
		昨天总毛利额完成率	月至今毛利额完成率	今日目标毛利额	上午班毛利额目标	下午班毛利额目标

4	员工个人绩效点评（只点评昨天业绩完成情况）	姓名	今日销售额	截至今日销售	截至今日顾客点赞数	截至今日顾客投诉数	备注

5	员工关怀	新入职当天员工	入职一周员工	入职一个月员工	试用期员工	当天业绩最落后员工	当天业绩最好的员工表扬

当天重点工作项目完成情况介绍与交接事项安排							
当天公司安排重点工作项目	1	2	3	4	5	6
负责人						
昨日重点工作完成情况						

【任务实施】

模拟药店现场，由教师准备好需要填写的表格及出模拟数据等，分批次轮流开展，另外批次同学开展分组评价，至少每组填写完整一个表格，每组 3~5 人。三组为一批进行，一组进行早会表格填写，二组进行月度会议表格填写，三组进行周工作计划表格填写。

（1）早会表格填写　数据正确填写，个人与门店之间数据逻辑正确，公司其他工作正确安排责任人。

（2）月度会议表格填写　各项数据分配合理。

（3）周工作计划表格填写　数据正确填写，各数据之间逻辑关系匹配；其余各项分享言之有物。

【任务评价】

考核内容		评分细则	分值	自评	互评	师评
职业素养与操作规范(20分)		仪容仪表:工作服穿着整齐(袖口扎紧),得4分;不披发、化淡妆、不佩戴首饰,双手洁净、不留长指甲,指甲不染色,得4分	8			
		精神面貌:饱满热情、面带微笑、耐心细致、礼貌用语,得5分	5			
		有以患者为中心的药学服务意识,得3分	3			
		效率意识:有一定的时间意识,得4分	4			
技能(80分)	早会执行表填写	1. 通报数据正确填写,逻辑正常,得8分; 2. 员工业绩点评与通报数据逻辑正常,得8分; 3. 公司安排项目有具体负责人,得4分	20			
	月度会议表格填写	1. 上月业绩回顾填写正确,逻辑正常,得12分; 2. 员工业绩点评与上月数据逻辑正常,得8分; 3. 根据上月员工个人数据,合理安排本月任务,得10分	30			
	周工作计划表格填写	1. 数据填写正确,前后逻辑正常,得20分; 2. 其余事项能围绕、根据数据来由进行分析,得10分	30			
总分及得分			100			

【任务实训报告】

班级:　　　　　姓名:　　　　　学号:　　　　　成绩:

实训任务	
实训目的	
实训步骤	

续表

注意事项	
实训反思	

【课后作业】

1. 请重点描述促销日门店准备工作和日常门店工作的不同。

_____

_____

2. 营业额＝_____

3. 毛利润＝_____

M2-23 填报经营报表课件

项目三　药店商品陈列

【项目介绍】

药店商品陈列是以药品为主体，按照 GSP 的相关要求，利用药品本身的用途、形状、色彩、性能、质地等特点，同时运用一定的方法和技巧，借助一定的道具，有规律地摆设来展示药品，以方便顾客购买。药店的商品陈列可视为药店的"无声销售"，能最大限度地方便消费者购买药品，吸引消费者的眼球，从而刺激销售，提高药店的营业额。

【知识导图】

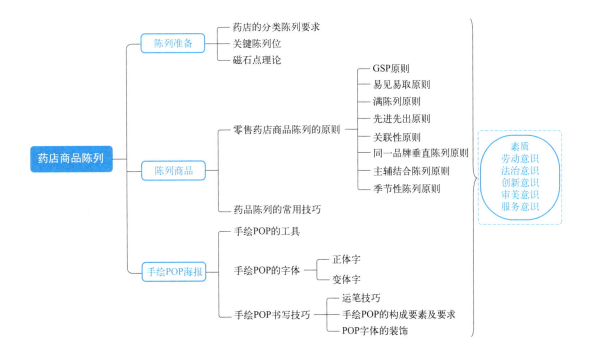

【学习要求】

通过本项目的学习，具备陈列药品时的劳动意识、法治意识、规范意识，培养学生进行 POP 绘制的创新意识和审美意识。能够完整阐述药品陈列的基本知识、陈列的基本原则；熟悉药品陈列的要求和技巧及艺术；了解 POP 广告的概念、特点及陈列特色，能运用 GSP 知识进行药品的分区分类陈列；能运用陈列技术进行药品的陈列；能制作手绘 POP 海报。

【项目"1+X"证书考点】

任务中与药品购销职业技能等级证书对接的内容。

等级	工作领域	工作任务	职业技能要求
初级	4. 药品储存与养护	4.1 药品储存	4.1.2 能按剂型、用途、性质及管理要求分类陈列药品
		4.2 药品养护	4.2.5 能对近效期药品进行预警和催销
中级	3. 药品特殊储存养护	3.1 特殊药品储存	3.1.1 能识别特殊管理药品并按照国家规定管理
	2. 用药指导	2.3 生物制品使用指导	2.3.3 能区分预防用、治疗用和诊断用生物制品 2.3.4 能区分疫苗、类毒素和球蛋白预防用生物制品
高级	3. 医药营销	3.2 营销实施	3.2.3 能进行品类管理

【项目职业技能大赛考点】

药品购销员技能大赛

项目	任务要求
陈列要求	在规定时间内，按照GSP的规定以及药品分类存放的原则，将50种药品分区分类正确摆放在货架内
药品陈列评分要点	(1) 药品与非药品、内服药与外用药、处方药与非处方药分开
	(2) 需冷藏药品放入冷藏货架(柜)
	(3) 阴凉药品放入阴凉区
	(4) 拆零药品放入拆零专柜
	(5) 含特殊药品复方制剂、含麻黄碱类复方制剂专柜(区)摆放
	(6) 包装易混淆药品应分隔摆放
	(7) 药品不得倒置，多剂量液体制剂应直立放置
	(8) 分区分类要求主要以药品的作用用途进行摆放

M3-1 药品分类陈列

任务一 陈列准备

【学习目标】

素质目标：具备药品商品陈列实践操作意识，在劳动学习中体会效率优先、坚守法律红线。

知识目标：能够完整准确地阐述零售药店药品的分区分类要求，能基本阐述药品陈列的关键陈列位和药品陈列的磁石点理论。

能力目标：能区分药品、医疗器械、消毒用品、保健食品、普通食品，能指出 GSP 模拟药房的关键陈列位，能按照药品的剂型、用途、性质及管理要求分类陈列商品。

阅读材料

药店的抹布（打一歇后语）——苦透了

为什么药店不可以用湿抹布清洁药品上的灰尘和污渍？

因为有很多药品在湿度高的环境下，容易分解变质或者潮湿长霉，用湿抹布清洁药品包装盒上的灰尘，久而久之会使药品内部的湿度增加，影响药品的疗效。所以严禁使用湿抹布清洁药品包装上的灰尘。陈列药品清洁的关键是不能损害包装而影响销售，更不能影响药品质量，所以药店防止陈列药品沾灰首先是要有防尘设施（如密闭门窗、封闭柜台等），店员可以用干抹布、毛掸子、软刷子或软布搞好环境卫生，还可以用空包装盒代替需暴露陈列的药品（但销售时一定要检查包装，不能将空包装盒销售给患者），有多余的药品不要随意摆放，最好存放柜子内，尽量减少暴露存放时间。

【任务要求】

能够根据 GSP 的要求，做好货架的清洁、商品的整理，并运用各种陈列方法、技巧独立完成门店新货药品上架及补货陈列工作并识别药店的关键陈列位。

要求：药品陈列符合 GSP 的要求及安全陈列等原则，坚守法律红线，标签书写正确，有一定的实践劳动意识等。

【任务准备】

一、任务名称

药店商品的新货上架陈列及关键陈列位识别。

二、任务条件

项目	基本实施条件	备注
场地	$60m^2$ 以上的 GSP 模拟药房	必备
设备	温湿度计、阴凉柜、体重计	选备
工具与材料	计时器、药品（商品）实物（20 个品种以上）、干湿抹布、药品标签、签字笔、货架、空白纸、药品按照系统用途分类的标签	必备

【相关知识】

一、药品的分类陈列要求

（1）按剂型、用途以及储存要求分类陈列，并设置醒目标志，类别标签字迹清晰、放置准确。

（2）药品放置于货架（柜），摆放整齐有序，避免阳光直射。

（3）处方药、非处方药分区陈列，并有处方药、非处方药专用标识。

（4）处方药不得采用开架自选的方式陈列和销售。

M3-2 药店商品的分类

(5) 外用药与其他药品分开摆放。

(6) 拆零销售的药品集中存放于拆零专柜或者专区，并有醒目标志。

(7) 第二类精神药品、毒性中药品种和罂粟壳不得陈列。

(8) 需阴凉储存的药品陈列于阴凉区，并按分区要求陈列，冷藏药品放置在冷藏设备中，按规定对温度进行监测和记录，并保证存放温度符合要求。

(9) 中药饮片柜斗谱的书写应当正名正字；装斗前应当复核，防止错斗、串斗；应当定期清斗，防止饮片生虫、发霉、变质；不同批号的饮片装斗前应当清斗并记录，中药饮片应连同外包装一起装斗。

(10) 经营非药品应当设置专区，与药品区域明显隔离，并有醒目标志，保健食品区须有"保健食品不能代替药品"的提示语。

二、关键陈列位

陈列点：又称为陈列位，即陈列的位置，只有将药品以适当的形式（考虑数量、价格、空间、组合方式）陈列在适当位置，才能最大限度地提高销量，提升品牌。患者购买行为随机性很大，这是OTC市场区别于医院市场的最大特点。

M3-3 药品的关键陈列位

一般以下位置为较好的陈列位，称之为关键陈列位。

(1) 店员习惯停留的位置。在其后的背架视线与肩膀之间的高度位置及其前方的柜台小腿以上的高度（第一层）位置为较好位置。

(2) 消费者进入药店，第一眼看到的位置，即卖场正对门口位置、货架端头。

(3) 各个方向不阻挡消费者视线（主要为沿卖场顺、逆时针行走时视线）的位置。

(4) 光线充足的位置，在卖场内主要是正对卖场光源的位置。

(5) 同类药品的中间位置。

(6) 靠近柜台玻璃的药品和较远位置的药品容易受到注意。

(7) 非处方药采用自选形式的，患者较易拿取的位置为优势位置。

(8) 著名品牌药品旁边位置。

(9) 消费者经常经过的交通要道，如收银台。

选择陈列位时，除以上位置外，还应注意的是要根据药店药品类别、特点布局而定，一般较重的、易碎的药品陈列于货架底层，另外，要保持始终有一个固定位置的药品陈列，方便患者重复购买。

三、磁石点理论

所谓磁石，就是指零售药店的卖场中最能吸引顾客注意力的地方，磁石点就是顾客的注意点，要创造这种吸引力就必须依靠商品的配置技巧来实现。

1. 磁石点作用

(1) 在零售药店卖场中最能吸引顾客注意力的地方配置合适的商品来促进销售。

(2) 商品配置能引导顾客逛完整个卖场（死角不应超过1%）。

(3) 药房除了以专业的服务提高患者的忠诚度以外，很多顾客购药过程中也会冲动性购买（冲动性购买占60%~70%）。

2. 磁石点类型

(1) 第一磁石点　配置主力商品。第一磁石位于主通路的两侧，是消费者必经之地，摆放能拉引顾客至内部卖场的商品，这也是商品销售的最主要的地方。此处应配置的商品为：①消费量多的商品。②消费频度高的商品。消费量多、消费频度高的商品是绝大多数消费者随时要使用的，也是时常要购买的。所以将其配置于第一磁石的位置以方便顾客购药。③主力商品。

（2）第二磁石点　展示观感强的药品。第二磁石位于通路的末端，通常是在药房的最里面。第二磁石商品负有引导消费者走到卖场最里面的任务。在此应配置的商品有：①最新的药品。新的药品具有新的适应证，能够解决消费者的新问题，将新药品配置于第二磁石的位置，有利于吸引消费者走入卖场的最里面。②具有季节感的药品。具有季节感的药品是最富变化的，因此，药房可随季节的变化作相应的陈列，吸引消费者的注意。

（3）第三磁石点　端架药品。第三磁石指的是端架的位置。端架通常面对着出口或主通路货架端头，第三磁石点的基本作用就是要更好地展示药品。通常情况可配置如下的药品：特价品、高利润的药品、季节药品、购买频率较高的药品、促销药品等。端架药品，可视其为临时卖场。

（4）第四磁石点　单项商品。第四磁石指卖场副通道的两侧，主要让消费者在陈列线中间引起注意的位置，这个位置的配置不能以商品群来规划，而必须以单品的方式对消费者表达强烈诉求。包括：热门商品、特意大量陈列商品、广告宣传商品。

（5）第五磁石点　卖场堆头。第五磁石卖场位于结算区（收银区）域前面的中间卖场，可根据各种节日组织大型展销、特卖的非固定性卖场，以堆头为主。

【任务实施】

模拟药店现场，由教师准备好需要分类摆放和上货陈列所用的药品（品类不少于100种），分批次轮流开展，另外批次同学开展分组评价，至少每组20个商品品种，每组3~5人。三组为一批进行，第一组进行药品分类摆放，第二组进行药店商品的新货上架陈列，第三组进行关键陈列位识别。

（1）分类摆放　根据药品用途分类标签进行药品的分类摆放。首先进行药品与非药品分类、内服药和外用药分类、处方药与非处方药分类，然后根据标签进行药品作用用途分类摆放。

（2）新货陈列　将已经验收完毕的新货上架，需要增加该药品的陈列位置和陈列标签，陈列位置正确，标签书写和位置正确整齐。

（3）补货陈列　针对货架上已有的商品开展补货陈列，整理陈列面，进行随手拉货。

（4）识别关键陈列位　指出模拟药房中的关键陈列位，并口述其陈列特点。

【任务评价】

组名：

考核内容		评分细则	分值	自评	互评	师评
职业素养与操作规范（20分）		仪容仪表：工作服穿着整齐（袖口扎紧），得4分；不披发、化淡妆、不佩藏首饰，双手洁净、不留长指甲，指甲不染色，得4分	8			
		精神面貌：饱满热情、面带微笑、耐心细致、礼貌用语，得5分	5			
		操作过程中爱惜财产，对商品和货架轻拿轻放，得3分	3			
		效率意识：设定陈列速度快，有一定的时间意识，得4分	4			
技能（80分）	药品分类摆放	1. 药品与非药品分开、内服药与外用药分开、处方药与非处方药分开，得5分； 2. 按照作用用途进行分类、分区域摆放，得10分； 3. 需要冷藏的药品与其他药品分开摆放，特殊管理药品单独区域摆放，得5分	20			

续表

考核内容		评分细则	分值	自评	互评	师评
技能 （80分）	新货上架	1. 上架前清洁陈列架及药品，无肉眼可察到的污渍、灰尘或破损，得3分；（用湿抹布擦货架者扣2分） 2. 摆放位置正确，得5分； 3. 及时贴标签，标签书写正确，得3分； 4. 摆放无混乱、整齐、无倒置，得2分； 5. 正面朝外、无遮挡、易取易放的，得2分； 6. 商品与上层货架层板间距遵循二指原则，得2分； 7. 陈列量感丰满，得3分	20			
	补货陈列	1. 先移出现陈列药品并查看药品有效期，并对近效期药品进行记录，得10分； 2. 补货前清洁陈列架及药品，无肉眼可察到的污渍、灰尘或破损，得5分； 3. 陈列后符合先进先出原则，得3分； 4. 商品摆放整齐、正面朝外、无倒置、无遮挡、易取易放的，得5分； 5. 商品与上层货架层板间距遵循二指原则，得2分； 6. 随手拉货，保证陈列面不空位，陈列丰满，得5分	30			
	识别关键陈列位	1. 写出药店的关键陈列位置的，每写出一处得1分，共5分； 2. 每写出一处关键陈列位的陈列特点的，得1分，共5分	10			
总分及得分			100			

【任务拓展】

根据高级药品购销职业技能等级证书的要求能进行品类管理，针对有专升本需求学生学习。

【任务考核答卷】

班级：　　　　　　姓名：　　　　　　学号：　　　　　　成绩：

内容	药品类别	药品名称
处方药区	抗感染药	
	抗寄生虫药	
	解热镇痛抗炎药 （抗痛风药）	
	神经系统用药	
	精神障碍用药	
	呼吸系统用药	
	循环系统用药	
	激素及影响 内分泌药	
	抗变态反应药	

续表

内容	药品类别	药品名称
处方药区	皮肤科用药	
	五官科用药	
	儿科用药	
	妇产科用药	
非处方药区	抗寄生虫药	
	解热镇痛抗炎药	
	呼吸系统用药	
	消化系统用药	
	泌尿系统用药	
	血液系统用药	
	抗变态反应药	
	维生素、矿物质类药	
	皮肤科用药	
	五官科用药	
	儿科用药	
	妇产科用药	
含麻黄碱类、含特殊药品复方制剂		
拆零药品		
冷藏药品		
非药品		
关键陈列位		

【任务实训报告】

班级：　　　　　　姓名：　　　　　　学号：　　　　　　成绩：

实训任务	
实训目的	
实训步骤	

续表

注意事项	
实训反思	

【课后作业】

1. GSP 规定的零售药店药品分类的要求：_____

_____

_____

_____

2. 简要说明以下磁石点配置药品的类型。

(1) 第一磁石点：_____

(2) 第二磁石点：_____

(3) 第三磁石点：_____

(4) 第四磁石点：_____

(5) 第五磁石点：_____

任务二　陈列商品

【学习目标】

素质目标：形成药店商品陈列的实践操作意识，在劳动学习中体会效率优先、坚守法律红线，对药品陈列有顾客服务意识和审美意识。

知识目标：能够准确地阐述出药品陈列的原则；能够基本描述不同货架陈列的要点和药店的陈列特色。

能力目标：能根据货架特点和药品陈列的原则及陈列技巧对零售药店商品进行有效陈列。

【任务要求】

能根据零售药店货架特点和药品陈列的原则及陈列技巧对零售药店商品进行有效陈列。

要求：药品陈列符合八大药品陈列原则，运用陈列技巧，坚守法律红线，陈列美观，能抓住顾客的眼球，吸引顾客，有一定的顾客服务意识和审美意识。

【任务准备】

一、任务名称

药店各关键陈列位的商品陈列。

二、任务条件

项目	基本实施条件	备注
场地	$60m^2$ 以上的 GSP 模拟药房	必备
设备	温湿度计、阴凉柜、体重计	选备
工具与材料	计时器、药品（商品）实物（100 个品种以上，每个品种 10 个以上包装）、干湿抹布、药品标签、签字笔、端架、堆头、空白纸、药品按照系统用途分类的标签	必备

【相关知识】

一、零售药店商品陈列的原则

（一）GSP 原则

GSP 原则是药店商品陈列的首要原则，主要包括四分开：药品与非药品分开陈列；处方药与非处方药品分开陈列，处方药不得开架自选销售；中药饮片与其他药品分开；内服用药和外用药分开。

（二）易见易取原则

药品正面面向顾客，不被其他商品挡住视线；货架最底层不易看到的药品要倾斜陈列或前进陈列；货架最上层不宜陈列过高、过重和易碎的药品；整箱药品不要上货架，中包装商品上架前必须全部打码上架。对卖场主推的新品或 DM 上宣传的药品突出陈列，可以陈列在端架、堆头或黄金位置，容易让顾客看到位置，从而起到好的陈列效果。

（三）满陈列原则

满陈列就是把药品在货架上陈列得丰满些，要有量感，俗话说："货卖堆山"。满陈列可以减少卖场缺货造成的销售额下降。

（四）先进先出原则

药品都有有效期和保质期，我们必须保证在有效期和保质期内提前卖完这些药品。因为顾客总是购买货架前面的药品，如果不按先进先出的原则来进行药品的补充陈列，那么陈列在后排的药品就卖不出去。所以每次将上架药品放在原有药品的后排或把近效期药品放在前排以便于销售。

（五）关联性原则

药品仓储式超市的陈列，尤其是自选区（OTC 区和非药品区）非常强调药品之间的关联性，如感冒药区常和清热解毒消炎药或止咳药相邻、皮肤科用药和皮肤科外用药相邻、妇科药品和儿科药品相邻、维生素类药和钙制剂相邻等，这样陈列可使顾客消费时产生连带性，也方便了顾客购药。

（六）同一品牌垂直陈列原则

垂直陈列指将同一品牌的药品，沿上下垂直方向陈列在不同高度的货架层位上。与横式陈列相比，其优点为：①人在挑选药品时视线上下移动较横向移动方便，故垂直陈列可满足顾客的方便性，又能满足药品的促销效果；②货架的不同层次对药品的销售影响很大，垂直陈列可使各药品平等享受到货架不同的层次，不至于某商品占据好的层次销量很好，而其他商品在比较差的层次销量很差。垂直陈列有两种方法：一是完全垂直陈列，对销量大或包装大的商品从最上一层到最下一层全部垂直陈列；二是部分垂直陈列，采用主辅结合陈列原则。

（七）主辅结合陈列原则

药品仓储式超市商品种类很多，根据周转率和毛利率的高低可以划分为四种商品，第一种为高周转率、高毛利率的商品，这是主力商品，需要在卖场中很显眼的位置进行量感陈列；第二种是高周转率、低毛利率的商品，如感康、白加黑等；第三种是低周转率、高毛利率的商品；第四种是低周转率、低毛利率的商品，这类商品将被淘汰。主辅陈列主要是用高周转率的商品带动低周转率的商品销售，例如将同属于感冒药但生产商不同的两种品牌陈列在一起，品牌好的商品，顾客购买频率高，属于高周转率商品，但由于药品零售价格竞争激烈，使这类商品毛利率非常低，所以要引进一些同类商品增加卖场销售额。将同类商品的两种品牌相邻陈列，且知名品牌陈列面更大，使店员推销商品时有主力方向，又可以增加毛利率。

（八）季节性陈列原则

在不同的季节将应季商品（药品）陈列在醒目的位置（端架或堆头陈列），其商品陈列面、量较大，并悬挂 POP，吸引顾客，促进销售。

二、药品陈列的常用技巧

（一）端架陈列

端架陈列是指采用具有双面的中央陈列架的网头货架进行药品陈列的陈列方式。主要是展示利润高、季节性、广告支持、特价、新的药品及重点促销的药品。端架陈列可进行单一大量的药品陈列，也可将几种药品组合陈列于端架。每组端架上所陈列的药品大小、品种与色系要相近。端架陈列的药品货源要充足，陈列要丰满、美观，不得缺少价格标签。

（二）橱窗陈列

橱窗陈列是采用具体药品或空包装盒，以不同的组合排列方法，展示季节性、广告支持、新的或重点促销的药品的陈列方式。玻璃橱窗广告纸要双面书写、进店前吸引顾客，进店后仍然可看到相应信息。

（三）黄金位置陈列

通常与顾客视线相平即直视可见位置是最好的位置。门店在这样的位置主要陈列重点推荐的药品。如高毛利率药品、需要重点培养的药品、重点推销的药品。在敞开式的销售现场，普通身高的顾客主动注视和伸手可及的范围是从地板开始的60～160cm的高度，这个范围称为药品的有效陈列范围。货架一般高135cm，其中最易注视的范围为80～120cm，这个位置被称为黄金地带。60cm以下、180cm以上是顾客不易注视或者接触的位置。也可以把货架分为上、中、下三段来陈列药品。上段属于感觉性陈列，陈列"希望顾客注意"和有意培养的药品。中段陈列主推的药品，其价格适中、销量稳定。同一排货架上功能相似的药品价格跨度不能太大。下段陈列低毛利、周转快、体积大、需求弹性低或滞销的药品。

（四）悬挂陈列

悬挂陈列是将一些细长形、扁平形的无立体感的药品悬挂起来陈列的陈列方式。通过悬挂陈列，不但可以使药品产生立体效果，还能增添其他陈列方法所没有的变化，让顾客入店即可看见药品信息，刺激顾客的购买欲望。悬挂式陈列须注意高度与数量，同时须留意是否积尘和褪色，避免给顾客留下不良印象。

（五）量感陈列

量感陈列常应用于堆头陈列、多排面陈列与岛式陈列中。量感陈列通过"数量庞大""便宜""丰富"的视觉感和信号来刺激顾客购买的冲动。量感陈列有规则陈列和不规则陈列两种。规则陈列是将药品整整齐齐地堆放成一定的立体造型，药品排列井然有序；不规则陈列是将药品随意放置于篮子、盘子等容器中，不要求摆设的药品整齐有序，要给顾客一种便宜、随意的现场，使顾客在亲切感的氛围下触摸挑选药品。采用量感陈列的药品，在卖场的数量不足时，可在适当位置用空的包装盒做文章，设法丰富陈列量。量感陈列适用于高毛利率、重点推荐、季节性或近效期药品的陈列。

（六）专柜陈列

专柜陈列即一个柜上全部陈列同一厂家的商品或同一系列的商品。比如按功能设立，即将具有相同或相关联功能的药品陈列为同一专柜，如男性专柜、减肥专柜、糖尿病药物专柜等。专柜陈列的形象、色调须与药房整体布局一致。

（七）主题陈列

主题陈列是给药品陈列设置一个有主题的陈列方式。可以依据季节或特殊节日的要求而更换主题，如抗击流感和清热解暑等。将作用相关联的药品陈列在一起，利用主题特征，促进顾客的连带性购买，方便顾客购药。

（八）比较陈列

比较陈列是将相同药品依不同规格或不同数量予以分类并排列在一起的陈列方式。通过不同规格包装的药品的价格差异来刺激购买欲望。经过合理的比较陈列，使顾客更容易选择更高毛利率的药品。

【任务实施】

模拟药店现场，由教师准备好需要陈列的商品，包括不同的货架组，设定有端架组、开放式货架组（两组）、处方闭柜组（两组）、花车堆头组，分批次轮流开展，另外批次同学开展分组评价，至少每组货架数五排，花车堆头除外，每组5～8人。六组为一批进行各个货架组的药店商品的陈列。

【任务评价】

组名：

考核内容		评分细则	分值	自评	互评	师评
职业素养与操作规范（20分）		仪容仪表：工作服穿着整齐（袖口扎紧），得4分；不披发、化淡妆、不佩戴首饰，双手洁净，不留长指甲，指甲不染色，得4分	8			
		精神面貌：饱满热情、面带微笑、耐心细致、礼貌用语，得5分	5			
		操作过程中爱惜财产，对商品和货架轻拿轻放，得3分	3			
		审美意识：陈列美观具有一定的新颖性，得4分	4			
技能（80分）	整洁	1. 无肉眼可察觉的污渍、灰尘或破损，得5分； 2. 摆放无混乱、整齐、无倒置，得5分	10			
	标价签管理	1. 有货无签、有签无货、货签不符、不对应或不统一放置第一件商品左下角的，每品项扣1分，扣完为止； 2. POP书写不清楚或未对应商品张贴的，每品项扣2分，扣完为止	10			
	药店商品陈列	1. 按分类分区原则陈列，得5分； 2. 按分类作集中、纵向陈列的，得5分； 3. 商品按黄金分割法陈列的，得5分； 4. 商品正面朝外、被遮挡、易取、易见、易选的，得5分； 5. 遵循上小下大、上轻下重，得5分； 6. 商品与上层货架层板间距遵循二指原则，得5分； 7. 应季品陈列突出、明显的，得5分； 8. 一个地堆或端架最多陈列两种商品，得5分，如有两种以上多余的不得分； 9. 商品陈列遵循先进先出原则的，得5分； 10. 陈列量丰满，得5分； 11. 采用了特殊陈列技巧的，例如阶梯式陈列、花式陈列，得5分	55			
	氛围陈列	关联原则、醒目原则陈列突出，商品作关联陈列，得5分	5			
总分及得分			100			

【任务拓展】

根据高级药品购销职业技能等级证书的要求能进行品类规划，适合有专升本需求学生学习。

【药品陈列技巧技能考核答卷】

班级：　　　　　　姓名：　　　　　　学号：　　　　　　成绩：

内容	药品陈列原则	实训商品名称举例
将反映药品陈列原则的商品复盘	药品与非药品分开	
	中药饮片与其他分开	
	处方药和非处方药分开	
	内服和外用药品分开	
	易见易取原则	
	满陈列原则	
	季节性陈列原则	
	主辅结合陈列原则	
	关联性陈列原则	
	先进先出原则	
	同一品牌垂直陈列原则	
各区域陈列商品复盘	端架商品（至少5个）	
	开放式货架商品（至少10个）	
	处方闭柜商品（至少10个）	
	花车堆头商品（至少2个）	

【任务实训报告】

班级：　　　　　　姓名：　　　　　　学号：　　　　　　成绩：

实训任务	
实训目的	
实训步骤	

续表

注意事项	
实训反思	

【课后作业】

1. 药品陈列的原则有：_____
_____
_____
_____

2. 简述药品陈列技巧。

(1) 端架陈列：_____

(2) 量感陈列：_____

(3) 黄金位置陈列：_____

(4) 专柜陈列：_____

任务三　手绘 POP 海报

【学习目标】

素质目标：具备进行手绘 POP 的实践操作意识，在 POP 创作学习中坚守法律红线，节约耗材，注重环保，具有进行手绘 POP 海报的创新意识和审美意识。

知识目标：能基本说出常用 POP 海报的主要内容和结构，能准确阐述医药 POP 的相关法律要求。

能力目标：能运用 POP 海报的主要内容和结构知识在半小时内手绘出一张完整的零售药店 POP 海报（含商品促销、药店活动、公益活动等主题）。

阅读材料

"惊爆价"三字不能用，属于价格欺诈

某药店在 2021 年"五一"假期前后，在促销活动中宣称"促销特价"，使用"惊爆价"等用语，其实际价格与促销活动前却是一样的，结果因价格欺诈被罚 35 万元。特价与原价相同，虚构优惠打折。4 月 28 日前后，该公司通过微信公众号等宣传：自 4 月 30 日至 5 月 2 日，在城区所有直营店开展"五一大放价、三天感恩大回馈"商品促销活动，如"特价"螺旋藻片原价 98 元，现价 68 元。

其所在市市场监管局检查发现，其中一些促销商品一个月前在城区所有直营店标示"原价"销售，但是在本次促销活动前七日内价格与促销期间特价相同。所谓原价，依据国家发改委《禁止价格欺诈行为的规定》，是指经营者在本次促销活动前七日内在本交易场所成交，有交易票据的最低交易价格；如果前七日内没有交易，以本次促销活动前最后一次交易价格作为原价。另外，当事人在微信公众号平台和宣传彩页上标示"'惊爆价'明目护眼贴、'惊爆价'维生素 E 软胶囊、'惊爆价'阿胶益寿口服液……"市场监管局认为，上述商品使用误导性的语言标价行为违反了《中华人民共和国价格法》第十四条规定，构成了《禁止价格欺诈行为的规定》中第六条第三项、第七条第一项所指的"价格欺诈行为"。依据相关规定，该局责令当事人改正违法行为，并给予罚款 35 万元的行政处罚。该案被列入其所在省市场监管局最近一批价格违法典型案例。市场监管局认为，"特价""惊爆价""秒杀价"……这些商家常见的促销标语，扭曲了市场价格形成机制的作用，使"有序"的市场竞争"无序"化，严重损害了消费者的合法权益。

【任务要求】

能运用 POP 海报的结构、手绘技巧、排版规律等手绘零售药店 POP 海报。

要求：手绘 POP 结构完整，内容充实、科学，符合促销、陈列的需要；文字通俗易懂、简洁、新颖，紧扣主题，画面生动活泼，有吸引力。

【任务准备】

一、任务名称

手绘药店 POP 海报。

二、任务条件

项目	基本实施条件	备注
场地	60m² 以上的教室一间	必备
设备	桌椅、多媒体设备等	选备
工具与材料	药品空包装盒、保健品空包装盒、医疗器械或者其他医药商品的包装盒、空白纸、POP 广告纸（铜版纸）、铅笔、马克笔一套（红、黑、蓝三色必需,6mm\12mm\20mm\30mm）、尺子等	必备

【相关知识】

一、手绘 POP 的工具

手绘 POP 是通过创意和设计，用一些简单的工具写出的一种广告。它能在有限的空间引起顾客的注意，可迅速地向消费者提供最新的商品信息、制造焦点。同时，它能有效地唤醒顾客的购买意识，营造销售氛围，树立和提升企业形象。POP 工具最为重要的是：马克笔和纸张。马克笔分角头及圆头两种笔头，又分酒精、水性、油性三种材质。纸张最为常用的是铜版纸，除此之外还有海报纸、牛皮纸、彩胶纸、有色卡纸等。其他辅助工具有小刀、剪刀、绘图铅笔、修改液、橡皮、双面胶等。

二、手绘 POP 的字体

字体为手绘 POP 的根本，是手绘 POP 的灵魂。练习基本字体是 POP 的必要条件和根基。

（一）正体字

正体字又称方块字，字体呈方体形状，比例均匀，给人以工整、正统的感觉。左右结构的字形为部首偏少，另一部分较宽；上下结构字形上下两部分大小差距不大。正体字特点：横平竖直、充满格子、均衡布局；上下顶头、左右碰壁。POP 正体字书写原则：满格书写，尽量填满整个方格，笔画向四边扩张，注意笔画间的间距；空间分配上松下紧，左窄右宽，部首变形是"画"非"写"，需要改变原有的书写习惯。

（二）变体字

又称 POP 标准字、POP 活体字等，是在正体字的基础上，将结构严谨的字体变为趣味动感的字体，以应对不同的表现主题。上下结构的字体书写为上大下小的形式；左右结构的字体书写成部首小，另一部分大的形式。变体字的特点：①字体重心下移。字体中的笔画相对地往下落。②见口放大。在字体中如果有"口"字出现，要把"口"字扩大、放大，这样更能体现变体字的特点。③字体梯形化。书写的时候，相对把字体下部放宽一点，形成一个梯形，这样字体更具稳定性。④字体扩充。在虚拟的框架方格中，让字体占满整个方格。⑤横笔画书写变化。如第一笔是横，则向右下倾斜书写。如果有两笔或三笔是横，相对把下面的横拉直或者反方向倾斜，这样字体更具有稳定性，更具活力。变体字的书写规则：①左右结构的字体。变体字中左右结构的字体在书写的时候把部首缩小，这样便能突出字体的灵活性。②左中右结构的变化。变体字左中右结构的字体一般中间稍大，左右小一点，这样给人的感觉是单薄中不失稳定感。③上下结构字体的写法。书写上下结构字体的时候，各部分所占的比例是 3∶7 或 1∶1。半包围结构字体的写法，在半包围变体字中，包围部分尽可能缩小，不全封闭，这样更富有个性。④无结构字体在变体字中的应用。在 POP 字体中，笔画越少的字书写时应注意笔顺、结构，一些无结构字体在书写时就更难找到下笔的方法。

三、手绘 POP 书写技巧

（一）运笔技巧

运笔是书写的关键，握笔不宜过高，笔与纸成 60°角，与纸面完全贴平，运笔要稳，以手腕带动笔锋，力道均匀，速度一致。一笔拆成多笔，接合处需整齐。马克笔有平头和斜头，握笔时与平时握笔相同，但是要求笔尖与纸面完全贴平，画出来的笔画要求横竖等宽，且线条间保持平行，间距均匀。以手腕带动笔锋，如果所写的字较大，运笔时须以整个手肘来移动，而不能只移动手腕，确保笔锋与纸面接触的情形不会改变。可以一笔拆成很多笔，注意笔画手写方向、顺序及接合处的整齐度。

（二）手绘 POP 的构成要素及要求

1. 主标题

主标题是整张手绘 POP 海报的中心思想，也是整张海报的重心，我们需要他来吸引消费者的眼球，从而达到广告效应。主标题的字体一定要醒目、清晰，易于阅读，字数上不宜过多，以两秒左右可以阅读完为限。海报中的主标题，为了达到醒目效果，我们一般都选择 20mm 或 30mm 的油性马克笔进行书写，然后再添一些装饰。

2. 副标题

由于主标题的字体比较少，对 POP 内容无法进行充分的说明和解释。它是为主标题服务的，所以在字体上要和主标题有所区别。我们一般都选择用 12mm 油性马克笔进行书写。

3. 正文

正文是手绘 POP 海报中的主要文字部分，一张 POP 海报要向消费者或顾客阐述的具体内容是什么，都要靠正文部分来体现，书写正文的时候要注意以下两点：简明扼要，避免语句不通；字数不宜过多，颜色尽量统一。因为正文部分字数比标题字多，所以我们可以选择小一号的马克笔来书写，6mm 黑色油性马克笔最为常用。

4. 插图

插图是插在文字中用于解释和说明文字的图画。在手绘 POP 海报中，形象贴切的插图更能烘托主题，会使 POP 海报的视觉冲击力更强。插图是插在文字中用于解释和说明文字的图画，它有两种功能：一是帮读者了解文章的内容，二是填补或美化版面。插图是 POP 广告构成要素中形成广告风格及吸引视觉的重要内容，插图比文字更引人注意。我们一般都是用记号笔绘制插图轮廓，然后用水性马克笔为插图填充颜色。在绘制插图的时候，我们要根据海报的具体内容来绘制插图。

5. 装饰图案

在 POP 海报中经常会有一些空缺的地方，我们用这些位置来绘制一些装饰图案，起到填充画面空白、丰富画面色彩等作用。装饰图案的表现手法有很多种。

（三）POP 字体的装饰

单纯只靠笔画书写的字体，在手绘 POP 作品里显得比较单薄，因此我们需要一些技巧对其进行修饰。字体的装饰方法很多，选择颜色修饰就比较重要。字体装饰是为了让文字更美观，起烘托主题的作用，不可装饰过头。以下介绍一下在POP中最常用的字体装饰方法。

1. 轮廓装饰

书写好基本的文字后，选择比文字更深的马克笔沿着文字的边缘描绘轮廓线。为了达到强烈的对比效果和醒目的作用，我们一般会用黑色的马克笔进行描绘。轮廓线的绘制有以下几种。

M3-4 如何丰富手绘POP的文字装饰

（1）双线轮廓　描绘好基本的轮廓可以在轮廓线的外面再描绘一条细线，这样可以增强标题字的层次感。

（2）类似色轮廓　描绘轮廓线的时候可以采取与文字相接近的颜色，可以增加文字的过渡效果。

（3）多色轮廓　描绘轮廓线的时候采用多种颜色层层叠加，这样可以使文字的色彩感更加丰富，但最多不超过三层，以免影响阅读。

（4）残旧轮廓　描绘轮廓线的时候在轮廓线内侧添加一些细小的线条，以此来表现文字残缺的感觉，这种效果可以增强文字的立体感觉。

2. 分割装饰

书写好基础字后，在描绘好轮廓线的前提下，采用不同颜色或类似颜色的马克笔在文字上进行大面积填充。可以增加文字的层次感。

3. 立体装饰

书写好后，可以在文字的外侧为文字绘制一层高度，然后为其填充颜色。

4. 火焰装饰

书写好基本的字体后，用红色的马克笔直接在文字上绘制出火焰效果的图案。这种装饰一般用在跟"火"或与饮食有关的文字上面，装饰后文字的内容更加突出，视觉冲击力也大大增强。

5. 木纹装饰

利用水性马克笔绘制出类似木纹的效果为标题字进行装饰，这样可以提高文字的艺术性和欣赏性，在颜色选择上大多以黄色或肉色为主，这些颜色比较接近生活中木头的颜色，给人的感觉比较真实。

6. 雪花装饰

书写好基本的文字之后，用修正液在文字上直接绘制出类似雪花的效果。

7. 裂痕装饰

选用笔尖较细的勾线笔在写好的标题字内部绘制出似墙体"裂痕"的效果，这样可以使标题字视觉冲击力更加强烈。绘制裂痕效果的最好方法就是参考闪电的效果和墙体裂痕的效果。

8. 插画装饰

根据标题字字面的含义在其周围或内部添加一些能衬托标题字的插图，这种装饰形象、贴切，使主题更加突出，给人印象深刻，同时也体现了手绘POP的独特魅力。

9. 背景装饰

在书写的标题字周围绘制一些背景作为装饰，这样可以让画面看起来更加饱满，颜色也更加丰富。在绘制背景的时候要注意颜色要淡一点，背景的颜色是为了衬托主题，不要影响主题。

10. 笔画装饰

把标题中的某个笔画用具体的图形进行装饰，比如，可以把人体的一些器官添加到文字中，这样不但形象，而且标题更加富有生命力。

【任务实施】

每两个同学一组，选定自己要进行宣传的医药商品，一个同学搜集医药商品的信息，一个同学进行选定与医药商品相关的基本字体的练习。POP书写工具包括笔和纸及其他辅助工具。先整体设计构图和编排，然后设计POP海报的主副标题及字体，选择字写得较好的同学开始进行字体的书写，设计POP海报的正文及配色和装饰，对形成的POP海报进行拍照，并记录POP

海报的制作过程。

【任务评价】

组名：

考核内容		评分细则	分值	自评	互评	师评
职业素养与操作规范（20分）		1. 仪容仪表：工作服穿着整齐（袖口扎紧），得2分；不披发、化淡妆、不佩戴首饰，双手洁净、不留长指甲，指甲不染色，得2分； 2. 精神面貌：饱满热情、面带微笑、耐心细致、礼貌用语，得2分	6			
		在POP创作学习中坚守法律红线，无违反法律法规情况，得5分	5			
		手绘POP过程汇总节约耗材，注重环保，不浪费，得4分	4			
		具有进行手绘POP海报的创新意识和审美意识，得5分	5			
技能（80分）	整体印象	1. 整体设计美观大方，字体符合POP字体书写的规范和要求，得10分； 2. 主题思想突出，内容充实，有吸引力，图文并茂，得10分； 3. 内容健康向上、有时代感、有创意、有特色，得10分	30			
	艺术设计	1. 广告语言简意赅、有创意，得6分； 2. 对整体广告思想表达完整，得6分； 3. 与所设计的广告图案吻合，得6分； 4. 注意手绘POP的排版四边留空，做到左右无间距，上下有行距，得6分； 5. 注意色彩的搭配，主色调不超过三种颜色，并与选择的医药商品颜色匹配，做到设计统一和谐，得6分	30			
	装饰	1. 有表达广告含义的图案和装饰，得5分； 2. 装饰图案颜色选择恰当，得5分； 3. 装饰选择适当，不画蛇添足，反映商品和主题，得10分	20			
总分及得分			100			

【手绘POP技能考核答卷】

班级：　　　　　姓名：　　　　　学号：　　　　　成绩：

内容	项目	
手绘POP的设计	选择的商品	商品名称： 商品特点：
	选择的工具	笔： 纸： 辅助工具：

续表

内容	项目	
手绘 POP 的设计	POP 适合的场景和 POP 创意说明	
	你的任务	
POP 的结构	主标题	
	副标题	（如没有写无）
	正文	
	所用装饰	

【任务实训报告】

班级：　　　　　　姓名：　　　　　　学号：　　　　　　成绩：

实训任务	
实训目的	
实训步骤	
注意事项	

续表

实训反思	

【课后作业】

1. POP 的全称：_____

2. POP 的构成要素有：_____
_____

3. POP 排版的规律：_____
_____

【项目检测】

M3-5 项目检测习题

M3-6 药店商品陈列口诀

M3-7 药店商品陈列课件

项目四　药店商品销售服务

【项目介绍】

药店销售是以顾客为中心，根据患者病情的需要，从疾病出发，根据疾病的特点为患者提供个性化药学服务。通过接待和询问顾客，了解顾客的真实需求，从而合理地推介药品，对于患者的用药咨询，能够进行专业指导，对于需要长期服药的慢病患者，在药师的正确指导下合理、规范、安全地用药。通过专业的药学服务，得到患者的信任，在解决患者的实际问题的同时提高门店的营业额。

【知识导图】

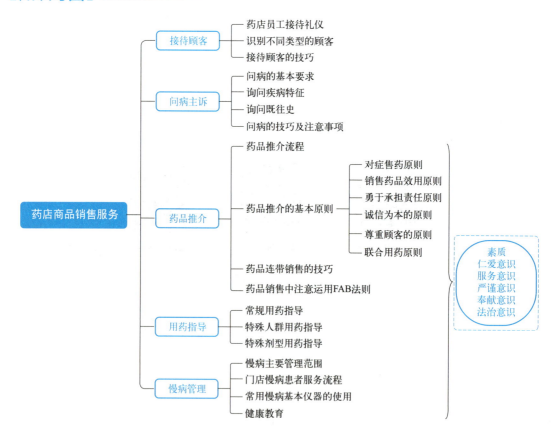

【学习要求】

通过本项目的学习，具备药学服务时的仁爱意识、严谨意识，培养学生的奉献和服务精神。能够掌握顾客接待的基本礼仪，能够通过问病和患者主述判断常见疾病；熟悉常见疾病的用药；熟悉常见药物剂型的特征和使用方法；熟悉常用医疗设备的使用方法；熟悉糖尿病和高血压等慢性病的健康管理；能够将自己所学用于实践。

【项目"1+X"证书考点】

M4-1 问病卖药流程

任务中与药品购销职业技能等级证书对接的内容。

等级	工作领域	工作任务	职业技能要求
初级	1. 顾客服务	1.1 顾客接待	1.1.1 能与顾客有效交流，确认顾客需求。 1.1.2 能正确接待顾客的查询并做好记录。 1.1.3 能正确处理顾客来函、来电业务并做好记录。 1.1.4 能对营业场所进行规范整理
	2. 药品服务	2.1 非处方药推介	2.1.1 能根据顾客需求介绍非处方药品。 2.1.2 能介绍常用药品的作用、用途。 2.1.3 能介绍常用药品的主要不良反应及注意事项。 2.1.4 能了解顾客使用药品后的满意度
		2.3 用药服务	2.3.1 能为顾客提供基础的安全用药指导。 2.3.2 能在发药时向顾客正确说明药品使用方法。 2.3.3 能正确记录已调配的药品。 2.3.4 能对特定顾客做药历记录并进行随访，提供个性化服务
中级	1. 药品服务	1.1 药品推介	1.1.1 能熟识常用药品的商品名、英文名。 1.1.2 能介绍药物的作用机理及体内过程特点。 1.1.3 能介绍新上市品种的特点并进行同类药品的比较。 1.1.4 能根据常见疾病症状提供药学咨询和用药指导。 1.1.5 能根据顾客需求推介中成药
		1.2 药品信息服务	1.2.1 能进行医药文献检索。 1.2.2 能综合运用医药和营销知识与客户沟通药品相关问题。 1.2.3 能综合运用病理、药理等专业知识与医生进行临床交流。 1.2.4 能够按照培训方案开展培训指导
		1.3 慢病患者服务	1.3.1 能与慢病患者有效沟通交流并了解疾病史、用药史、就医史。 1.3.2 能为慢病患者建立档案。 1.3.3 能对慢病患者进行血压、血糖等基本检测并解读诊断指标。 1.3.4 能根据疾病种类对慢病患者进行健康教育和健康促进
高级	1. 常见病症状辨析	1.1 常见疾病症状分析基础服务	1.1.1 能对成人常见疾病症状进行分析。 1.1.2 能对老人、孕妇、婴幼儿等特殊人群常见病症进行分析。 1.1.3 能对药品处方进行审核和调配。 1.1.4 能对药物不良反应进行应急处理
	2. 用药指导	2.1 联合用药指导	2.1.1 能介绍常见复方制剂的配伍原理。 2.1.2 能解释处方中联合用药的目的。 2.1.3 能判断处方中起协同作用的药品。 2.1.4 能判断处方中起拮抗作用的药品
		2.2 特殊生理人群用药指导	2.2.1 能对老年人进行用药指导。 2.2.2 能对小儿进行用药指导。 2.2.3 能对孕、乳期妇女进行用药指导。 2.2.4 能对其他特殊个体进行用药指导。 2.2.5 能对患者进行心理指导

续表

等级	工作领域	工作任务	职业技能要求
高级	2. 用药指导	2.3 生物制品使用指导	2.3.1 能熟悉常用生物制品。 2.3.2 能进行生物制品的使用指导。 2.3.3 能区分预防用、治疗用和诊断用生物制品。 2.3.4 能区分疫苗、类毒素和γ-球蛋白预防用生物制品

【项目职业技能大赛考点】

药品购销员技能大赛考点

项目	任务要求
问病售药与用药指导	选手在规定时间内完成问病售药与用药指导。选手现场随机抽取题目回答。要求选手独自完成问病售药与用药指导两个内容的答题。 　　问病售药题目形式：模拟现实销售场景，根据给出的症状表现或疾病名称、患者的自然信息、患有的其他疾病，选手推荐出两种对症的治疗药物，并说明理由，根据患者的具体情况，从疗效或经济性或品牌性等方面确定出一种最适合患者的治疗药物，并作用药交代，如果推荐的是联合用药方案（主药＋辅助用药），应对主药作用药交代。 　　用药指导题目形式：选手根据给出的有关剂型、服用时间、服用方法、不良反应、相互作用等问题，进行解答
问病售药评分要点	（1）考虑因素：性别、年龄、家族史、疾病史、用药史、用药体验、疾病状况、生活方式等
	（2）根据题目给出的疾病诊断或症状表现推荐药品
	（3）推荐的理由：适应证、作用、功效等
	（4）用药交代：如用法（服用时间、疗程、各种剂型、同时服用多种药物等）、用量、禁忌、存放、如有多病共存或服用多种药物时的指导、特殊人群服药应注意事项、发生特定情况（如不良反应、不依从、病情不稳定、指标控制不好）时的判断和处理、健康生活方式指导（如运动、饮食、烟、酒、情绪等）
用药指导与评分要点	（1）特殊剂型的使用方法
	（2）药品的特殊服用方法
	（3）药物禁忌
	（4）药物相互作用（服用多种药物）、特殊人群服药的注意事项
	（5）发生特定情况（如不良反应、不依从、病情不稳定、指标控制不好）时的判断和处理
	（6）回答考虑因素：性别、年龄、所患疾病、药物过敏史、正在使用的药物、过往用药体验、是否为特殊人群、生活方式等

任务一　接待顾客

【学习目标】

素质目标：具备一定的药学服务意识、顾客上帝意识，在劳动学习中体会遵守规范、强化标准意识。

知识目标：能够基本阐述药店员工接待礼仪，分类阐述顾客的类型及特点，能举例说明接待顾客的技巧要点。

能力目标：能够识别不同类型的顾客，能够使用接待技巧，按照接待礼仪来接待顾客。

【任务要求】

能够以顾客为中心，通过良好的服务方式、温和的服务态度和规范的服务管理，最大限度地满足顾客的需求。

要求：顾客接待符合相应的礼仪标准，灵活运用药店服务技巧，与顾客进行良好的沟通引导顾客正确购药。

【任务准备】

一、任务名称

药店顾客接待礼仪及针对不同类型顾客的沟通技巧。

二、任务条件

项目	基本实施条件	备注
场地	GSP 模拟药房	必备
设备	温湿度计、阴凉柜、体重计	选备
工具与材料	计时器、药品（商品）实物（20个品种以上）、货架	必备

【相关知识】

一、药店员工接待礼仪

礼仪是在人际交往中约定俗成的行为规范与准则，是礼貌、礼节、仪表、仪式等具体形式的统称。接待礼仪是指药店员工在接待顾客的过程中，形成的被大家公认的和自觉遵守的行为规范和准则。

1. 个人仪容仪表

店员的仪容仪表要求为：①精神饱满，精力充沛，保持充足睡眠，调整自己的情绪，与顾客交流时应面带微笑、全神贯注、用心倾听，体现文明礼貌的职业形象；②着装要整洁、大方，颜色素净稳重，尽可能统一服装；③统一佩戴工号牌，便于顾客识别和监督；④保持个人清洁卫生，面容干净，发型得体。男员工不留长发，要求前不过眉，后不过领；禁止剃光头，不留胡须，不得有文身，不染有色发型。女员工化淡妆，忌浓妆艳抹；指甲不得超过2mm，不得涂指甲油；不染发（黑色除外）、不烫发、不留奇异发型，女员工留长发应以发带或发夹固定。

2. 行为举止

店员的言谈清晰文雅，举止落落大方，态度热情持重，运作干净利落，会给顾客以亲切、愉快、轻松、舒适的感觉。相反，举止轻浮，言谈粗俗，或动作拖拉，漫不经心，会使顾客产生厌烦心理。

M4-2 药店接待顾客的11个标准动作

门店工作人员在工作中要做到：①站立时不能弯腰驼背、双腿大叉、趴伏倚靠、浑身乱动、双臂抱胸或放在背后。②坐姿应端正，不得跷二郎腿，不得坐在工作台上，不得将腿搭在工作台、座椅扶手上，不得盘腿。③不得随地吐痰、乱丢杂物，不得当众挖耳、抠鼻、修剪指甲，不得跺脚、脱鞋、伸懒腰。上班时间不得闲聊，不得哼歌曲、吹口哨。④接待顾客时，咳嗽、打喷嚏应转向无人处，并说"对不起"。⑤不能当着顾客的面评头论足。⑥学会控制情绪，在任何情况下不得与顾客、客户或同事发生争吵。⑦上班时间不能吃食物、不得看与工作无关的书报杂志。⑧商品轻拿轻放，顾客正在看货时，勿遮挡顾客视线。

3. 语言要求

药店员工应注意说话语气诚恳，实事求是，语言要文明礼貌，留有余地。与顾客打招呼要灵活应对，要说"有什么可以帮到您的""请""谢谢""稍等"等敬语。不能说"不知道""不清楚""自己看"等服务忌语，并要注意表达方法：①讲求顺序和逻辑性，清晰、准确地表达意思；②突出重点和要点，以引起顾客的兴趣和注意；③不讲多余的话，店员的语言必须服从顾客的购买行动；④回答顾客问题要多用肯定句，少用否定句，这样可以减少顾客疑虑，增加顾客的购买信心，令顾客身心愉悦；⑤说话语气委婉、语调柔和，尽量讲普通话，可以适当地讲与顾客相同的方言；⑥善于运用肢体语言。哈佛大学的一项研究报告显示，在人的第一印象中，55%的信息来自肢体语言。这是一种常常被人忽视，却在现实生活中极其重要的语言信息交流系统。药店员工在与顾客交流时，可以加入肢体语言来丰富自己的表达，比如微笑着打招呼，并辅以点头示意，可以给顾客一个良好的最初印象。

一些肢体语言代表的意义见表 4-1。

表 4-1 常见肢体语言代表的意义

序号	肢体语言	典型含义
1	敞开双臂	开放、积极、欢迎
2	点头	问候、认可、顺从、肯定
3	环抱双臂	愤怒、拒绝、不赞同
4	眉毛上扬	不相信、惊讶
5	抿嘴	生气、不自信、怀疑自己
6	避免目光接触	冷漠、逃避、消极、紧张
7	双手放背后	不同意、不欣赏
8	抬头挺胸	自信果断
9	来回走动	发脾气、受挫
10	正视对方	诚恳、友善、外向

4. 递物与接物

递物与接物是日常生活和工作以及社交活动中常有的一种礼仪行为，体现了个人的礼仪素养。比如递交票据、钱款、药品等物品时，应该双手递上；若为剪刀等锋利物品，应将尖头面向自己。在递接名片，一般情况下，是由地位低的人先向地位高的人递送名片，男士先向女士递送名片。递送时面带微笑，正视对方，身体略前倾，将名片正面朝上，恭敬地用双手拇指和食指分别捏住名片上端两脚，送至对方胸前。递送时说"我是××，请多关照"。接收对方递送的物品时，应双手接过，并点头致意或说"谢谢"。

常见的药店规范用语见表 4-2。

表 4-2 常见药店规范用语

序号	规范用语
1	您好！很高兴为您服务！
2	有什么可以帮到您的吗？
3	请您到这边看看
4	我来帮您挑选，好吗？

续表

序号	规范用语
5	您还需要其他药品吗?
6	对不起,请您稍等,我马上就来
7	需要我给您介绍一下吗?
8	这是您的找钱,您走好,祝您早日康复!
9	再见!请慢走!
10	您别客气,这是我们应该做的

二、识别不同类型的顾客

(一) 根据消费者进店的目的划分

顾客进店的目的可能是:探价、了解信息、购买、退换货。营业员在接待顾客的过程中,仅有热情是不够的,还需要通过主动介绍、多加询问的办法,揣摩顾客心理,判断顾客需求,有区别地进行接待。

1. 了解信息者

这类顾客没有明确的购买目的,只是为了了解信息,如药品价格、常见药品用法或者常见疾病用药等。针对此类顾客、营业员首先应调整好心态,不能流露出不满,更不能怠慢接待,而应将他视为潜在顾客,进行热情服务,耐心地为他们介绍医药专业知识,宽容并鼓励顾客,在充分了解信息、做出比较的基础上再做决定,真诚而专业的介绍能够让顾客信服与感动,从而留住潜在顾客。结合顾客的兴趣点,可以适当介绍药店的特色品、畅销品。

2. 购买者

这类顾客进入药店时比较迅速,能够直奔柜台,进店后一般目光集中,脚步轻快,迅速靠近货架或商品柜台,主动提出购买需求,向营业员开门见山地索取货样,急切地询问商品价格,如果满意,会毫不迟疑地提出购买要求;或者对某一类医药商品表现出极大热情;或者围绕某个具体病症提出具体的问题和需求,此时,营业员要及时反应,热情开展服务。为促进成交,营业员要善于观察顾客,初步判定顾客的心理类型,适时采取恰当的方法进行接待。

3. 退换货者

按照药品管理法和 GSP 规定,药品属于特殊商品,售卖之后不允许退换货。因为对于商家来说无法确保药品是否被替换,一方面可能造成经济损失,另一方面可能导致售卖给其他顾客造成用药风险。对于这类顾客,处理问题应温和有礼、耐心认真,严禁顶撞顾客。符合退货条件的(药品外包装完整无破损、有购买小票或发票等),可以根据现场情况灵活处理;如不符合退货原则,要向顾客解释清楚,获得顾客的理解支持,特殊情况可予以上报。

(二) 根据消费者的行为类型来划分

按消费者的购买行为类型不同,消费者可分为五大类:理智型、习惯型、经济型、冲动盲目型和犹豫不定型。

1. 理智型顾客

理智型顾客的特点是在购买前往往对所购药品从价格、质量、包装等方面进行仔细研究比较,并且向医生、药师求证。顾客对药品厂家、名称、规格等都问得比较完整,头脑冷静,行为谨慎。要求营业员接待服务要有耐心,做到问不烦、拿不厌。

2. 习惯型顾客

习惯型顾客是由于对某种特定的药品或者某个特定的药店有很强的信赖感,因此产生经常、反复的购买。由于经常购买，他们对这些药品十分熟悉，进店后直奔向所要购买的商品，不再花时间进行比较选择来购买别的代替品。要求营业员要尽量记住这类顾客及其常用的商品，尊重顾客的习惯，满足他们的需求。

3. 经济型顾客

经济型顾客的特点是对于价格的反应特别灵敏，他们常常以价格低廉作为选购商品的前提条件，首选一些有价格优势的药品，对于促销活动最感兴趣。接待这类顾客，要在"拣"字上下功夫，让他们挑到价格满意的商品为止。另有少部分顾客专买高档保健食品类，作为礼品，此时要求营业员能够说明商品价格、性能、用途、优越性，让顾客相信物有所值。

4. 冲动盲目型顾客

冲动盲目型顾客在购买商品前通常没有足够的准备，以主观感觉为主，容易受商品的外观、包装、商标或其他促销氛围的影响，一般不太注重商品的价格，购买时不愿做反复比较，能迅速做出购买决定。这类顾客容易受到诱导，店员要在"快"字上下功夫，同时要细心介绍医药商品的性能、特点和用途，提醒顾客注意考虑和比较。

5. 犹豫不定型顾客

犹豫不定型顾客购买医药商品时，考虑问题及顾虑较多，对事物体验深刻，常常"三思而后行"。购买商品时，往往犹豫不决难以做出决策，即使做出了购买决策也可能反悔而中断购买行为。针对这类型顾客要求接待要在"帮"字上下功夫，耐心介绍不同医药商品的差别，结合顾客实际情况，当好参谋，帮助顾客确定要选购的医药商品。有些顾客由于患有难言之隐的疾病，或者药品涉及顾客隐私，在购买商品时有躲闪、不安、支支吾吾或不自在等表现。针对这种躲闪型顾客，应由年龄相近，性别相同的营业员进行接待，在接待过程中注意照顾顾客的心理感受，尊重顾客的隐私。

三、接近顾客的技巧

（一）接待顾客的标准话术

1. 当顾客进店时，应面带笑容，点头示意，主动打招呼。

标准用语："先生，您好！""女士，早上好（中午好，下午好，晚上好）！""女士，新年快乐！""王阿姨，您今天气色真好！"

服务要领：积极主动地打招呼，提供帮助，微笑及目光与顾客接触，用亲切开朗的语气，态度诚恳，老顾客可称呼姓氏。

2. 顾客不需要协助时。

标准用语："××，您请随便看看（或请慢慢看），需要时请随时叫我。"

服务要领：面带微笑、目光友善。避免出现因顾客不需要协助而感到失望与不悦，避免语气敷衍或机械化。

3. 主动向有需要的顾客提供协助。

标准用语："您好！请问有什么可以帮到您？"

服务要领：立即放下工作，主动走近顾客，礼貌询问。避免怕麻烦的态度，避免只说"等一会儿"，还在继续手头的工作。

4. 顾客指明需要某种商品时。

标准用语："××，您需要××盒是吗？好的，请稍等！我这就拿给您。每天服用 N 次，每次服用 Y 粒，另外还要注意……"

服务要领：立即放下手头上的工作，主动替顾客拿取商品，禁止说"在那边，自己找！"

5. 顾客所需商品缺货，应主动介绍其他同类产品，禁止硬性将商品推荐给顾客。

标准用语："××，很抱歉，您需要的××商品现有 5 瓶，如果可以的话，您先买 5 瓶，其他 15 瓶将在周三到货。"如果顾客急需，则说："我立即帮您组织调货，大约需要××时间，请您稍等或帮您送货上门。"如确实无货，应主动介绍其他同类产品，并说："××，很抱歉，您需要的××暂时没有，不过，这里有跟它同样功效的另一种产品××，我给您介绍一下，好吗？"

服务要领：态度诚恳，如果顾客坚持购买他指定的商品，应立即登记顾客联系方式和商品名称，同时承诺回复的时间。严禁说"不知道""没有货了""卖完了""没有这种商品""不知道是什么商品"。

6. 主动帮助手持大量物品的顾客

标准用语："××，我帮您拿个购物篮装上。"

服务要领：主动递上购物篮，有可能的话，帮助顾客将货物拿到收银台。

7. 顾客咨询专业问题，没有把握回答

标准用语："这个问题，请我们的药师/医生给你解答好吗？××，请您到这边来，这位是我们的王药师。王药师，刘小姐胃痛，请您帮助一下。"

服务要领：引领顾客到药师咨询处。介绍药师给顾客，简要向药师介绍顾客情况。避免直接说"我不懂"或向顾客乱解释。

（二）根据顾客不同心理阶段的接待步骤

1. 注意阶段

顾客观察店铺橱窗里面的商品，或者进入店内观看货架上的商品就是注意阶段。百闻不如一见，药品最能打动顾客的时候，就是顾客将药拿在手中，仔细观察的时候，这是购买心理过程的第一阶段。

2. 兴趣阶段

顾客在注视药品之后，如果进一步留意药品的功效、作用、使用方法、品牌、价格等内容，说明顾客对这一产品产生了兴趣，这时顾客会根据自己对产品的主观感情判断再加上自己所关注的客观因素进行综合考虑，以做出适合个人需求的选择。在这个阶段，可以采用"试用""现场演示"等方式，进一步调动起消费者对该产品的兴趣。

3. 联想阶段

伴随着兴趣的产生，顾客对药品的疗效存在期待，从而会激发顾客的个人联想，如"服用这个药后会有什么样的效果呢？"营业员要充分认识联想阶段的重要性，它直接关系到顾客是否要购买该药品，因此，一名优秀的营业员应该能够适时地丰富顾客的联想，让顾客充分信任药物产生的疗效，从而增加顾客的喜爱程度，促使购买行为更进一步。

4. 欲望阶段

当顾客对药品的疗效产生美妙的联想后，会产生购买商品的欲望，但由于对类似产品缺乏了解，容易产生疑问："有没有更好的同类药品呢？这个对我来说是最好的吗？"这种更高的期待会对顾客产生微妙的影响，使顾客既对该商品产生购买欲望，但又不会立即决定购买，而进入下一阶段。

5. 比较阶段

顾客购买欲望产生后，心中就会进行多方面的权衡，如"这个产品的价格和品质是综合性价比最高的吗？会不会偏贵或者质量不够好呢？"这时目标商品的同类产品的适应证、药效、价格、服用方便程度等指标将成为顾客比较的重要因素，此时是药店营业员发挥专业知识和沟通技能进行接待咨询的最佳时机。

6. 信心阶段

经过比较之后，顾客可能树立信心，觉得"这个药品还可以！"，从而决定购买；也可能经过比较后失去信心，不再购买此药店商品转而关注其他同类商店，甚至不再购买此类商品。影响顾客信心的主要因素包括：①顾客对药店营业员的信赖；②顾客对医药商品质量及品牌的信任程度；③顾客对药品零售企业的信任程度；④顾客的用药习惯等个人因素。

7. 行动阶段

当顾客树立信心，决定购买后，会立即行动，确定成交，付清货款。此时，营业员应该能敏锐地意识到成交时机，开具票据，待顾客付款后，验收发货，并对商品进行适宜的包装。

8. 评价阶段

顾客购买药品离开后，对药店服务的满意度评价主要取决于：一是购买商品过程中所享受的营业员提供的优质的药学服务；二是药店商品产生的疗效能够达到顾客的期待。如果满意程度都较高，顾客内心会进一步产生愉悦、满足、期待的情绪，对药店的忠诚度将提高。

药店营业员根据顾客心理变化接待顾客的流程图见图4-1。

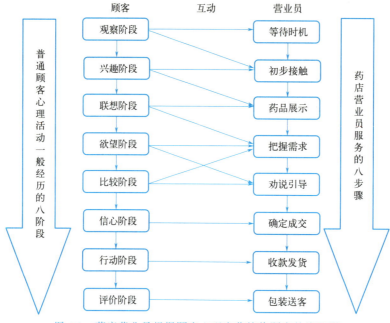

图4-1 药店营业员根据顾客心理变化接待顾客的流程图

（三）接待顾客的技巧

1. 耐心倾听

接待顾客过程中，不论顾客称赞、说明、抱怨，还是驳斥、警告、责难，营业员都可以从中了解到顾客的购买需求。耐心倾听顾客的诉说，顾客会认为得到了尊重，从而愿意合作。

（1）用心倾听的原则

① 耐心，不要打断顾客，很多顾客喜欢说话，尤其喜欢谈论他们自己、他们的家人。顾客说得越多，越感到愉快，这对销售很有利。

② 专心，学会诚恳专注地倾听，在倾听顾客说话时，要真诚地凝视对方的眼睛，以示诚恳专注。观察顾客的面部表情，注意他们的情绪变化。

③ 关心，站在对方的立场倾听，要带着真正的兴趣倾听顾客在说什么，要理解顾客所说的话，也要对顾客的话进行理智的判断，必要时可重点复述对方所讲的内容，以确认自己的理解和对方所表达的意思一致。

（2）有效聆听的步骤

① 发出准备聆听的信息。首先，需要准备聆听不同的意见，从对方的角度想问题。其次，营业员需要和讲话者有眼神上的交流，给予讲话者充分注意。

② 采取积极的行动，包括对讲话者频繁点头，鼓励对方继续说。在听的过程中，也可将身体略微前倾，这是一种积极的姿态，表示愿意听、努力在听。同时，对方也会反馈更多的信息。

③ 理解对方全部的信息。聆听的目的就是为了了解对方全部的信息。在沟通的过程中没有听清楚、没有理解时，应该及时告诉对方，请对方重复或者解释。

2. 营业繁忙，有序接待

在顾客多、营业繁忙的情况下，营业员要保持头脑清醒，沉着冷静，精神饱满，忙而不乱地做好接待工作。

（1）按先后次序，依次接待　营业员接待时要精力充沛，思想集中，看清顾客先后次序和动态，按先后次序依次接待。

（2）灵活运用"四先四后"的原则　营业中在坚持依次接待顾客时，要注意灵活运用"四先四后"的原则，使繁忙的交易做到井井有条。"四先四后"的原则是：先易后难，先简后繁，先急后缓，先特殊后一般。

（3）"接一顾二招呼三"和交叉售货穿插进行　营业员要运用好"接一顾二招呼三"的接待方法，在接待第一位顾客时，抽出空隙询问第二位顾客，并顺便向第三位顾客点头示意。

（4）眼观六路，耳听八方　营业员在同时接待多位顾客时，尽管人多手杂，有的问，有的挑，有的取货，有的需开票等，但营业员必须保持清醒的头脑，既要准确快速地接待顾客，又要避免出现差错（包括照顾商品安全、不错拿、不乱放等）。

3. 特殊情况，特殊接待

（1）接待代人购买药品的顾客　营业员一般可采取一问（问使用人的病情）、二推荐（根据代买人的口述情况推荐适用药品）、三介绍（介绍推荐药品的疗效与功能，以及用法和用量、禁忌等）、四帮助（帮助顾客仔细挑选药品）的方法接待。

（2）接待老、幼、病、残、孕顾客　这类顾客在生理上和心理上有特殊情况，因此在购买药品时，更需要营业员的帮助、关心与照顾，在顾客多的情况下，营业员应主动和其他顾客商量，让他们先买先走。同时，还要根据不同情况，妥善接待。如老年顾客，一般记性较差，听力不好，营业员应耐心地仔细询问，一字一句地慢慢地对药品进行介绍。对病残顾客，尤其是聋、哑、盲人和手脚伤残的顾客，更要关怀备至。接待盲人，要仔细询问病情，认真负责地帮助他们挑选好药品，钱货应逐件放在他们手中，并一一交代清楚。接待聋、哑人，要多出示药品让他们挑选，并要学会一些哑语，以便弄清意思，满足需要，必要时可用书写的方法进行交流。儿童来买药品，往往是急来、急买、急走，不挑选，不看找零，拿了就走，因而容易出差错。接待时营业员要特别关照，让他们先买，买好后还要关照他们把购买的药品拿好，把找回的钱票收好，防止丢失。遇到儿童持大面额钱票买货，要查明情况。对怀孕的女顾客，要优先接待，注意关照。

（3）接待结伴而来但意见又不一致的顾客　营业员应掌握顾客心理，判明谁是买主，然后根据主要服务对象，当好参谋，要以满足购买者本人或当权者的要求为原则来调和矛盾，尽快成交，引导购买。

【任务实施】

模拟药店现场，由教师设计多种不同的购药场景，让学生分组轮流扮演顾客和店员，另外同学开展分组评价，最后由教师点评总结，每组3～5人。

【任务评价】

组名：

考核内容	评分细则	分值	自评	互评	师评
职业素养与操作规范（15分）	仪容仪表：工作服穿着整齐（袖口扎紧），得4分；不披发、化淡妆、不佩戴首饰，双手洁净、不留长指甲，指甲不染色，得4分	8			

续表

考核内容		评分细则	分值	自评	互评	师评
职业素养与操作规范（15分）		精神面貌：饱满热情、面带微笑、耐心细致、礼貌用语，得5分	5			
		操作过程中爱惜财产，对商品和货架轻拿轻放，得2分	2			
技能（85分）	用规范用语接待顾客	1. 说话语气诚恳，实事求是，得5分； 2. 不说"不知道""不清楚""自己看"等服务忌语，得10分； 3. 讲求顺序和逻辑性，清晰、准确地表达意思，得10分	25			
	识别不同类型的顾客	1. 可以根据消费者进店的目的划分顾客，得10分； 2. 可以按消费者的购买行为类型不同，将消费分为五大类：理智型、习惯型、经济型、冲动盲目型和犹豫不定型，并且加以区分，得10分	20			
	运用技巧接待不同的顾客	1. 能根据顾客不同心理阶段的接待顾客，得10分； 2. 在顾客多、营业繁忙的情况下，营业员要保持头脑清醒、沉着冷静、精神饱满、忙而不乱地做好接待工作，得10分； 3. 对于特殊情况，能特殊接待，得10分； 4. 能用接待顾客的标准话术接近顾客，得10分	40			
总分及得分			100			

【药店销售服务技能考核答卷】

班级：　　　　　　姓名：　　　　　　学号：　　　　　　成绩：

内容	药店销售服务	举例说明
店员礼仪以及顾客分类	个人仪容仪表	
	购买行为类型（至少3个）	
	顾客进店的目的（至少3个）	
	注意阶段	
	信心阶段	
	评价阶段	
销售服务技巧	接待顾客标准话术（至少5个）	
	接一顾二招呼三	
	用心倾听的原则（至少3个）	
	有效聆听的步骤	
	"四先四后"的原则	
	接待老、幼、病、残、孕顾客	

【任务实训报告】

班级：　　　　　　姓名：　　　　　　学号：　　　　　　成绩：

实训任务	
实训目的	
实训步骤	
注意事项	
实训反思	

【课后作业】

1. "四先四后"原则有：_____

_____

_____

_____

_____

2. 简述接待顾客的技巧。

（1）有效聆听的步骤：_____

（2）用心倾听的原则：_____

（3）特殊情况，特殊接待原则：_____

任务二　问病主诉

【学习目标】

素质目标：具备以患者为本、文明服务的意识，在问病学习中体会安全用药、合理用药。

知识目标：能够通过合理的方式询问病情，能够联系疾病特征以及顾客的用药史、过敏史合理荐药，能举例说明问病过程的注意事项。

能力目标：能够正确有序、层次分明地询问疾病，能够根据疾病特征判断常见病、多发病。

 阅读材料

询问顾客的过敏史

医院门诊部给患者进行静脉输液，常常使用的皮肤消毒剂是75%乙醇。某日，一患者输液，值班护士习惯性用酒精棉球为患者进行皮肤消毒。正当护士专心致志地为患者消毒皮肤的时候，患者莫名地开始呛咳："你给我用的是酒精吗？快停了，我对酒精过敏！"护士立即停下手中的动作，可是，她已经为患者用酒精棉球消毒了一遍皮肤。之后，护士为患者更换了皮肤消毒液，完成了静脉输液。第二天，是另一个护士值班，她不知道这个患者对酒精过敏，又习惯性地用酒精棉球为患者进行皮肤消毒。有了第一次的教训，患者这次主动告诉护士自己对酒精过敏的，重新更换了消毒剂。护士在患者昨天输液的手背上为患者选择血管时，习惯性地对患者血管上方的皮肤进行揉搓，想要更清楚地看清血管的走向。谁知第一天用酒精棉球消毒了一遍的、血管上方的那片皮肤有些发黑、起疱，不仔细看，看不出来，血管更是有些模糊不清。经此一揉搓，那片消毒部位有些发黑的皮肤，还有那片细小的小水疱，竟然破溃了。皮肤破溃，带给患者的疼痛可想而知。

一场医患纠纷就此发生。

【任务要求】

能够正确有序、层次分明地询问疾病，能够根据疾病特征判断常见病、多发病。

要求：符合问病的基本要求，正确询问疾病特征和既往史，能运用一定的问病技巧。

【任务准备】

项目	基本实施条件	备注
场地	GSP模拟药房	必备
设备	温湿度计、阴凉柜、体重计	选备
工具与材料	计时器、药品（商品）实物（20个品种以上）、货架	必备

【相关知识】

一、问病的基本要求

"问病主诉"是指先由患者或知情人描述自己的症状、体征、性质,以及持续时间等内容,再通过对患者或知情人进行全面、系统的询问,以此获得疾病相关资料、分析判断出证候类型的过程。

问病的基本要求如下。

（1）从患者开始　问病一般从主诉开始,可以通过"您最近哪里不舒服？""您觉得可能是什么原因导致的？"等问题,引导患者主动、自由表达自己的症状。

（2）简洁明确　店员要根据顾客的自述,抓住重点,用更加精确明了的描述向顾客确认疾病症状。在询问的过程中,店员要避免使用过多的医学专业术语,语言尽可能地简洁通俗,让顾客容易理解清楚。

（3）具体详细　询问顾客症状时,要尽可能地详尽具体,避免使用"高""低""较久""较慢"等模糊的描述。可以用数字来表达的症状,尽量具体到数字。比如对于高血压患者,可以询问具体的血压数值；对于感冒或头晕的患者,可以询问具体持续的时间；对于腹泻的患者,可以询问具体腹泻的次数和时间；对于咳嗽的患者,可以询问有痰还是无痰,痰的质地怎么样,等等。

（4）层次有序,避免重复　在中医中常用"十问歌"来问病,"一问寒热二问汗,三问头身四问便,五问饮食六胸腹,七聋八渴俱当辨,九因脉色察阴阳,十从气味章神见,见定虽然事不难,也须明哲毋招怨。"在西医问病中,也应该注意有目的、有层次、有序地询问,重复询问会导致顾客反感。

（5）态度诚恳友善　店员对顾客要关心体贴,视顾客如亲人。问病时,切忌审讯式的询问。对顾客的态度,既要严肃认真,又要和蔼可亲,细心询问,耐心听取顾客的陈述,使其感到温暖亲切,愿意主动陈述病情。《医门法律·问病论》所说："问者不觉烦,病者不觉厌,庶可详求本末,而治无误也。"如遇病情较重,或较难治愈的顾客,要鼓励他树立战胜疾病的信心。切忌有悲观、惊讶的语言或表情,以免给顾客带来不良的刺激,增加其思想负担,而使病情加重。

二、询问疾病特征

店员需要了解顾客从发病到现在的全过程。

（1）起病情况　包括发病的时间、地点、环境、起病的缓急情况、前驱症状、发病的症状及其严重程度。

（2）病因与诱因　尽可能地了解与本次发病有关的病因,包括外伤、中毒、感染等,以及有关诱因包括情绪、气候、地理及生活环境、起居饮食失调等。

（3）主要症状特点　包括主要症状出现的部位、性质,持续的时间和程度,缓解或加重因素。

（4）病情的发展和演变　包括患病过程中主要症状的变化或新症状的出现。

（5）伴随症状　在患者出现主要症状的基础上,又同时出现一系列的其他症状,这些伴随出现的症状常常是诊断的依据,或提示出现了并发症。

（6）诊疗经过　患病后曾接受检查与治疗的经过,包括检查方法、时间、结果、诊断名称及治疗方法、效果、不良反应。

（7）病程中的一般情况　包括发病以来患者的精神情况、体力状态、生活习惯、食欲、睡眠、体重变化、大小便情况等。

了解顾客患病的最主要情况时,可以进行有目的性的询问,比如"哪里不舒服？""不舒服的感觉是怎么样的?""症状持续多久了?"然后,询问现在疾病的情况,比如"身体在什么时间会不舒服?""有没有其他症状?""之前是否去医院检查过?结果如何?"最后,店员需要根据顾客的描述,对常见的疾病进行判断,比如出现恶寒、发热、鼻塞、流涕、咳嗽、喷嚏、头痛、咽痛、肢体痛楚等症状,可以判断为感冒;出现"胃灼痛、饱腹感、腹胀气、无法吃脂肪类食物、恶心、烧心、呕吐等症状",可以判断为消化性溃疡;出现咽喉疼痛、发热、咽干、口臭、异物感、扁桃体肿大、食欲不振、倦怠无力等,可以判断为扁桃体炎。

三、询问既往史

既往史包括既往一般健康状况、疾病史、用药史、传染病史、预防接种病史、手术外伤史、输血史、药物(食物)过敏史,其中应该重点关注用药史和过敏史。

准确、真实的患者用药史有助于制订合理的用药方案,同时也可以避免药害事件在同一个体身上的重复发生。药店店员与患者进行有效的沟通,是获得完整、准确的患者用药资料的先决条件。与患者这一特殊群体进行有效的沟通,应遵循一定的步骤,掌握相应的技巧。

过敏反应是常见的一种不良反应,其发生率高、危害性大。为了减少过敏反应的发生,用药前应详细询问用药史。为了减少药物过敏反应对机体的损害,药物过敏反应不容忽视。药物过敏反应可发生在用药瞬间、用药后数小时或几天,轻则会出现药热、皮疹、呼吸困难、心悸、出冷汗、恶心、紫癜等症状,重则发生过敏性休克,可危及生命。因此,在用药前一定要详细询问患者的过敏史,严格执行药物使用禁忌。

目前各种化学合成药使用相当广泛,新药种类不断增加,临床上药物过敏的病例也大大增加。过敏反应并非西药独有,某些中药也能引起过敏反应。

常见的易发生过敏反应的药有以下几类。

(1) 抗生素:青霉素类、头孢类、喹诺酮类等。
(2) 解热镇痛药:阿司匹林、氨基比林、非那西丁等。
(3) 催眠药、镇痛药、抗癫痫药:苯巴比妥、苯妥英钠等。
(4) 各种疫苗、血清制剂:破伤风抗毒素、丙种球蛋白等。
(5) 其他类:局麻药普鲁卡因、各种碘制剂、细胞色素C等。
(6) 中药及中药制剂:葛根、天花粉、板蓝根、六神丸、牛黄解毒片等。

其中青霉素过敏反应的发生率最高,且常有假阴性或假阳性反应,其过敏反应的发病危险性大,死亡率高,通常在用药后数秒钟发生,因此在与顾客沟通的过程中一定要详细询问过敏史。

四、问病的技巧及注意事项

询问的开始阶段简单说明询问的目的,在说明询问目的的时候,应该恰当地表达此次谈话能使患者受益,使顾客能积极主动地配合。这里要特别注意的是,应及时询问并判断顾客目前的身体状况是否能够接受询问,还要告诉顾客,他的隐私会予以保密。应避免不合适的表达,打断或者责备顾客;鄙视或者质疑顾客;为了安慰顾客而作不切实际的保证和结论。在询问的过程中应当注意以下几点。

1. 保护顾客的隐私

顾客隐私的保密程度,往往决定了顾客讲述内容的深度和真实性。谈话应该在比较私密和安静的环境中进行,如果有顾客家属和朋友参加的必要,应该首先征求顾客的同意。另外,店员应该掌握好空间效应,一般与顾客保持1~1.2m的距离,因为不是距离越近效果就越好,距离过近容易使顾客产生不适和焦虑,影响顾客心理状态。为了表示对顾客的尊重,与其交谈中以正视为宜,这样可以给顾客亲近感和平等感,以利于和顾客建立更融洽的关系。

2. 重视非语言的交流

非语言交流通过人的眼神、表情、动作姿势等方式无声地、持续地将信息传递给对方,它具有较强的表现力和吸引力,所以往往比语言交流更富有感染力。店员适时地运用好非语言交流,可以提高询问质量。应该注意观察顾客的服装、外表以及行动。从顾客的着装、姿势和卫生情况可以了解顾客现在的大致状况,比如疾病的痛苦程度、对待疾病的态度、心理承受能力等。另外,眼神的交流是很重要的,保持正视顾客的眼神,可以稳定顾客的情绪,增强顾客的安全感;亲切的微笑,可以增加顾客的信任感。对顾客运用适当的非语言交流,可能会得到更多的有效信息。

3. 适当的沉默

沉默一般是在不知道如何应答对方的问题时表现出的一种反应,但是在询问用药经历的过程中,沉默有时是一种很好的方式。在与顾客交流过程中,店员扮演的是一个倾听者的角色,应给予顾客更多的说话机会,顾客就会不知不觉产生一种自发性倾诉的欲望。适当的沉默使顾客感觉不被打扰,但应用非语言形式向顾客表达请继续或者同意的意思。沉默时间较长时,店员可以打破沉默,将谈话引向新的方向。

4. 询问的结束

店员在得到需要的信息后,询问就可以暂时告一段落。在谈话结束的时候,应该先感谢顾客的积极配合,还应该向顾客说明,当感到有不适症状(包括生理和心理)的时候,可以及时求助于药师和医师。店员谦虚、严谨和认真的形象会给患者留下良好的印象,从而有利于下一步工作的开展。店员如发现异常的情况,要和顾客及时沟通。另外,店员也可以回顾谈话的经过,对询问的技巧作总结并记录归档,以供今后参考。

【任务实施】

对学生进行分组,采取抽签的方式随机抽取一个主题,主题内容有:感冒、扁桃体炎、咽炎、急性眼结膜炎、胃炎、消化性溃疡、荨麻疹、痔疮、膀胱炎、失眠、高血压、冠心病、高脂血症等。各组学生抽取题后准备5~10min,准备内容包括所抽取疾病的发病原因,病症,体征,诊断标准,预后,治疗药物的作用机制、用法、用量、疗程和服用时的不良反应、配伍禁忌等。准备时间结束后,学生进入指定的模拟药房进行问病荐药,由其中一名学生作为患者配合其他学生进行实景模拟。

【任务评价】

组名:

考核内容		评分细则	分值	自评	互评	师评
职业素养与操作规范(20分)		仪容仪表:工作服穿着整齐(袖口扎紧),得2分;不披发、化淡妆、不佩戴首饰,双手洁净、不留长指甲,指甲不染色,得2分。精神面貌:饱满热情、面带微笑、耐心细致、礼貌用语,得2分	6			
		在问病过程中保持谦虚、严谨、认真的形象,得5分	5			
		在问病过程中注重保护顾客隐私,得4分	4			
		问病态度诚恳友善,得5分	5			
技能(80分)	询问疾病特征	1. 引导患者或知情人描述症状、体征、性质,以及持续时间等内容,得10分; 2. 与患者沟通用语简洁明确,得10分; 3. 询问顾客症状时,尽可能地详尽具体,避免使用模糊的描述,得10分	30			

续表

考核内容		评分细则	分值	自评	互评	师评
技能 （80分）	询问患者既往史	1. 问病中注意有目的、有层次、有序地询问，重复询问避免顾客反感，得6分； 2. 询问患者的用药史，给予用药建议，得6分； 3. 询问患者的过敏史，避免患者出现不良反应，得6分； 4. 可以看懂辅助检查结果如血常规、肝肾功、影像学检查，得6分； 5. 可以为顾客解释一些基本的检验数据和结果的临床意义，并对常见病、多发病的诊治原则及用药知识熟练掌握，得6分	30			
	给顾客提供适当的服务	1. 可以给顾客推荐非药物治疗的保健方法，得10分； 2. 可以给顾客进行适当的健康教育，得10分	20			
总分及得分			100			

【问病主诉技巧技能考核答卷】

班级：　　　　姓名：　　　　学号：　　　　成绩：

内容	问病的技巧要点	举例说明
问病的基本要求	从患者开始	
	简洁明确	
	具体详细	
	层次有序，避免重复	
问病的技巧及注意事项	询问疾病特征的步骤	
	既往史	
	过敏史	
	保护顾客隐私	

【任务实训报告】

班级：　　　　　姓名：　　　　　学号：　　　　　成绩：

实训任务	
实训目的	
实训步骤	
注意事项	
实训反思	

项目四　药店商品销售服务

【课后作业】

1. 问病主诉：_____
_____
_____
_____
_____

2. 简述问病的技巧。

（1）非语言的交流：_____

（2）保护顾客的隐私：_____

（3）易发生过敏反应的药物：_____
_____

M4-3 接待顾客、问病主诉课件

任务三　药品推介

【学习目标】

素质目标：具备以顾客为中心的药学服务意识，培养学生仁爱、专业、严谨的工作作风。

知识目标：对常见且轻微疾病的临床表现、常用药物能够准确掌握，具有一定的联合用药知识，对常用药物的用法用量、不良反应和注意事项有足够的知识储备。

能力目标：能够对常见且轻微的疾病进行诊疗，合理推介非处方药，并对药物进行介绍。

阅读材料

不同名称的感冒药能够一起吃吗？

某患者王××，男，26岁，因夏天吹空调受凉出现了流清鼻涕、头痛、咳嗽并伴白痰的症状，为了能够尽快好起来，遂去药房自行购买了感冒灵颗粒、维C银翘片和感康片，在家自行服用后出现了全身水肿、无尿的现象，后被确诊为急性肾衰竭，幸运的是后经医院全力抢救后恢复正常。

本案例中患者误认为不同的感冒药在一起吃感冒会好快一些，但实际上很多感冒药虽然药名不一样，但都含有相同的成分对乙酰氨基酚，如新康泰克、泰诺、白加黑感冒片、速效感冒胶囊、复方氨酚烷胺胶囊等，王先生本来是受了风寒，而感冒灵颗粒和维C银翘片用于风热感冒，再加上感康片，使得对乙酰氨基酚的用量大大超过了治疗剂量，故出现了严重的毒副作用。

中国每年大约250万人因吃错药而使健康受损，20万人因此死亡。合理用药需要每一个药学人共同努力，我们每一个药学工作者肩负着改善医药现状，保障大众健康的初心和使命，避免药物的滥用而对身体造成不可逆的损害。

【任务要求】

能够对常见且轻微的疾病进行诊断并推介药物，对药物的用法用量、不良反应、注意事项能够准确地把握，对中医理论有一定的认识，对常用中成药能够准确地推介。

【任务准备】

一、任务名称

药品推介。

二、任务条件

项目	基本实施条件	备注
场地	面积40m² 以上的GSP模拟药房	必备

项目四　药店商品销售服务　　109

续表

项目	基本实施条件	备注
设备	医用手电筒、椅子、咨询台、洗手池	选备
工具与材料	药品(商品)实物(120个品种以上)、棉签、压舌板、体温计、免洗消毒液	必备

【相关知识】

一、药品推介流程

药品推介流程图见图4-2。

M4-4 常见疾病的用药推介

图4-2 药品推介流程图

(1) 问顾客需求是什么。(您好，有什么可以帮到您的吗?)

(2) 顾客如不能明确地说出药物的，便问他现在的症状。(您哪里不舒服?)

(3) 问顾客的病史和以前做过的相关检查。(您有×××病吗？您检查过没有?)

(4) 问用药史和过敏史。(您用过什么药？对×××过敏吗?)

(5) 介绍药品的功效与特点等。(这药有×××的作用，是治疗×××的!)

(6) 介绍药品的用法用量。〔您知道怎么服用不？这药是一天吃（用）×次，一次吃（用）×粒〕。

(7) 叮嘱注意事项、生活禁忌、联合用药禁忌。

(8) 如顾客能明确说出自己需求的药品或自己选购的药品，我们也要坚持做到介绍第（6）(7) 项步骤，给顾客介绍用法用量和注意事项。

二、药品推介的基本原则

1. 对症售药原则

对症售药即营业员针对顾客的病症准确地将药品售给顾客。这一原则不仅是药店经营宗旨的具体体现，而且是对药品营业员职业道德的基本要求。它要求营业员不能为售药而售药，而应当是急顾客之所急、想顾客之所想，根据顾客的病症售药，使顾客用药少、康复快。同时，对症售药原则与药店的利润原则也是统一的。营业员坚持对症售药原则能使顾客极大地减少购药风险，增加满意度，从而能吸引更多顾客来选购药品。这无疑能扩大药品的销售额，增加利润总额。

2. 销售药品效用原则

药品效用是指药品满足顾客消症除病的能力。它取决于药品所治病症在保健中的地位和药品的疗效；药品的效用与顾客愿意给付的价格水平成正比。营业员从形式上看是销售药品，其实是销售药品效用。顾客购药时，面对的是营业员而不是医生，并且营业员不能完全代替顾客完成购药选择。这就决定了营业员应当把药品效用放在首位，并贯彻在整个药品销售过程中。同时要坚持职业道德，决不销售假冒伪劣或过时失效的药品，对人民健康高度负责。

3. 勇于承担责任原则

销售药品与一般商品相比，顾客对药品营业员依赖性强、自主性差。在选购药品时，往往需要营业员帮助完成药品选购行为。在帮助顾客选购药品过程中，自然会产生一种担心：卖错药品、疗效相反，由谁承担责任？营业员若不愿意承担责任，就会拒绝帮助顾客选购药品，而完全由顾客自主选择。然而大多数顾客是没有能力自主完成选购的。在此情况下，顾客只能放弃购药，弃店而去。因此，为了做好每笔生意，营业员要有勇于承担责任的精神，以自己娴熟的业务能力，帮助顾客选购。但须注意下列事项：①不能完全代替顾客做出判断；②不得随意销售无法定医生处方的药品（指依法需凭医生处方才可购买的药品）；③不得销售违禁药品；④特别注意药品使用限制。

4. 诚信为本的原则

诚信的基本含义为诚实，不疑不欺，在人际交往中言而有信，言行一致，表里如一，在推介过程中不提供假劣药品，不传播虚假信息任意夸大药品的疗效。著名企业家包玉刚从小就受到"做人诚实可靠，做事规规矩矩"的训诫，并受益终身，成就辉煌业绩。他把讲信用看作企业经营的根本。他说，纸上的合同可以销毁，但签订在心上的合同是撕不毁的，人与人之间的友谊应建立在互相信任的基础上。

5. 尊重顾客的原则

尊重顾客是指在药品推销的过程中，推销人员应坚持以顾客为中心来开展各项工作。尊重顾客，最重要的是尊重顾客的人格。药店营业员首先应该明确自己的工作目标是推销药品，而不是评价顾客的人品、地位等。由于每个人的家庭影响、生活环境、受教育水平等多种因素的影响，人格表现也各种各样，作为药店营业员应淡化顾客的职业、地位、肤色，只要是推销对象，都应当视作"上帝"。尊重顾客还要关心顾客关心的内容以及保护顾客自身的隐私。不然，顾客就会认为推销人员与自己没有共同的语言，不尊重他们的感情，缺乏基本的同情心，自然，拒绝推销也就在情理之中。

6. 联合用药原则

联合用药又叫关联销售是指在药店的销售过程中不单单使用一个药品满足疾病治疗或症状的缓解，而采用多种药物起到相互协同、相互补充的作用。顾客联合用药的目的是：增强药品疗效，减少不良反应或者毒性，延缓并发症的发生与发展、疾病预防。除了顾客联合用药的目的，对于营业员或者药店而言，也是增加销售额，毛利额，提升药店专业形象的很好的办法。

在销售药品时，为了适应顾客自尊心的要求，应对同类药品从低价至高价进行推介，同时应该熟悉各种药品的功效及适用人群，以便向顾客进行介绍。在介绍商品时，还必须注意说话的语调和口气，应态度诚挚，介绍恰如其分、简明扼要、速度平稳，语气应坚定、不容置疑，以坚定顾客的信心。应注意的是对于药品的功效应实事求是，绝对不能信口开河，夸大其词，以免破坏药店信誉及失去顾客信任。

三、药品连带销售的技巧

1. 连带销售的内涵

不放弃任何一个销售的机会,这是每一个优秀的销售人员必须具备的素质。附加推销是提升销售人员业绩的一条有效的途径。它有两层含义:一是当顾客不一定立即购买某种药品时,可尝试推介其他相关产品,令顾客感兴趣并留下良好的专业服务印象;二是当顾客完成购物后,尝试推介与之相关的产品,引导顾客消费。常用的语言技巧有:"我们还有多种……产品,让我给你介绍吧!""我们其他产品也有很多人在用,相信肯定有适合你用的,试一试这一种吧,我给你示范一次好吗?""没关系,将来有需要再来选购,你也可以介绍你的朋友来看看""再看看其他产品,是否还有适合你用的?""你再买一盒这种……配合你买的……,效果会更好。""你是否还需要一台(盒)……?""你已经有了……型号,要是再加上……会更好的"等。

M4-5 药品连带销售的常见疾病举例

M4-6 药品连带销售在各类常见疾病中的运用

2. 药品的连带销售原则

药品连带销售用药过程中可以遵循以下原则:

(1) 药品＋非药品的原则　药品＋非药品主要源于在零售药店的商品中除了一部分具有国药准字的药品外,还有大量非药品的存在,比如保健品、医疗器械、日化用品、消毒用品等。因此在药品销售过程中,可以加一些辅助商品。比如:在高血压用药的时候可以搭配销售血压计和保健品中的深海鱼油、卵磷脂等。

(2) 西药＋中药的原则　西药＋中药主要源于在药品的销售过程中,中药和西药都有各自的优势,中药更加注重病因,西药更加注重病症的解决,因此在很多情况下,冲突很小,况且优劣势可以互补,所以通常采用西药和中药联合销售。比如:妇科炎症用药中可以采用西药中的抗菌消炎药物搭配中成药中的清热解毒类药物,如:妇炎康片(胶囊)、金鸡片、妇科千金片等。

(3) 内服药＋外用药的原则　内服药是指必须口服,经消化道才能吸收的药物。外用药是指在体表粘贴的膏药,或涂抹的药物。内服药＋外用药主要源于用药讲究标本兼治,内外兼修。因此在药品销售过程中可以将口服的和外用药联合销售。比如:过敏性荨麻疹可以内服抗组胺类药物氯雷他定、西替利嗪等,外用止痒的皮炎平、维肤膏等。

(4) 主药＋辅药的原则　主药＋辅药主药源于中药用药过程中的君臣佐使,但是在药店药品销售过程中,主要是解决疾病的主体用药之外,加上一些辅助用药。比如,感冒时可以用复方成分的感冒药加上增强抵抗力的维生素与矿物质类药物维生素C等和板蓝根颗粒、抗病毒口服液、艾条等。主药＋辅药的原则在运用过程中注意不能只卖辅药而不卖主药,这样对于疾病的治疗用处不大,会带来顾客的不满意。

四、药品销售中注意运用FAB法则

药品推介的主要内容可概括为:"FAB"即特征(Feature)、优点(Advantage)、利益(Benefit)。

(1) 将产品特征详细地介绍给顾客　要以准确的语言向顾客介绍产品的特征。介绍的内容应当包括:药品的疗效、包装、工艺、使用的方便性及经济性、外观优点及价格等,如果是新产品则应更详细地介绍。如果产品在用料和加工工艺方面有所改进的话,也应介绍清楚。

(2) 充分分析产品的优点　对不同类型、不同剂型、不同品牌的药品寻找出其特殊的作用,或者是某项特征在该产品中扮演的特殊角色、具有的特殊功能等。

(3) 尽数产品给顾客带来的利益　推销人员应在了解顾客需求的基础上,把产品能给顾客带来的利益,尽量多地列举给顾客。不仅要讲产品外表的、实质上的利益,更要讲产品给顾客带来的内在的、附加的利益。从经济利益、社会利益到工作利益以至社交利益,都应一一列举出来。在对顾客需求了解不多的情况下,应边讲解边观察顾客的专注程度和表情变化,在顾客表现出已经发现自己关注的需求方面时,要特别注意多讲解多举例。

另外，门店员工还应以"证据"说服顾客。应用真实的数据、案例、实物等证据解决顾客的各种疑虑，促使顾客购买。

【任务实施】

一、任务准备

环境及物品准备：药房或模拟药店、常见药品、根据具体情景医师开具的处方。

人员：两人一组（一位药师，一位患者）。

二、实施操作

分别模拟药师和患者，详细询问疾病史、就医史、用药史、过敏史，进行病情判断，给出推荐用药方案，并描述推荐理由和用药交代。

【任务评价】

组名：

考核内容		评分细则	分值	自评	互评	师评
职业素养与操作规范(20分)		仪容仪表：工作服穿着整齐（袖口扎紧），得4分；不披发、化淡妆、不佩戴首饰，双手洁净、不留长指甲，指甲不染色，得4分	8			
		精神面貌：饱满热情、面带微笑、耐心细致、礼貌用语，得5分	5			
		操作过程对药品陈列的位置熟悉，能够很快找到药品，得3分	3			
		仁爱之心：能够关心和爱护顾客、尊重和保护隐私，得4分	4			
技能(80分)	疾病诊断	1. 热情接待顾客，得2分； 2. 询问疾病史，得2分； 3. 询问就医史，得2分； 4. 询问用药史，得2分； 5. 询问过敏史，得2分； 6. 有辅助诊断或查体过程，得5分； 7. 疾病诊断准确，得15分	30			
	药品推介	1. 用药方案准确，得15分； 2. 能够迅速地找到药品，得5分； 3. 介绍推荐理由，得10分； 4. 介绍用法用量，得2分； 5. 介绍不良反应，得2分； 6. 介绍注意事项，得2分； 7. 介绍储存条件，得2分； 8. 介绍特殊人群用药，得2分； 9. 处方药需凭处方销售，得5分	45			
	健康指导	能够根据疾病和用药提供合理的健康指导，得5分	5			
总分及得分			100			

【任务考核答卷】

班级：　　　　　姓名：　　　　　学号：　　　　　成绩：

考核内容		
技能测评	疾病诊断	
	药品推介	
	健康指导	

【任务实训报告】

班级：　　　　　姓名：　　　　　学号：　　　　　成绩：

实训任务	
实训目的	
实训步骤	

续表

注意事项	
实训反思	

【课后作业】

1. 药品推介的基本原则有：_____

_____

_____

_____

2. 药品连带销售的技巧有：_____

_____

_____

3. 药品销售的FAB法则是：_____

_____

_____

_____

M4-7 药品
推介课件

任务四　用药指导

【学习目标】

素质目标：具备全心全意为人民服务的意识，在工作中培养学生仁爱、专业、严谨的药学服务意识。

知识目标：能够阐述用药指导的基本概念和分类；能够准确阐述常用药品的药理作用、用法用量、不良反应、注意事项、禁忌。

能力目标：能够掌握常规用药指导的各项内容，针对不同的药品、不同的人群进行合理用药指导；能够针对特殊人群和特殊剂型，进行合理用药指导。

阅读材料

大爷自创治咽炎的秘方，服用后身体出现了"满月脸"

65岁的张大爷，平常总觉得喉咙发痒、有异物感，伴随干咳等症状，医生诊断为咽炎，开了一些治疗咽炎的药吃了症状有所缓解，但最近又犯了，心想家里的皮炎平不是可以止痒吗！遂将家里的皮炎平口服，发现效果明显，于是又去买了几支坚持服用了数月，而且还向周围朋友推荐自己的"小妙方"，可过了没多久，张大爷发现自己的脸越来越肿，抵抗力也大不如以前，通过药师的咨询发现是自己所创"小偏方"的问题。原来皮炎平的通用名为复方醋酸地塞米松乳膏，是典型的糖皮质激素，张大爷擅自改变其用法（由外用改为口服），才出现了"满月脸""水牛背"等不良反应，张大爷这种做法是很危险的，药品关乎生命健康，一定要科学合理规范地使用。

【任务要求】

能够对常见疾病进行用药指导，对药物的用法用量、不良反应、注意事项能够准确地把握，对中医、中药有一定的认识，能够处理消费者的各种用药咨询。

【任务准备】

一、任务名称

用药指导。

二、任务条件

项目	基本实施条件	备注
场地	面积40m² 以上的GSP模拟药房	必备
设备	医嘱口服标签、椅子、药师咨询台	选备
工具与材料	药品（商品）实物（120个品种以上）、棉签、纸张、笔、免洗消毒液	必备

【相关知识】

一、常规用药指导

常规用药指导可从用药时间、用法、用量、疗程、漏服与多服、注意事项、不良反应以及服药期间的饮食、情绪、生活方式等方面进行指导，尤其要注意同时服用其他药物、特殊人群等的用药指导。

（一）用药时间

现代医学研究证实，很多药物的疗效、毒性、不良反应等和人的生理节律有关，例如肝脏合成胆固醇在夜间；肾上腺皮质分泌糖皮质激素的高峰在上午7～8时；胃酸分泌在清晨5时至中午11时最低，下午2时至次日凌晨1时最高；清晨服用利尿降压药可避免夜间排尿过多，影响休息和睡眠等。按时辰规律给药，能使用药更加科学、有效、安全和经济。一般药物服用适宜时间如表4-3所示。

表 4-3 一般药物服用的适宜时间

服用时间	药物类别	药品举例
清晨	糖皮质激素（可在上午7～8时给药）	泼尼松、地塞米松
	抗高血压药	氨氯地平、贝那普利、氯沙坦
	抗抑郁药	氟西汀、帕罗西汀
	利尿药	呋塞米、螺内酯
	泻药	硫酸镁
餐中	降糖药	二甲双胍、阿卡波糖（与第一口食物同服）
	助消化药	胰酶、淀粉酶
	非甾体抗炎药	吡罗昔康、美洛昔康
	肝胆辅助药	熊去氧胆酸
	减肥药	奥利司他
	抗结核药	乙胺丁醇、对氨基水杨酸
餐后	非甾体抗炎药	阿司匹林、对乙酰氨基酚、布洛芬、双氯芬酸、吲哚美辛
	维生素	维生素B_1、维生素B_2
	组胺H_2受体阻断剂	雷尼替丁、西咪替丁
睡前	催眠药	地西泮、艾司唑仑、苯巴比妥
	平喘药	沙丁胺醇、二羟丙茶碱
	调节血脂药	洛伐他汀、阿托伐他汀
	抗过敏药	苯海拉明、氯雷他定、酮替芬
	钙剂	碳酸钙
	泻药	比沙可啶片

（二）服用方法

1. 口服

口服是最安全方便的用药方法，也是最常用的方法。药物口服后，可经过胃肠吸收而作用于全身，或停留在胃肠道作用于胃肠局部。

2. 注射

注射是一种重要给药途径，注射方法主要有皮下注射、肌内注射、静脉注射、鞘内注射等。

3. 其他

除了常用的口服与注射外，还有其他通过局部用药以达到局部或全身治疗作用的用药方法，如涂擦、撒粉、喷雾、含漱、湿敷、洗涤、滴入以及灌肠、吸入、植入、舌下给药、肛门塞入、阴道给药等方法。

（三）给药次数与用药剂量

1. 给药次数

每日服药的次数由药物半衰期和在体内消除的快慢决定，大多数药物是一日3次。半衰期较短、在体内消除快的药物，给药次数可略予增加；半衰期长、在体内消除慢的药物，可每日服2次甚至1次。有时由于个体差异、用药目的不同、剂型不同，服药的时间和次数也会改变。此外，还有一些其他情况，例如根据激素昼夜分泌的节律性，现多主张皮质激素长程疗法中采用隔日或每日一次的给药法，即把两日或一日的总量于隔日或当日早晨一次给予。

2. 用药剂量

凡能产生药物治疗作用所需的药量，称为"剂量"或"药用量"，一般所说的剂量是指成人一次的平均药量。药物的用量因患者具体情况不同而异。60岁以上的老人，一般可用剂量的3/4，小儿用药剂量比成人少，一般可根据年龄按成人剂量计算，小儿剂量折算见表4-4。对毒性较大的药物，应按体重计算或按体表面积计算如图4-3所示。

表4-4 按年龄折算小儿用药剂量表

年龄	按年龄折算剂量（折合成人剂量）
新生儿	1/10～1/8
6个月	1/8～1/6
1岁	1/6～1/4
4岁	1/3
8岁	1/2
12岁	2/3

小儿剂量按照体重推算公式：
小儿用量＝小儿体重×成人剂量/60kg
小儿剂量按体表面积推算公式：
小儿用量＝成人剂量×小儿体表面积(m^2)/1.73m^2
小儿体表面积计算公式：
体表面积(m^2)＝0.0061×身高(cm)＋0.0128×体重(kg)－0.1529
体表面积(m^2)＝体重(kg)×0.035＋0.1

图4-3 按体重或体表面积计算小儿用药剂量方法

（四）疗程

疗程是对某些疾病所规定的一个连续治疗的阶段。疗程的长短一般是根据临床经验来确定的。通常抗菌药物、抗结核病药物、糖皮质激素类药物、抗高血压药物、抗肿瘤药等都有明确的疗程，由医生根据病情来确定。患者需要根据医生制定的疗程服药，不应随意加大或减少剂量，不可随意停服。

(五) 漏服与多服

不同的药物有不同的服用剂量和用药间隔时间，患者需严格按其特定要求使用。如果遇到漏服药品的情况，要视漏服药品的具体情况而定，通常的规律如下。

（1）漏服药品如果是在两次用药时间间隔一半以内的，应当按量补服，下次服药仍按原间隔时间。

（2）如漏服药品时间已超过用药间隔时间的一半以上，则不必补服药品，下次服药务必按原间隔时间。

（3）发生漏服药品后，切不可在下次服药时加倍剂量服用，以免引起药物中毒。

（4）如果不慎多服药品，一般不用特殊处理，患者要注意多喝水，多排尿，加速药物排出。如果多服的药量过大或多服的药物毒性较大，以及服药后出现明显的较严重的不良反应的，应当立即去医院就诊。

(六) 服药饮水量

口服药物时用适量水送服，一般为 200mL 左右，切忌干吞药物，以防高浓度的药物刺激食道，甚至引起食管溃疡。一般送服药品以温开水为宜，避免使用牛奶、果汁、茶、酒等送服。

某些药物服用时需要多饮水，如平喘药、利胆药、双膦酸盐、抗痛风药、电解质、磺胺类药物、氟喹诺酮类药物等；某些药物服用时则需要限制饮水，如一些治疗胃病的药物、止咳糖浆、抗利尿药等；服用舌下含服的药物时不应喝水，以免药物与水一起咽下；助消化药、含活性菌制剂、维生素类、活疫苗等药物服用时，不宜用热水送服。

(七) 体位

一般口服药物时应取站位，适量水送服，服药后不宜立即卧床休息，某些口服抗生素、抗肿瘤药、铁剂服用后如果立即卧床，可能引起药物性食管炎；而一些扩张血管药物、降压药物、镇静药物使用后应静坐或静卧 15～30min，然后缓慢起身，以防体位性低血压。

(八) 阳光

药物的光敏性是患者服用或局部使用某些药物后与光源（通常为日光）产生的不良反应，包括光毒反应和光变态反应。光毒反应是指药物吸收的光能在皮肤中释放能量导致皮肤损伤，类似于烧伤。光变态反应是光敏作用的一种，致病光谱主要是长波紫外线，也可由中波紫外线和可见光引起，主要表现为光变应性皮炎。可引起光敏反应的药物主要有：喹诺酮类、四环素类、磺胺类、吩噻嗪类、口服避孕药等。服用此类药物后应穿长衣长裤、涂抹防晒霜等措施，尽量避免身体暴露在阳光下。服用补钙药物时，应注意多晒太阳，促进身体合成维生素 D。

(九) 不良反应和注意事项

应向患者解释清楚，任何药物正常使用中都会出现不同程度的不良反应，不良反应如果轻微或在预料之中，不必影响正常用药。如果出现预计之外的不良反应，或者不良反应较严重的，应当停药并去医院就诊。

(十) 同服药物或食物

（1）同服药物遇到患者同时服用两种或两种以上药物时，应仔细询问患者曾经或正在服用的药物，准确记录其服用种类、剂量及时间。判断出哪些是治疗疾病的主要药物，哪些是辅助治疗药物，哪些是不必要的药物。并分析哪些可以同时服用，哪些应分时间隔开服用，哪些应暂停服用。

（2）合理的饮食有助于药物发挥作用，不当的饮食可能降低药物疗效、危害健康，甚至危及生命，导致严重后果。有些药物如阿莫西林、头孢氨苄等会因胃中食物的影响而减少吸收，此类药物应空腹服用。有些药物对胃肠刺激性较大，则应饭后服用。还有一些脂溶性维生素等药物在服用时可适当高脂饮食，增加药物的溶解度。某些特殊的食物与药物存在特殊的相互作用，举例如下：

① 酒类可抑制中枢，加重镇静药、抗组胺药等的中枢抑制作用；与降糖药合用会引起严重低血糖；与甲硝唑、头孢菌素类等药物合用会引起双硫仑样反应等。

② 茶类所含的鞣质会与生物碱、铁剂等药物发生作用，影响药效；茶叶中的茶碱也对身体有影响，所以应当避免用茶水服药，但特殊药物除外，比如川芎茶调散可以用茶水服用。

③ 葡萄柚汁能抑制细胞色素 CYP3A4 酶活性，从而抑制药物代谢，增加药物效用和不良反应。

④ 牛奶、豆腐等高含钙的食物能与四环素等药物发生螯合，降低药效。

⑤ 其他一些富含酪胺的食物以及一些保健食品等也会对药物产生影响，应当重点关注。

（十一）特殊人群

老人、儿童、妊娠期和哺乳期妇女、驾驶员、肝肾功能不全等人群在用药指导时要格外注意。

（十二）药品的贮存

一般应指导患者将药品存放在清洁、干燥的地方，远离水源、热源，避免阳光照射；部分需要冷藏储存的药品、打开后的口服液等应注意放冰箱保存；家中如有儿童的，应注意将药品放在儿童不能接触的地方；如家中有多个人同时在服用不同药品的，则应明显分开或在药盒上显著标记等，以防误服。药品贮存中应注意有效期。

（十三）服药期间的生活指导

1. 情绪

应指导患者保持良好的心态，有助于疾病的康复或减少复发；尤其是恶性肿瘤等慢性病患者，更应树立乐观向上的心态，对抗疾病。

2. 饮食

一般急性病发作期间应指导患者多饮水，清淡饮食；"三高"患者要少油少盐；高尿酸血症患者要少吃富含嘌呤的食物等；便秘者应多饮水，多吃蔬菜水果；腹泻者则忌食生冷等。

3. 运动与生活习惯

一般急性病发作期间以及心脑血管系统疾病、慢性呼吸系统疾病患者应该注意多休息，避免疲劳，避免剧烈运动。"三高"患者则应当适当运动；皮肤病患者应注意清洁，有传染性的皮肤病患者在患病期间生活用品应与家人分开等；戒烟戒酒，不熬夜，养成规律作息的习惯。

（十四）其他注意事项

某些药物服用后会有尿色改变（如维生素 B_2 服用后尿色变黄），或某些控释片在胃肠道中释放有效成分后原型骨架随大便排出等应注意向患者交代清楚，以免引起患者不必要的紧张。

二、特殊人群用药指导

（一）妊娠期妇女用药指导

妊娠期妇女用药应权衡利弊，尽量选用对妊娠妇女及胎儿比较安全的药物，并且注意用药时间、疗程和剂量的个体化。不得使用已经明确对妊娠期妇女和胎儿有严重影响的药物，尽量避免使用上市时间短、毒副作用尚未完全明确的药物。不得滥用抗菌药物，禁止使用喹诺酮类、氨基糖苷类等抗菌药。某些可致子宫收缩的药物也应谨慎使用。

（二）哺乳期妇女用药指导

哺乳期妇女用药要尽量选择对母亲和婴儿影响小的药物，避免使用长效药物或多药联用；尽量选择在血药浓度较低时哺喂婴儿或暂停哺乳。禁用已知对婴儿有严重毒副作用的药物，如喹诺酮类、四环素类、苯二氮䓬类等。

（三）老年人用药指导

老年人的用药方案要简单明了。应选择简化治疗方案和用药方法，便于老年人正确执行医嘱。

（1）有些老年人吞服片剂或胶囊有困难，注意选择便于老年人服用的剂型，可选用颗粒剂、口服液，糖尿病患者应注意选择无糖制剂。

（2）避免重复用药，防止药物蓄积中毒。

（3）对有特殊注意事项的药物，应重点解说，保证老年患者正确安全用药。

（4）应嘱咐患者家属帮助督促检查，提高用药的依从性。

（5）应教育老年患者不要轻信广告宣传，避免随意自行使用广告药品，滥用偏方和秘方、滋补药或抗衰老药。

（6）应避免不遵医嘱盲目服用或长期过量服用药物等。

（四）儿童用药

小儿处于生长发育阶段，许多脏器、神经系统发育尚不完全。对药物的吸收、分布、生物转化等过程和药物敏感性均有影响。

1. 用药剂量

儿童用药并不是成人剂量的简单缩减。小儿的年龄、体重逐年增加，体质强弱各不相同，用药的适宜剂量也有较大的差异。近年来肥胖儿童比例增高，根据血药浓度测定发现，传统的按体重计算剂量的方法，往往血药浓度过高，因此必须严格掌握用药剂量。同时，还要注意延长间隔时间，切不可给药次数过多、过频。

2. 给药途径

根据小儿特点，选择给药途径，一般来说，能吃奶或耐受经鼻饲给药的婴幼儿，应尽量采用口服给药。婴幼儿皮肤角化层薄，药物很易透皮吸收，甚至中毒，切不可涂敷过多过厚，用药时间不要过长。另外，为了提高小儿用药的依从性，尽量选用颗粒剂、糖浆等口味适宜的儿童剂型。如不可避免地使用肠溶片（胶囊）、缓控释制剂等，应重点交代不可掰开或压碎服用。

（五）驾驶员用药

在日常各项工作中，驾驶员（包括驾驶飞机、车、船，操作机械和高空作业者）常因服药而出现不同程度的困倦、嗜睡、精神不振、视物模糊、辨色困难、多尿、平衡力下降等，影响其反应能力，容易发生危险。因此要尽量避免使用易出现上述不良反应的药物，改用替代药物。如果必须服用的，服用后应注意休息4～6h后再开车或工作。驾驶员应慎用的药物，见表4-5。

表4-5 驾驶员应慎用的药物

不良反应	药物类别
容易引起嗜睡的药物	复方抗感冒药、抗过敏药（尤其第一代）、镇静催眠药、质子泵抑制剂等
容易引起眩晕或幻觉的药物	镇咳药（右美沙芬）、解热镇痛药（双氯芬酸）、抗病毒药（金刚烷胺）、抗血小板药（双嘧达莫）、磺酰脲类降糖药等

续表

不良反应	药物类别
可引起视物模糊或辨色困难的药物	解热镇痛药(布洛芬、吲哚美辛)、胃肠解痉药、扩张血管药、抗心绞痛药、抗癫痫药等
可引起定向力障碍的药物	镇痛药、抑酸药(西咪替丁、雷尼替丁)、避孕药等
可导致多尿或多汗的药物	利尿药、利尿降压药等

（六）肝、肾功能不全者用药

肝脏是许多药物代谢的主要场所，当肝功能不全时，药物代谢必然受到影响，要注意减少药物用量及用药次数，避免或减少使用肝毒性大的药物，选择通过肾脏排泄的药物，避免或减少联合用药。肾脏功能不全时可引起药物排泄的改变，因此要视个体情况调整药量，避免或减少使用肾毒性大的药物，选择通过肝肾同时排泄的药物，避免或减少联合用药。

三、特殊剂型用药指导

在提供用药指导时，除了常规的指导，以及针对特殊人群的特殊注意事项，一些特殊剂型也应向患者解释清楚，提高用药依从性，以做到合理用药。特殊剂型用药注意事项，见表4-6。

表4-6 特殊剂型用药注意事项

剂型	注意事项
滴丸剂	剂量不宜过大；少量温开水送服；保存时不易受热
泡腾片	放入100~150mL凉开水或温开水中，等完全溶解或气泡消失后再饮用，严禁直接口服或含服；不应让幼儿自行服用
舌下片	迅速含于舌下5min左右；不能搅动、咀嚼、吞咽、不要吸烟、进食，保持安静少说话；服药后30min内不宜进食或饮水
咀嚼片	咀嚼充分；咀嚼后少量温开水送服；用于中和胃酸时宜在餐后1~2h服用
缓、控释制剂	除非另有说明，应完整吞服，严禁嚼碎或压碎服用；一般一天用药1~2次，服药时间宜固定；某些控释片在胃肠道中释放有效成分后原型骨架随大便排出
肠溶片(胶囊)	除非另有说明，应完整吞服，不得嚼碎或压碎服用；胶囊不宜打开服用
混悬液	使用前应充分摇匀
乳膏剂、软膏剂	使用前皮肤清洗干净；破损、溃烂、渗液的部位一般不用；涂布部位如有红肿、瘙痒等应停用；部分药物(如尿素)涂敷后可封包提高疗效；涂敷后轻轻按摩，涂层不易过厚；不宜用于口腔、眼结膜
含漱剂	按说明书要求稀释溶液；含漱时不宜咽下；含漱后半小时不宜饮水或进食
滴眼剂	清洁双手，头后仰，轻轻拉开下眼睑，将药水滴入下眼睑内；瓶口不要接触眼睛；滴后闭眼2min左右，用纸巾轻轻擦去溢出的药液；如同时使用两种或以上滴眼液，应间隔10min以上；先滴病症轻的后滴病症重的；滴眼液打开超过1个月的不再使用
眼膏剂	眼膏剂一般在晚上睡前涂敷；涂敷后眨眼数次使药膏分布均匀；其他同滴眼液
鼻用喷雾剂	坐位，头微前倾，用力振摇喷雾剂后将喷头尖端塞入一个鼻孔；先呼气；按动阀门，一次1~2揿，同时吸气；喷药后头尽量前倾10s左右，更换鼻孔，如上操作；使用后用凉水清洁喷头
气雾剂和吸入粉雾剂	口腔内食物和水咽下，尽量将痰咳出；用前摇匀，嘴唇贴近嘴嘴，并尽量呼尽肺内气体；于深吸气同时按压阀门，同时屏住呼吸10~15s，后用鼻呼气；含激素的喷剂用后温水漱口

续表

剂型	注意事项
阴道栓	洗净双手,仰卧床上,双膝屈起并分开;用置入器或戴指套,将栓剂尖端部向阴道口塞入,并用手向下向前方向推到阴道深处;置入栓剂后并拢双腿,保持仰卧 20min;给药后 1~2h 尽量不排尿;尽量睡前给药;月经期停用,过敏停用;如夏季栓剂软化,可在使用前放冰箱冷藏 10~20min;使用栓剂后注意防止污染衣物
直肠栓	洗净双手,侧卧床上,大腿前屈贴腹部,小腿伸直,儿童可趴在大人腿上;放松肛门,戴指套,将栓剂尖端塞入肛门,并轻轻推进,儿童 2cm,成人 3cm,用后合拢双腿保持侧卧 15~20min;用药后 1~2h 尽量不排大便(刺激性泻药除外);如夏季栓剂软化,可在使用前放冰箱冷藏 10~20min;使用栓剂后注意防止污染衣物

【典型案例】

张阿姨,65 岁,退休教师,常年服用高血压药物苯磺酸氨氯地平和高血脂药物辛伐他汀,最近因突然胸闷、胸痛到医院就诊,确诊为冠心病,医生让其在疼痛发作时舌下含化硝酸甘油片,张阿姨不理解舌下含化的服用方式,不确定这个药和她服用的药物有没有冲突,于是到药店咨询,请你对顾客进行该药品的用药指导(表 4-7)。

表 4-7 用药指导过程表

药品名称:__硝酸甘油片__   药品规格:__0.5mg__

评价内容	评价标准
药品类型、商品名	按药理作用和临床用途正确归类,并指出该药品常见的商品名。 类别:抗心绞痛药 商品名:龙源、派洛、凯达
适应证	正确介绍药品的临床适应证: 用于冠心病心绞痛的治疗及预防,也可用于降低血压或治疗充血性心力衰竭
作用机理	正确介绍该类药物的作用机理: 硝酸甘油可松弛血管平滑肌。硝酸甘油在体内血管平滑肌细胞内释放出血管活性物质一氧化氮(NO),调节平滑肌收缩状态,引起血管扩张。硝酸甘油以扩张静脉为主,其作用强度呈剂量相关性。外周静脉扩张,使回心血量减少,右室舒张末压(前负荷)降低。扩张动脉使外周阻力(后负荷)降低。动静脉扩张使心肌耗氧量减少,缓解心绞痛。对心外膜冠状动脉分支也有扩张作用,可增加心内膜缺血区的血流量,增加了心肌供氧
用法用量	根据病情特点介绍药品的用法、用量(单位为:片/粒/包/支/mL/mg 等)。 用量: 0.25~0.5mg。 给药时间及次数: 预防性使用时,在活动或大便之前 5~10min。 心绞痛发作时,立即给药,每 5min 可重复 1 片,直至疼痛缓解。如果 15min 内总量达 3 片(连续用药 3 次)后疼痛持续存在,应立即就医。 给药途径:舌下含服。 用法指导: (一)含化方法 取半卧位或坐位,仰起头部,下颌抬起,张开嘴巴,舌尖抵在上牙床,分别放置在舌下的舌系带两侧凹窝内。然后舌尖仰放下,抵在下牙尖处,张口深呼吸 10~50 次即可。 (二)注意事项 (1)给药时宜迅速,含服时把药片放于舌下;切不可仅仅把药物含在嘴里,舌下黏膜中丰富的静脉丛才有利于药物的迅速吸收。 (2)不能用舌头在嘴中移动舌下片以加速其溶解,也不要咀嚼或吞咽药物,用药时不要吸烟、进食,不宜多说话,以免不小心将药物咽下。

续表

评价内容	评价标准
用法用量	(3)为加速药物吸收,应张口进行深呼吸。 (4)如果口腔干燥,可含(禁吞咽)少许白开水,以利药物的溶解吸收。 (5)含服时间一般控制在5min左右,以保证药物充分吸收。 (6)含后30min内不宜吃东西或饮水
不良反应	介绍药品常见不良反应(不少于2条,不良反应尚不明确的除外): (1)用药后立即发生剧痛、持续性头痛。 (2)偶可发生眩晕、虚弱、心悸和其他体位性低血压的表现,尤其在直立体位、不能移动的患者。 (3)治疗剂量可发生明显的低血压反应,表现为恶心、呕吐、虚弱、出汗、苍白和虚脱。 (4)晕厥、面红、药疹和剥脱性皮炎
注意事项	介绍药品的注意事项(包含相互作用,不少于4条): (1)该药系处方药,请在医生指导下使用。 (2)应使用能有效缓解急性心绞痛的最小剂量,过量可能导致耐受现象。片剂口服因首过效应,生物利用度仅为8%,不可吞服。用于舌下含服。 (3)小剂量可能发生严重低血压,尤其在直立位时。舌下含服用药时患者应尽可能取半卧位或坐位,以免因头晕而摔倒。 (4)诱发低血压时可合并反射性心动过快和心绞痛加重。 (5)如果出现视力模糊或口干,应停药。剂量过大可引起剧烈头痛。 (6)中度或过度饮酒时,使用本药可致低血压。 (7)与降压药或血管扩张药合用可增强硝酸盐导致体位性低血压作用。 (8)出现比较严重的不良反应时,应及时咨询经治医生进行治疗。 (9)该药和张阿姨用的药没有冲突。但建议降血压的药物早上服用,降血脂的药物睡前服用
禁忌证	介绍药品的禁忌(不少于1条,无禁忌或禁忌尚不明确的除外): (1)禁用于心肌梗死早期(有严重低血压及心动过速时)、严重贫血、青光眼、颅内压增高和已知对硝酸甘油过敏的患者。 (2)禁用于使用枸橼酸西地那非的患者,会增强硝酸甘油的降压作用。 (3)应慎用于血容量不足或收缩压低的患者
同类药品	同类别替代药品(不少于2种):硝酸异山梨酯片、盐酸地尔硫䓬片
中成药	结合病情可以选用的中成药推荐:速效救心丸、复方丹参滴丸

【任务实施】

1. 任务准备

环境及物品准备：药房或模拟药店、常见药品、根据具体情景医师开具的处方。

人员：两人一组（一位药师，一位患者）。

2. 实施操作

分别模拟药师和患者，患者遇到了各种各样的用药问题，包括怎么用该药品、服用频率、服药时间、饭前饭后、服用过程中出现了特殊不良反应后的处理方式、复杂病情的用药方案指导。

【任务评价】

组名：

考核内容		评分细则	分值	自评	互评	师评
职业素养与操作规范（20分）		仪容仪表：工作服穿着整齐（袖口扎紧），得4分；不披发、化淡妆、不佩戴首饰，双手洁净、不留长指甲，指甲不染色，得4分	8			
		精神面貌：饱满热情、面带微笑、耐心细致、礼貌用语，得5分	5			
		操作过程中爱惜财产，对商品和货架轻拿轻放，得3分	3			
		具有仁爱、专业、严谨意识，用心服务每一位患者，得4分	4			
技能（80分）	名称介绍	药品类型判断准确，能指出药品属于什么系统疾病用药，得5分；商品名正确，得5分	10			
	适应证	适应证正确，得5分	5			
	作用机理	正确介绍药品药理与作用机制，得10分	10			
	用法用量	具体到用药剂量、每日给药次数、给药途径，特殊给药时间、特殊制剂的正确使用，得10分	10			
	不良反应	完整介绍常见药品不良反应，得10分	10			
	注意事项、相互作用	要针对情景模拟中患者的情况（年龄、性别、病情特点等）介绍相应内容。应该告知顾客处方药需要凭医生处方，在医师指导下使用。在服药过程中出现较严重不良反应的处理办法、慢病治疗药物规范化使用等事项，完整告知的，得10分	10			
	禁忌证	针对情景模拟中患者的用药禁忌，得10分	10			
	同类药品	能够介绍案例中提到患者已出现不良反应或不耐受时可选有相同疗效的其他药物，得10分	10			
	中成药	能介绍中成药联合，同时应用于情景模拟中的患者疾病治疗，得5分	5			
总分及得分			100			

【用药指导技能考核答卷】

班级：　　　　　　姓名：　　　　　　学号：　　　　　　成绩：

指导内容	评价标准
药品类型、商品名	按药理作用和临床用途正确归类，并指出该药品常见的商品名。 类别：　　　　　　商品名：
适应证	正确介绍药品的临床适应证：

续表

指导内容	评价标准
作用机理	正确介绍该类药物的作用机理：
用法用量	根据病情特点介绍药品的用法、用量(单位为：片/粒/包/支/mL/mg等)。 用量：　　　　　　　　每日给药次数： 给药时间：　　　　　　给药途径：
不良反应	介绍药品常见不良反应(不少于2条,不良反应尚不明确的除外)：
注意事项	介绍药品的注意事项(包含相互作用,不少于4条)：
禁忌证	介绍药品的禁忌(不少于1条,无禁忌或禁忌尚不明确的除外)：
同类药品	同类别替代药品：
中成药	结合病情可以选用的中成药推荐：

【任务实训报告】

班级：　　　　　姓名：　　　　　学号：　　　　　成绩：

实训任务	
实训目的	
实训步骤	
注意事项	

实训反思	

【课后作业】

1. 滴眼液的使用方法：_____

_____

_____

_____

2. 直肠栓剂的使用方法：_____

_____

_____

_____

_____

3. 夏某，男，35岁，三天前因空调开得太低受了寒，出现流清鼻涕、咽痛、咳嗽、咯清痰、发热等症状，体温达37.5℃，去医院检查白细胞总数明显升高，医生诊断为急性支气管炎，开具阿奇霉素胶囊、复方氨酚烷胺片、感冒清热颗粒。李某吃了三天药，病情有好转，咽痛消失、不发热，但其他症状变成了鼻塞、有浓鼻涕、咳黄痰，不知道是否还要继续服用上述药品，所以到药店咨询，请你对顾客进行用药指导。

_____

_____

_____

_____

_____

M4-8 常见疾病的用药推荐

M4-9 用药指导课件

任务五　慢病管理

【学习目标】

素质目标：具备仁爱、专业、严谨的药学服务意识和健康教育意识，具备宣传国家慢病政策的职业素养。

知识目标：能够完整准确阐述门店慢病管理的流程，并具有基本针对慢病患者进行用药指导和健康宣教的专业知识。

能力目标：能运用血压计、血糖仪监测血压、血糖，掌握胰岛素"笔"型注射器的使用方法并教会患者自测与使用；能对慢病顾客依据慢病管理流程进行慢病管理。

阅读材料

国家"慢病政策"好，"抗癌"路上有信心

罗先生，现年57岁，家住农村，无固定工作，医保只参加了居民参保，因长期腹胀、腹泻入院检查确诊为肝恶性肿瘤，做了介入手术后，医生给予术后方案为：靶向药物甲磺酸仑伐替尼胶囊每日一次，替雷利珠单抗注射液每21天输注一次，再配合护肝药甘草酸二铵胶囊，和抗乙肝病毒药恩替卡韦胶囊，同时中药辅助治疗，一个月的费用大概为1.2万元，这对于一个普通的农村家庭来说根本无法承受。后来在药师用药咨询过程中，了解到国家将恶性肿瘤纳入了慢病，于是建议他带上病历去当地的社保部门办理慢病证，慢病证办下来以后，到定点医院开药，一个月只需自费出几百元，国家医保承担大部分的费用，从此解决了高额医疗费用患者无法遵医嘱的问题，患者治疗起来也更有信心。目前患者病情稳定。

【任务要求】

能与慢病患者进行有效交流沟通，收集整理患者相关信息，建立慢病管理档案，教会患者自我检测与使用相关仪器，能够解读慢病检测指标并进行用药方案指导和健康宣教。

【任务准备】

一、任务名称

慢病管理。

二、任务条件

项目	基本实施条件	备注
场地	面积40m²以上的GSP模拟药房	必备
设备	慢病登记册、椅子、药师咨询台	选备

续表

项目	基本实施条件	备注
工具与材料	药品(商品)实物(120 个品种以上)、血压计、血糖仪、胰岛素注射笔、体脂秤、纸张、笔、免洗消毒液	必备

【相关知识】

一、慢病主要管理范围

慢病管理是指对慢性非传染性疾病及其风险因素进行定期检测，连续监测，评估与综合干预管理的医学行为及过程，主要包括慢病早期筛查，慢病风险预测、预警与综合干预，以及慢病人群的综合管理、慢病管理效果评估等。慢病管理的宗旨是通过医护健康管理人员的教育、培训、监督、培养，让患者掌握自我管理疾病的知识，养成健康生活的习惯，用正确的方式和心态处理疾病中遇到的各种问题。

二、门店慢病患者服务流程

1. 识别患者

门店慢病患者服务首先是识别患者，通过体重检测，并根据身高判断其体重指数是否合理，确定所用的药品，并识别慢病相关的内容，对慢病进行判断，包括高血压、高血脂、糖尿病、冠心病等。在药店周边商圈进行社区活动，免费检测血压、血糖和健康咨询，发现慢性病患者即引导其建立健康档案，说明慢病管理的重要性、必要性和好处。

2. 进行药事咨询并建立健康档案

向会员宣传，引导有慢性病的会员来店建立健康档案。在门店，店员服务过程中引导购买慢性病药品的顾客使其建立健康档案。对患者的基本信息、病史、用药信息、生活习惯等进行询问并根据慢病类型建立健康档案。糖尿病和高血压的慢病管理档案见表 4-8、表 4-9。

表 4-8　糖尿病慢病管理档案

档案号：	建档日期：　　　　建档地点：　　　　建档人：
患者基本信息	姓名：　性别：　年龄：　联系方式： 身高：　体重：　腰围：　BMI：　收缩压：　舒张压： 空腹血糖：　　　餐后 2h 血糖：　　　糖化血红蛋白： 是否伴有以下症状？ 　□口渴,爱饮水　□易饥饿　□小便多　□胸闷、心悸 　□皮肤瘙痒　□下肢溃疡　□视物模糊　□焦虑 三餐习惯：□吃饱为止　□尽量少吃　□定量吃　□偶尔不吃晚餐 膳食结构： 1. 是否以谷类和面食为主：□是　□不是 2. 是否每日摄入丰富蔬菜以及大量的膳食纤维：□是　□不是 3. 是否每日定量摄入豆类或优质蛋白和钙：□是　□不是 4. 高脂(肉类)食物每日摄入量：□多　□一般　□较少 5. 水果每日摄入量：□多　□一般　□较少 运动情况(每日)：□60min 以上　□30～60min　□30min 以下 精神压力：□较大　□一般　□不大

续表

患者基本信息	不良嗜好： 烟：　　　　酒：
	过敏史： 药物/食物：　　　　处置：□自愈　□药物治疗　□抢救
	现病史： 既往病史： 家族病史：
	合并的其他疾病： □高血压　□高脂血症　□高尿酸血症　□冠心病　□蛋白尿 □下肢溃疡　其他：

药物使用情况	药物通用名称	规格/剂型	用法	用量	起始时间	停止时间

药物注意事项	是否清楚？

服药依从性	□坚持用药　□偶尔忘记　□好转即停药

表 4-9　高血压慢病管理档案

档案号：　　　　建档日期：　　　　建档地点：　　　　建档人：

患者基本信息	姓名：　　性别：　　年龄：　　联系方式： 身高：　　体重：　　腰围：　　BMI： 收缩压：　　舒张压：　　心率：　　空腹血糖：
	是否伴有以下症状？ □头晕、头痛　□胸闷、胸痛　□疲劳、乏力　□恶心、呕吐 □双下肢浮肿　□视物模糊 饮食习惯：□高脂饮食　□喜吃甜食　□每天食盐超过 6g（较咸） 　　　　　□以植物油为主　□水果蔬菜摄入量多　□其他： 精神压力：□较大　□一般　□不大 运动情况（每日）：□60min 以上　□30～60min　□30min 以下
	不良嗜好： 烟：　　　　酒：
	过敏史： 药物/食物：　　　　处置：□自愈　□药物治疗　□抢救
	现病史： 既往病史： 家族病史：
	合并的其他疾病： □糖尿病　□高脂血症　□高尿酸血症　□冠心病　□蛋白尿　□其他：

续表

	药物通用名称	规格/剂型	用法	用量	起始时间	停止时间
药物使用情况						
药物服用方法	是否清楚？					
药物注意事项	是否清楚？					
服药顺从度	□坚持用药　□偶尔忘记　□好转即停药					

3. 干预管理

干预管理主要包括体重控制的健康教育、生活饮食干预尤其是饮食结构建议以及运动健康建议等。除了"1对1服务"时进行慢性病常识说教之外，定期开展慢性病相关知识的健康讲座，发放慢性病健康手册之类科普资料，可以配合赠送一些小礼品，提高会员参与主动性，从而提升慢性病相关知识的普及率。

4. 药事服务

对已经建立健康档案的患者来店后进行药事服务，主要在用药的依从性和用药的安全性两个方面提供帮助。

5. 患者随访

随访前需要在购药时或者建立健康档案时询问是否接受随访、短信、电话、微信等随访方式的选择，并了解患者的兴趣点。不同慢病病种的随访内容是不同的。比如糖尿病患者其特点是风险率低，主要从检测提醒、生活干预和用药依从性三个方面随访，其关键点是血糖值的变化情况。

电话随访是当前随访较多的一种方式。电话随访也应注意回访的频次，对初建档的患者一般一月回访一次，主要服务方式是"电话沟通"返店和面对面的服务；对建立档案达到2~4个月处于维持期的患者以面对面服务为主，电话回访为辅；对建档稳定期达到4个月以上的患者以电话回访为主，其他服务为辅。电话回访的接通率一般在40%左右，电话回访的合适回访时间为10：30—11：30，15：00—17：30，19：00—20：30。以糖尿病患者回访为例：①访前糖尿病患者信息回顾。首先查看随访资料，包括患者的姓名、性别、电话、年龄、上次血糖值和现在用药的情况等；其次准备电话内容，主要结合患者情况和建议沟通语言，拟定沟通内容再开始打电话。②随访评估血糖控制和用药依从性，主要包括开场的寒暄，了解目前血糖情况和用药情况，提醒血糖监测和用药依从性以及生活饮食方式等，最后送上祝福语。使用电话随访的过程中多用礼貌用语，比如"您好""请""谢谢""不客气""麻烦""再见"等，避免使用"喂"和带有轻蔑性、不礼貌的词语。③访后记录随访结果和跟进事项，包括记录患者血糖情况的变化并根据后续糖尿病患教时间确定和门店服务预约等。

三、常用慢病基本仪器的使用

1. 血压计的使用

血压是评估血压水平、诊断高血压以及观察降压疗效的主要手段。血压测量要做到四定：定时间、定部位、定体位（姿势）、定血压计。一次测得的血压高不能诊断为高血压，应在四定的基础上多次测量取平均值，若有外周血管病应该测双臂血压。

（1）柯氏音/袖带测量血压（水银血压计）

(2) 家庭血压监测 一般家庭使用经过验证的上臂式全自动或半自动电子血压计。家庭血压值一般低于诊室血压值,高血压的诊断标准为 135/85mmHg,与诊室血压的 140/90mmHg 相对应。对初诊高血压或血压不稳定的高血压患者,建议连续家庭测量血压 7 天,每天早晚各一次,每次测量 2~3 遍,取后 6 天血压平均值作为参考值。最后能够详细记录每次测量血压的日期、时间以及所有的血压读数,尽可能向药师提供完整的血压记录。对于精神高度焦虑患者,不建议自测血压。家庭血压监测可帮助发现白大衣性高血压。白大衣性高血压是指有些患者在医生诊室测量血压时血压升高,但在家中自测血压或 24h 动态血压监测(由患者自身携带测压装置,无医务人员在场)时血压正常。测量时间方面易患人群在晨起 15min 内、午时(12—13 时)睡前 15min 内三个时间测量;患病人群在晨起 15min 内、上午 10 时左右、午时、午后三点到四点间、睡前测量。特殊情况下在运动后、精神受刺或情绪激动时、饮酒后测量。

2. 血糖仪的使用

(1) 彻底清洗双手并待干,准备好血糖仪、试纸、采血笔、采血针等物品。
(2) 按下主开关,调整血糖仪的代码,使其与正使用的试纸代码相同。
(3) 用 75% 乙醇为采血的手指消毒。
(4) 按摩手指以增加血液循环,手臂下垂 30s,以便使血液充分流到指尖。
(5) 将采血针装入采血笔中,根据手指皮肤厚度选择穿刺深度。
(6) 用拇指顶紧要采血的指间关节,再用采血笔在指尖一侧刺破皮肤取适量指血(刺皮后勿加力挤压,以免组织液混入血样,造成检测结果偏差)。
(7) 将足量指血滴入试纸的圆形测试孔。
(8) 从血糖仪上读出血糖值,并记录监测时间和血糖值。

3. 胰岛素的注射

胰岛素注射前要洗手,仔细核对胰岛素类型、剂量、性状、注射时间和有效期。速效、短效、长效胰岛素是无色澄清的,中效和预混胰岛素为均匀的雾状,如果出现浑浊、变黄、絮状、颗粒等则为变质胰岛素。胰岛素在 2~8℃ 下低温储存,因此使用前要在室温下回暖,注射低温胰岛素将导致注射疼痛。预混胰岛素要提前摇匀,将笔颠倒摆动数次,直至产生白色混悬液为止。每次使用前及更新笔芯后均应排尽笔芯内空气,注射前将剂量调节旋钮拨至"2U",针尖向上直立,手指轻弹笔芯架数次,使空气聚集在上部后,按压注射键,直至一滴胰岛素从针头溢出,即表示驱动杆与笔芯完全接触,且笔芯内的气泡已排尽。需要核对医嘱并调节剂量至所需刻度。

四、健康教育

健康教育是有计划、有组织、有系统的社会教育活动,使人们自觉地采纳有益于健康的行为和生活方式,消除或减轻影响健康的危险因素,预防疾病,促进健康,提高生活质量,并对教育效果作出评价。健康教育的核心是教育人们树立健康意识、促使人们改变不健康的行为生活方式,养成良好的行为生活方式,以减少或消除影响健康的危险因素。通过健康教育,能帮助人们了解哪些行为是影响健康的,并能自觉地选择有益于健康的行为生活方式。

【任务评价】

组名:

考核内容	评分细则	分值	自评	互评	师评
职业素养与操作规范(20分)	仪容仪表:工作服穿着整齐(袖口扎紧),得 2 分;不披发、化淡妆、不佩戴首饰,双手洁净、不留长指甲,指甲不染色,得 2 分。精神面貌:饱满热情、面带微笑、耐心细致、礼貌用语,得 2 分	6			

续表

考核内容		评分细则	分值	自评	互评	师评
职业素养与操作规范（20分）		在用药指导中能够有仁爱之心，保护患者的隐私，得5分	5			
		用药指导中能够教会患者使用自我监测设备，得4分	4			
		能够对不同的患者用药进行专业指导，同时解决其他相关问题，得5分	5			
技能（80分）	档案建立	慢病管理档案内容填写正确、完整，得5分	5			
	基本仪器使用	能教会患者正确使用血压计、血糖仪、胰岛素"笔"型注射器，得15分	15			
	解读检测指标	正确解读血压值、血糖值的临床意义，得10分	10			
	用药指导	根据医嘱，结合患者实际情况进行用药指导，包括药物药理作用及机制、适应证、药品的用法（具体服药时间、特殊剂型的用法）、用量、药物注意事项、不良反应及发生特定情况的处理、禁忌、贮存条件，得20分	20			
	健康宣教	根据患者的实际情况进行健康知识宣教，要求患者接受慢病（糖尿病、高血压）教育，学习其相关疾病知识，以乐观的心态面对疾病。注意对血压、血糖的自我检测，严格按照方案服药，养成严谨的服药习惯，控制饮食，适量运动，定期去医院复查，得15分	15			
	随访评估	根据患者的情况，围绕患者血糖/血压指标控制、症状控制、药物评价、生活方式等方面进行随访评估，得10分	10			
	服务质量	服务态度好，使用礼貌用语，患者评价高，得5分	5			
总分及得分			100			

【慢病管理表格】

1. 糖尿病慢病用药指导及评估

档案号：　　　建档日期：　　　建档地点：　　　建档人：

用药指导	1. 药物药理作用及机制： 2. 药品正确的使用方法、剂量和时间： 3. 药品禁忌与不良反应： 4. 药品使用注意事项、药品的贮藏： 5. 发生特定情况的处理： （1）低血糖，漏服： （2）疗效不达标： （3）严重不良反应：
辅助设备使用指导	1. 家用血糖仪使用方法： 2. 自我血糖监测时的注意事项： 3. 胰岛素"笔"型注射器使用方法指导： 4. 注射部位与方式的指导：

续表

健康指导	1. 疾病知识与健康教育： 2. 生活、运动指导： 3. 饮食管理： 4. 并发症的预防与处理：
随访评估	1. 指标控制： 2. 症状控制： 3. 药物评价(安全、有效、依从、不良反应)： 4. 自我血糖监测与复诊： 5. 生活方式改善：

2. 高血压慢病用药指导及评估

档案号：　　　　　建档日期：　　　　　建档地点：　　　　　建档人：

用药指导	1. 药物药理作用及机制： 2. 药品正确的使用方法、剂量和时间： 3. 药品禁忌与不良反应： 4. 药品使用注意事项、药品的贮藏： 5. 发生特定情况的处理： (1)低血压： (2)疗效不达标： (3)严重不良反应： (4)漏服的处理方法：
血压测量 方法指导	血压测量方法与程序：
健康指导	1. 疾病知识与健康教育： 2. 生活、运动指导： 3. 饮食管理： 4. 并发症的预防与处理：
随访评估	1. 指标控制： 2. 症状控制： 3. 药物评价(安全、有效、顺从、不良反应)： 4. 生活方式：

【任务实训报告】

班级：　　　　　姓名：　　　　　学号：　　　　　成绩：

实训任务	
实训目的	
实训步骤	

续表

注意事项	
实训反思	

【课后作业】

1. 药店慢病管理的流程：_____

_____

2. 如何对高血压患者进行健康指导？_____

_____

M4-10 慢病管理课件

M4-11 高血压相关知识

M4-12 糖尿病相关知识

项目五　中药柜销售服务

【项目介绍】

中药柜销售服务，主要指零售药店中药饮片柜台的销售及药学服务工作，包括中药饮片调剂服务、中药临方炮制加工服务及药食同源中药饮片的销售服务三部分。

【知识导图】

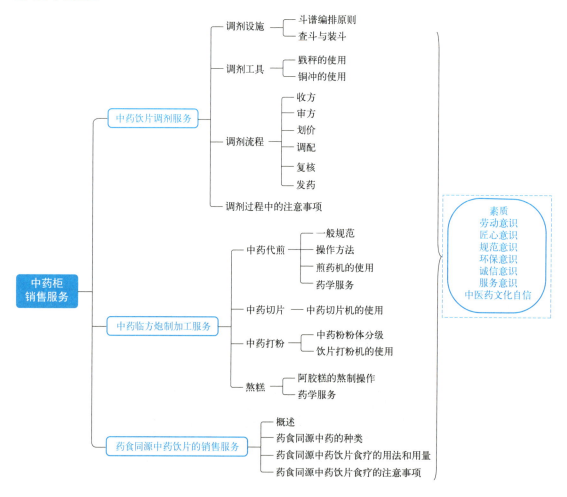

【学习要求】

通过本项目的学习，能熟悉各种情形下中药饮片销售的工作要点及注意事项，能正确、规范地进行中药饮片调剂以及临方炮制加工等操作，能根据顾客的体质情况提出合理化的药膳或食疗建议，准确推荐药食两用中药饮片。

【项目"1+X"证书考点】

任务中与药品购销职业技能等级证书对接的内容。

等级	工作领域	工作任务	职业技能要求
初级	1. 顾客服务	1.2 便民服务	1.2.2 能提供代客煎药服务。 1.2.3 能为顾客提供健康监测及基本的健康生活指导
	2. 药品服务	2.2 处方药调配	2.2.2 能对处方书写的规范性进行审核。 2.2.5 能根据处方依次做好药品调配工作
		2.3 用药服务	2.3.2 能在发药时向顾客正确说明药品使用方法
中级	1. 药品服务	1.1 药品推介	1.1.4 能根据常见疾病症状提供药学咨询和用药指导
高级	1. 常见病症状辨析	1.1 常见疾病症状分析及基础服务	1.1.1 能对成人常见疾病症状进行分析。 1.1.2 能对老人、孕妇、婴幼儿等特殊人群常见病症进行分析。 1.1.3 能对药品处方进行审核和调配

【项目职业技能大赛考点】

中药调剂员技能大赛

项目	任务要求
中药处方审核	根据《处方管理办法》和审方原则进行处方审查
中药处方审核评分要点	(1)处方前记、正文、后记内容是否完整 (2)中药别名改成正名,注明并开药物、有无配伍禁忌、有无妊娠禁忌、有无重复用药 (3)处方应付常规,中药特殊煎煮,特殊处理等 (4)毒性中药用法用量是否正确
中药处方调配	在规定时间内,按照中药处方调配操作规程,调配3剂中药(每剂中药不超过12味)。参赛选手自带戥秤
中药处方调配评分要点	(1)准备有序:调剂前准备,包括着装、验戥、检查戥秤及冲筒是否洁净、台面清洁等 (2)规范操作:包括审方、上台纸、分剂量、调配、药物特殊处理、复核、签名、包装、捆扎、清场等 (3)准确称量:称量要求准确,包括单剂和三剂总重量误差 (4)熟练快捷:包括动作熟练、饮片摆放标准、完成时间等 (5)发药交代:核对患者姓名,双手递药,礼貌用语,交代清楚煎煮方法,重点介绍需特殊处理中药的煎煮方法及注意事项

任务一 中药饮片调剂服务

【学习目标】

素质目标:在中药调剂服务中形成实践操作意识,在劳动学习中体会规范、严谨的重要性,坚守法律红线，提升职业责任感、诚信意识及中医药文化自信。

知识目标：能在10min内准确阐述中药调剂的基本概念与调剂的工作流程。

能力目标：能够正确使用中药调剂常用设备及工具，遵循中药调剂的流程，对中药饮片处方进行规范的调剂工作。

阅读材料

严谨、认真、合规是调剂工作的灵魂

赵某因咳嗽有痰到药店想买些中草药煎服，于是药店老板按照民间配方，将"雾水藤"、枫寄生、铺地草等草药按比例组合配售给了赵某。"雾水藤"与毒草钩吻外形非常相像，经常有人将两者混淆导致中毒事件发生，在配售"雾水藤"前一般应进行鉴别与复核。然而，药店老板自恃"经验"丰富，错误地将剧毒中药饮片钩吻（俗称断肠草）配售给了赵某。当天17时许，赵某煎服所购中药后，随即出现头晕、呕吐现象，直至休克昏迷，最终送医抢救无效死亡。后法院判处被告人药店老板犯过失致人死亡罪，处以有期徒刑四年，并向赵某的亲属民事赔偿110多万元。

在中药调剂过程中我们只有严谨、认真、合规才能保证人民的用药安全，只有秉持着一颗全心全意为人民健康服务的心才能成为人民健康的守护者！

【任务要求】

能够根据审方工作原则，准确地进行中药处方审核；能够根据调剂操作规范正确使用中药饮片调剂常用工具，规范进行饮片调剂；了解斗谱的编排原则，具备一般的斗谱编排能力。

要求：中药处方审核符合《处方管理办法》和审方原则，中药调剂符合处方调剂操作规范，调配正确，剂量准确。

【任务准备】

一、任务名称

中药饮片调剂。

二、任务条件

项目	基本实施条件	备注
场地	符合GSP要求的中药调剂室	必备
设备	中药饮片斗架、中药调剂台、贵细中药柜、毒性中药柜、中药冷藏柜、电子秤、架盘药物天平	选备
工具与材料	空白处方签、典型错误处方签、戥秤、铜冲、药匙、包装纸	必备

【相关知识】

一、调剂设施

（一）中药饮片斗架

如图5-1所示，中药饮片斗架由规范排列的药斗抽屉组合而成，用于盛放中药饮片。一般按

"横七竖八""横八竖八"排列，可根据具体业务量的多少确定药斗抽屉的数量。

M5-1 药斗

图 5-1 中药饮片斗架

1. 斗谱编排原则

（1）常用饮片（如金银花、板蓝根等）放中上层，质地较轻且用量较少的药物（如木贼、谷精草等）放高层，质地沉重的药物（如矿石、化石、贝壳类）放下层，容易造成污染的（如血余炭）放下层，质地松泡且用量大的（如薄荷、桑叶）放底层大药斗；同一斗中，饮片细小者在前，片大者在后，以防调配时后格饮片洒落在前格中，不易挑出，如薏苡仁与茯苓若同斗，薏苡仁在前，茯苓在后。

（2）处方常用"药对"常同斗。如麻黄与桂枝，酸枣仁与远志等。

（3）同一药材不同炮制品常同斗。如薏苡仁与炒薏苡仁，牛蒡子与炒牛蒡子，甘草与炙甘草等。

（4）属配伍禁忌的药物，不同斗、不临斗。

（5）外观性状相似的饮片不同斗。如蒲黄与海金沙，山药与天花粉等。名称类似的饮片不同斗。如附子与白附子，藜芦与漏芦等。

（6）同一植物来源但不同部位入药并且功效不相同的饮片不同斗，如麻黄和麻黄根。

（7）有恶劣气味勿与其他药物同斗，如阿魏、鸡矢藤等。

（8）易染灰尘饮片宜存放在加盖的瓷罐中，保持清洁卫生，如熟地黄、龙眼肉、青黛等。

（9）贵细药品专柜存放、专人管理、每天清点账物，如麝香、西洋参、羚羊角、鹿茸等。

（10）毒、麻药品必须专柜、专锁、专账、专人管理。

2. 查斗与装斗

（1）查斗　查饮片名称与斗内药品是否相符；查饮片消耗量，及时补充；查饮片质量有无霉变、虫蛀等，及时养护。

（2）装斗　领取待补充饮片→清斗→检查待补充饮片→装斗→复核→记录→清场；坚持"三查三对"原则：即查药斗上书写的药名与饮片包装合格证名称应一致，查药斗内残存的饮片与饮片包装内品种应一致，查药斗内饮片与饮片内包装炮制的片型规格应一致。

（二）调剂台

调剂处方的操作台，要求摆放平稳，台面光滑、清洁。一般内侧有抽屉，用于存放部分常用饮片、调剂工具等，通常与饮片斗架配套使用。

（三）贵细、毒性中药柜及冷藏柜

贵细中药柜为有门货柜，用于存放价格昂贵或稀少的中药。坚持"三专"管理：专人、专账、专柜加锁，定期盘点。

毒性中药柜亦为有门货柜，用于存放毒性中药。坚持"四专"管理：专人、专账、专柜加锁、专用调剂工具。

冷藏柜，主要用于存放贵重或容易变质的中药饮片。

二、调剂工具

（一）计量工具

1. 戥（děng）秤

（1）戥秤也叫药戥、戥子，是零售药店中称取中药饮片最常用的工具，量程一般有 250g、500g，若需称取 1g 以下的贵细中药或毒性中药，则要选用毫克戥。

（2）戥秤构造　戥纽、戥杆、戥星、戥砣、戥盘。

戥纽：也叫毫，靠戥盘近的叫后毫或内纽，用于称较轻的物品；远的叫前毫或外纽，用于称较重的物品。

戥星：（以 250g 铜戥为例）提后毫时可见秤杆上一排短的戥星，表示 1~50g，最里面的一个星叫"定盘星"，从定盘星往外（杆梢方向），每星表示 1g，到杆梢为 50g；提前毫可见到秤杆上有一排长星，最里边的一个星表示 50g，往外每一星表示 2g，到杆梢为 250g。

戥砣与戥盘：戥盘用来盛装中药饮片，每个戥秤的戥盘与戥砣是配套使用的，标有相同的号码，不可随意换用，要随时放在一起。

（3）使用

① 检查：整体干净、戥砣相符、戥纽直顺、戥盘水平。

② 校戥：左手持戥，右手提纽，砣放定盘星，举戥齐眉，放开左手，戥杆保持水平。若戥杆不平，可以左右调整螺母直至平衡。

③ 称药：左手用拇指、食指和中指将戥砣绳在戥杆上移动至需要称量重量对应的戥星位置，捏紧拿稳；右手取药放入戥盘，右手提纽，左手松开，不断调整戥盘中的饮片量至戥杆水平，即得到了所需重量的中药饮片。

④ 称完：清洁戥盘，戥砣绳挂戥杆上，戥砣放回戥盘，合理收纳，保持干燥。

2. 电子秤

置于水平台面，保持秤盘清洁，打开电源开关，预热 15~20min，归零、去皮，将需要称量的饮片置于秤盘中，通过电子读数获得所需重量的药物。

（二）临方炮制工具

1. 铜冲

铜冲又称铜缸子、捣药罐，是药店临方炮制时常用的工具。用于需要随用随捣的一些果实、种子类饮片的粉碎。结构一般包括缸体、铜杵、缸盖（亦有无盖铜冲），材质多为铜或铁，以铜为佳。

铜冲的使用方法如下。

（1）清洁　使用软布或鬃刷清洁内壁，切忌存留上次捣碎的饮片残渣。

（2）装药　药物称重完成后直接倒入缸体，一次倒入缸体容量的 1/5~1/4 为宜。

（3）捣碎　放入铜杵，左手扶缸，四指并拢掩住缸口或按住缸盖，右手四指环握铜杵上部，拇指按住铜杵顶端，以前臂带动手腕垂直捣下，用力要均匀，每次捣下之前，左手转动缸体，以使饮片破碎均匀，将饮片捣碎至需要的粒度。

注：捣珍珠等贵细药材要隔布捣碎，以免飞溅损失。

（4）倒出　左手虎口向下握住缸体，右手扶住铜杵辅助左手将铜冲托起倒立，将药倒出；若有药物粘壁，可以借助杵头刮捣或敲击缸壁，使药物脱落倒出。

（5）清场　用软布擦拭缸体内壁及杵棒，妥善收纳。

2. 饮片打粉机

详见项目五任务二中药临方炮制加工服务中"三、中药打粉"相关知识。

（三）包装工具

饮片调剂完成后的包装，一般使用装药袋、包装纸、扎线、无毒塑料袋等。

三、调剂流程

一般流程：收方→审方→划价→调配→复核→发药。

M5-4　中药调剂流程

1. 审方

（1）审核处方格式：处方类型中普通处方、儿科处方、急诊处方等；前记中科别、日期、性别、年龄；后记中的医师签名、剂数、药价、取药号等是否符合《处方管理办法》中相关规定，日期是否符合规定（三日之内）。

（2）审核处方用名：处方药物用名以 2020 年版《中国药典》为依据，正确书写药名和炮制品名。

（3）审核处方临床诊断：适应证是否规范。

（4）审核禁忌：2020 年版《中国药典》规定的 100 种妊娠禁忌用药、"十八反"和"十九畏"的配伍禁忌。

（5）审核有毒中药：有毒中药的限量以 2020 年版《中国药典》为准。

（6）审核用法用量：找出处方中煎法服法用量。

（7）审核特殊用法：先煎、后下、包煎、冲服、兑服、烊化、外用、不入煎剂、宜入丸散。

2. 调配

饮片调配流程如下。

（1）清场、调剂物品准备（戥秤、铜冲、包装纸等）。

（2）分戥称量。

（3）按序调配、单味分列。

（4）单包注明。

（5）复核装袋。

（6）发药交代。

（7）及时清场。

饮片调配注意事项如下。

（1）饮片总剂量的计算：将处方正文中的计量×剂数＝总剂量，然后再分戥。

（2）抓药前洗手。

（3）认真抓药，不与旁人闲聊。

（4）等量递减，逐剂复戥：调配一方多剂药时，可一次称出多剂单味药的总量，再按剂数分开，称为分剂量，分剂量时要每倒一次，称量一次。

（5）不可凭主观臆测以手代戥，随意估量分剂或抓配。

（6）中药营业员应练就"一抓准"的本领，以提高配方速度。调配代煎药物时可不分剂量，只需称出每味药的总量，将其倒在包装纸或盛药盘内。

（7）调配过程中，对于不小心洒落在地上的药物要妥善清理干净，不得捡起放回药斗，更不允许捡起放入戥秤内。

3. 复核

（1）复核药品与处方所开药味和剂数是否相符，是否存在多配、漏配、错配等现象。

（2）处方中有无配伍禁忌、妊娠禁忌。

（3）用药剂量是否超标。

（4）饮片有无霉变、虫蛀等现象。

（5）是否将先煎、后下、包煎、烊化、另煎、冲服等特殊要求药品另包并标注。

（6）抽查重量准确程度，要求每剂重量误差不超过±5%，贵重药物和毒性药不超过±1%。

项目五　中药柜销售服务

(7) 复核无误后，签字，在药袋上写上患者姓名。需要特殊处理的药品，在药袋上要写明处理方法，按剂包装整理打包。

4. 发药

(1) 核对患者姓名，注意保护隐私。
(2) 双手递药，礼貌用语。
(3) 交代清楚煎煮方法，重点介绍需特殊处理中药的煎煮方法及注意事项。
(4) 耐心解答患者有关用药的各种疑问。

四、调剂过程中的注意事项

1. 需要特殊处理的药物交代

先煎、后下、包煎、另煎、冲服、兑服、烊化、煎汤代水。

2. 告知煎药方法

煎药容器、煎药用水、浸泡、煎煮次数、煎煮火候、煎药时间、煎取药量。

【任务实施】

模拟药店中药饮片销售区，由教师准备好 200 种中药饮片及名称，供学生进行装斗、调剂等操作。

第一项任务中斗谱由每位学生通过手写编排斗谱，其他任务由学生分组开展，每组 3~5 人，模拟中药柜台销售现场，进行角色扮演。

(1) 斗谱编排　根据斗谱排列原则，合理编排 200 种常用中药饮片斗谱。
(2) 装斗、查斗　根据编排好的斗谱正确进行装斗、查斗工作。
(3) 处方审核　对教师提供的有错误的处方能够准确审核，并进行正确处理。
(4) 处方调剂　提供一个 10 味药的经典处方，让各组学生进行角色扮演，模拟全流程的调剂工作；评分包括自评、互评和教师评价。

【任务评价】

组名：

考核内容		评分细则	分值	自评	互评	师评
职业素养与操作规范（20分）		仪容仪表：工作服衣帽整洁（袖口扎紧），得 4 分；不披发、化淡妆、不佩戴首饰，双手洁净、不留长指甲，指甲不染色，得 4 分	8			
		精神面貌：饱满热情、面带微笑、耐心细致、礼貌用语，得 5 分	5			
		操作过程中爱惜财产，轻拿轻放，得 3 分	3			
		效率意识：调剂速度快，有一定的时间意识，得 4 分	4			
任务操作（80分）	准备	1. 合理清场，得 2 分； 2. 正确校戥，得 3 分	5			
	调配	1. 审方过程明显，得 3 分； 2. 审方后上台纸，得 2 分； 3. 持戥姿势正确，得 3 分； 4. 逐剂复戥，得 5 分； 5. 按序调配，得 5 分；单味分列，得 5 分；无混杂，得 2 分；无散落，得 3 分；无遗漏，得 5 分；无错配，得 5 分；	50			

续表

考核内容		评分细则	分值	自评	互评	师评
任务操作（80分）	调配	6. 正确处理"需特殊处理的中药"，得5分； 7. 逐味复查：逐味看方对药，认真核对，得5分； 8. 处方签正确签名，得2分	50			
	包装捆扎	动作熟练，包扎牢固无漏药，得3分；包形美观，捆扎结实，得2分；正确书写患者姓名，得2分；患者姓名朝上将处方捆于包上，得3分	10			
	发药介绍	核对患者姓名，得3分；双手递药，礼貌服务，得2分；交代清楚（重点交代需特殊处理中药的煎煮方法）得5分	10			
	清场	清洁戥秤复原（戥砣放戥盘内），清洁冲筒，清洁调剂台，工具摆放整齐，得5分	5			
总分及得分			100			

【任务考核答卷】

班级：　　　　姓名：　　　　学号：　　　　成绩：

题目	审核项目	审核结果	得分
处方一	并开药物应付		
	重味		
	配伍禁忌		
	妊娠禁忌		
	毒性中药用量		
	特殊处理药物		
处方二	并开药物应付		
	重味		
	配伍禁忌		
	妊娠禁忌		
	毒性中药用量		
	特殊处理药物		
合计			

注：总分100分。每项分值＝应审出项目/10

【任务实训报告】

班级：　　　　姓名：　　　　学号：　　　　成绩：

实训任务	

续表

实训目的	
实训步骤	
注意事项	
实训反思	

【课后作业】

中药饮片调剂的一般流程：_____

_____

_____

任务二 中药临方炮制加工服务

【学习目标】

素质目标：在饮片代煎、切片、打粉、熬制阿胶糕等实践操作中，形成规范意识、安全意识、环保意识、诚信意识、药学服务意识及匠心精神。

知识目标：能够在5min内准确阐述药店中药代煎的流程及代煎的注意事项和中药饮片切制和打粉的工艺；能够在10min内基本阐述阿胶糕的制作工艺流程。

能力目标：能够正确、规范、熟练操作相关机器、设备进行饮片代煎、切片、打粉、熬制阿胶糕等临方炮制和代加工服务；能够运用中医药知识，在5min内辨证加减阿胶糕辅料配伍。能够在2min内准确判断各类中药饮片片型规格和标准筛目数、孔径的辨识。

阅读材料

炮制虽繁必不敢省人工，品味虽贵必不敢减物力

出自1706年《乐氏世代祖传丸散膏丹下料配方》序言。"两个必不敢"的本意是：不论制作过程多么烦琐、工艺多么复杂，为确保疗效显著，不敢有半点懈怠而节省步骤；不论中药配方的成本多么高昂、药材多么稀缺，为出珍品，不敢有半点吝啬而省物料。"两个必不敢"体现的是以诚信精神为基础的质量观。同仁堂在此基础上总结出"诚信为本，药德为魂"的经营理念和"德、诚、信"三字企业真经等行为准则，保证了"疗效显著"，实现了"济世养生"的理想。"两个必不敢"与社会主义核心价值观的"诚信"要求高度一致，需要大力弘扬。如今，"两个必不敢"早已家喻户晓，不但同仁堂将其视为"传家宝"世代传承，许多企业也将其纳入经营理念。

【任务要求】

要求：严格遵守中药临方炮制的规范，能够熟练使用零售药店的一些常见器具、设备进行中药代煎、中药打粉和熬膏的操作；树立中药临方炮制过程中的规范意识、安全意识、环保意识和匠心意识。

【任务准备】

一、任务名称

中药临方炮制加工。

二、任务条件

项目	基本实施条件	备注
场地	中药炮制室	必备

续表

项目	基本实施条件	备注
设备	煎药机、封装机、切片机、打粉机、电磁炉	选备
工具与材料	砂罐、各类中药饮片、经典处方、纱布袋、1~8号标准筛、熬糕辅料	必备

【相关知识】

中药临方炮制，是指调剂人员根据药物性能和治疗需要，按照医嘱临时将生品中药饮片进行炮制的操作过程。它是中药炮制的一个组成部分，是保障中药临床应用有效性和安全性的重要环节。

中药临方加工是指根据药物性能和治疗或食疗需要，将顾客购买的中药饮片加工成其所需要的能够直接服用或食用的中药制剂的服务，如熬制阿胶糕。

一、中药代煎

相关操作规范参考《医疗机构中药煎药室管理规范》（国中医药发〔2009〕3号）。

（一）一般规范

（1）煎药工作台面应当平整、洁净。煎药容器应当以陶瓷、不锈钢、铜等材料制作的器皿为宜，禁用铁制等易腐蚀器皿。储药容器应当做到防尘、防霉、防虫、防鼠、防污染。用前应当严格消毒，用后应当及时清洗。

（2）煎药人员应当每年至少体检一次。传染病、皮肤病等患者和乙肝病毒携带者、体表有伤口未愈合者不得从事煎药工作。

（二）操作方法

（1）待煎药物先行浸泡至少30min。

（2）煎煮开始时的用水量一般以浸过药面2~5cm为宜，花、草类药物或煎煮时间较长的应当酌量加水。

（3）每剂药一般煎煮两次，将两煎药汁混合后再分装。

（4）煎煮时间应当根据方剂的功能主治和药物的功效确定。一般药物煮沸后再煎煮20~30min；解表类、清热类、芳香类药物不宜久煎，煮沸后再煎煮15~20min；滋补药物先用武火煮沸后，改用文火慢煎约40~60min。第二煎的煎煮时间应当比第一煎的略缩短。

（5）煎药过程中要搅拌药料2~3次。搅拌药料的用具应当以陶瓷、不锈钢、铜等材料制作的棍棒为宜，搅拌完一药料后应当清洗再搅拌下一药料。

（6）煎药量应当根据儿童和成人分别确定。儿童每剂一般煎至100~300mL，成人每剂一般煎至400~600mL，一般每剂按两份等量分装，或遵医嘱。

（7）凡注明有先煎、后下、另煎、烊化、包煎、煎汤代水等特殊要求的中药饮片，应当按照要求或医嘱操作。

① 先煎药应当煮沸10~15min后，再投入其他药料同煎（已先行浸泡）。

② 后下药应当在第一煎药料即将煎至预定量时投入，同煎5~10min。

③ 另煎药应当切成小薄片，煎煮约2h，取汁；另炖药应当切成薄片，放入有盖容器内加入冷水（一般为药量的10倍左右）隔水炖2~3h，取汁。此类药物的原处方如是复方，则所煎（炖）得的药汁还应当与方中其他药料所煎得的药汁混匀后，再行分装。某些特殊药物可根据药性特点具体确定煎（炖）药时间（用水适量）。

④ 溶化药（烊化）应当在其他药煎至预定量并去渣后，将其置于药液中，微火煎药，同时不断搅拌，待需溶化的药溶解即可。

⑤ 包煎药应当装入包煎袋闭合后，再与其他药物同煎。包煎袋材质应符合药用要求（对人体无害）并有滤过功能。

⑥ 煎汤代水药应当将该类药物先煎15～25min后，去渣、过滤、取汁，再与方中其他药料同煎。

⑦ 对于久煎、冲服、泡服等有其他特殊煎煮要求的药物，应当按相应的规范操作。

⑧ 先煎药、后下药、另煎或另炖药、包煎药、煎汤代水药在煎煮前均应当先行浸泡，浸泡时间一般不少于30min。

（8）药料应当充分煎透，做到无糊状块、无白心、无硬心。煎药时应当防止药液溢出、煎干或煮焦。煎干或煮焦者禁止药用。

（9）内服药与外用药应当使用不同的标识区分。

（10）煎煮好的药液应当装入经过清洗和消毒并符合盛放食品要求的容器内，严防污染。

（11）使用煎药机煎煮中药，煎药机的煎药功能应当符合本规范的相关要求。应当在常压状态煎煮药物，煎药温度一般不超过100℃。煎出的药液量应当与方剂的剂量相符，分装剂量应当均匀。

（12）包装药液的材料应当符合药品包装材料国家标准。

（三）煎药机的使用

1. 煎药机一般操作流程

①检查：保证安全；②浸药：保证溶出率；③煎药；④包装；⑤清洗。

M5-5　煎药机的使用

2. 注意事项

（1）为保证操作安全，必须做好接地保护。

（2）在清洗过程中，电器控制部分不能用水清洗。

（3）打开锅盖前，必须打开排气安全阀，排掉锅内的压力。

（4）在煎药过程中严禁打开排液阀门，防止人员烫伤。

（5）每锅药煎好后，清洁锅盖与密封圈的接触面，防止残留药粘上密封圈。

（6）每次煎药关闭锅盖前，仔细检查密封圈，保证密封圈正确安装在槽内。

（7）在煎药过程中，如果包药的煎药袋破损，一定要把药渣清洗干净后再用，防止残渣造成包装机的堵塞。

（8）切忌干烧。

（9）拧紧把手时，要对角均匀加压，以防止锅盖变形。

（10）每次煎药前保证计数器清零。

（四）药学服务

1. 交代代煎中药的保存方法

0～5℃范围冰箱保存，建议保存不超过14天，尤其含有动物类和高糖类饮片的汤剂建议保存不超过7天。

2. 交代代煎中药的保存方法

（1）真空包装，将包装袋整体隔水加热，要保证热透后服用。

（2）有药渣沉淀没有关系；但发泡、黏稠情况不能服用。

3. 生活指导

主动给顾客交代喝中药的饮食禁忌、病症食忌等。

二、中药切片

（一）中药饮片规格

1. 切片

（1）极薄片　厚度为 0.5mm 以下，适宜木质及动物胶质类饮片。

（2）薄片　厚度为 1~2mm，为横切片，适宜质地致密、坚实、长条形药物，部分块根及果实类的药物。

（3）厚片　厚度为 2~4mm，适宜质地松泡、黏性大、易破碎的药材，包括斜片和直片。

（4）斜片　厚度为 2~4mm，适宜长条形而纤维性强的药材，可突出组织特征且便于切制。

（5）直片　厚度为 2~4mm，适宜体积肥大、组织致密、色泽鲜丽的药物，可突出组织特征且便于切制。

2. 切丝

（1）细丝　2~3mm，适宜皮类药材。

（2）宽丝　5~10mm，适宜叶类药材。

3. 切段

长 10~15mm，适宜全草类和形态细长、有效成分易于煎出的药材。

4. 切块

适宜煎熬时易于糊化的药材，需切为不等的块状，以利于煎煮。

（二）准备工作——浸润

根据饮片不同质地，采用相应软化方法。根茎类药材采用淋法，坚硬类药材采用泡法，易洗出有效成分的药材采用抢水洗法。浸润的药材必须"透心"，但又不能"过水"、变质、发霉、发酵。浸润后的药材要及时切制。

（三）中药切片机的使用

M5-6　切片机的使用

1. 操作方法

（1）根据工艺要求调整切片机切片厚度，检查待切药材是否符合切制要求。取待切制药材适量，置于切药机料盘内。

（2）启动切药机，空载运行 2min，无异常情况时用手将料盘内药材聚拢，送往链条上。注意链条上药材量应充足连续，但不可过量。

（3）检查出料规格，应符合要求，否则应停机调整。

（4）切制好的药材，盛于干净容器中，附物料卡，经检查符合要求后，移交下道工序。

2. 操作注意事项

（1）操作过程中如遇卡塞或物料不向前运行的情况，应先停机，将五星轮手柄拨至"退"档，然后重启机器，将物料全部退出，检查设备完好后重新切制操作。

（2）切制作业开始后，所有人员应远离机器运转部位。

（3）开机时，操作人员应向周围人员发出"开机"提醒。

（4）操作人员应站在料盘末端位置。

（5）严禁用木条或其他物件向输料链上送药，严禁手指进入输料槽内。

（6）严禁操作人员戴手套或其他不便于操作的防护设施进行操作。

（7）工作中若设备发生异常，如异常声响、震动加剧等，应立即停机，排除故障后，再执行作业。

3. 设备维护与保养

（1）开机前给各加油点加注润滑油。

(2) 输料链上的物料要均匀平整加入，连续进料，不可忽多忽少或断料。
(3) 每次工作结束，应将刀口、链条、各转动部位、料盘内药物残渣清理干净，擦净各部位，盖上防尘罩。

三、中药打粉

(一) 中药粉粉体分级

最粗粉：指能全部通过一号筛，但混有能通过三号筛不超过20%的粉末。
粗粉：指能全部通过二号筛，但混有能通过四号筛不超过40%的粉末。
中粉：指能全部通过四号筛，但混有能通过五号筛不超过60%的粉末。
细粉：指能全部通过五号筛，但混有能通过六号筛不超过95%的粉末。
最细粉：指能全部通过六号筛，但混有能通过七号筛不超过95%的粉末。
极细粉：指能全部通过八号筛，但混有能通过九号筛不超过95%的粉末。

(二) 《中国药典》筛号、筛孔内径、工业筛号

一号筛药典筛　　$(2000\pm70)\mu m$　　对应 10 目
二号筛药典筛　　$(850\pm29)\mu m$　　对应 24 目
三号筛药典筛　　$(355\pm13)\mu m$　　对应 50 目
四号筛药典筛　　$(250\pm9.9)\mu m$　　对应 65 目
五号筛药典筛　　$(180\pm7.6)\mu m$　　对应 80 目
六号筛药典筛　　$(150\pm6.6)\mu m$　　对应 100 目
七号筛药典筛　　$(125\pm5.8)\mu m$　　对应 120 目
八号筛药典筛　　$(90\pm4.6)\mu m$　　对应 150 目

(三) 饮片打粉机的使用

M5-7 饮片打粉机的使用

其使用方法如下。
(1) 收到需要打粉的中药应进行登记。
(2) 打粉前检查打粉机是否清洁卫生，开机前应空转1~2min后，检查机器能正常工作后，再投放中药打粉。
(3) 根据要求选择适当目数的药筛，并安装好。
(4) 开机时严禁异物如铁钉、螺丝、铁块等流入打粉机内部，以防造成事故。
(5) 核对处方，检查与药物是否一致，无误后进行开机打粉。中药打粉为了便于吸收和利用，中药饮片粉碎细度要求一般是通过五号或六号筛，并且应该干燥、松散、均匀、色泽一致。
(6) 对含糖量高和黏性药材应先低温干燥，如熟地黄、白及、知母、枸杞子、玉竹、黄精、何首乌、生地黄、天冬、党参、玄参等，易吸潮而软化发黏，在打粉前应先低温干燥，再进行粉碎。如果粉碎前不进行低温干燥，这些黏性药材就会黏附到机械内壁，不易粉碎，影响药粉的细度。
(7) 含挥发油的饮片如当归、川芎、白芷、玫瑰花、金银花、佛手花、月季花、木香、菊花、野菊花、牛膝、枳实等不宜打粉，因打粉机在高速旋转过程中温度较高，上述饮片在高温中挥发油易蒸发，进而影响药效。但当归等一些饮片打碎后服用效果会更好，此时，可采取间断性粉碎的方式，保证粉碎机内的温度不会过高，这样有效减少挥发油的蒸发。
(8) 打粉人员打粉时应戴口罩、手套。
(9) 开机运转后，操作人员要坚守工作岗位，不得脱岗。
(10) 结束后应及时对打粉机进行清洁。

四、熬糕

(一) 阿胶糕的熬制操作

零售药店中最常提供的熬糕服务为熬制阿胶糕。

1. 阿胶和辅料的功效

阿胶:补血滋阴、润燥、止血;黑芝麻:润肠通便、滋肝补肾;核桃仁:润肠通便、补肾益肺;红枣:益气养血、安神;枸杞:补肝明目、滋肾、润肺;冰糖:润肺、化痰止咳。

2. 熬制阿胶糕工艺过程

(1) 准备工作:将插线板、电磁炉、锅(干净无水)、木铲、打粉机、食用油、小毛刷等工具备好。

(2) 将250g胶块拆封取出,敲击成小块放入打粉机,把打粉机盖子拧严,转动开关,1~2min后听见打粉机内无嘈杂声音关闭打粉机,把打好的胶粉倒入空盒。

(3) 将250g冰糖打粉,步骤同上。如添加西洋参可以和冰糖同时打粉,打粉结束将打粉机内部清理干净。

(4) 倒600mL黄酒入锅内,开启电磁炉,温度调90℃或保温状态,黄酒预热后倒进打好的胶粉,开始顺时针搅动,根据火势大小调整搅动速度,保证胶粉完全溶于黄酒后,倒入冰糖粉,加温至120℃,继续匀速搅动,锅边起泡后可以陆续加入枸杞、红枣、桂圆等辅料,5min后木铲挑起胶汁呈"挂旗"状为准,加入核桃、熟黑芝麻等辅料,掌握好黏稠度关火,搅匀出锅。

(5) 提前将不锈钢盘刷层食用油,将熬好的胶膏倒入盘中,随时用木铲将盘内膏压平。

(6) 糕体自然冷却后切片。

(7) 核对顾客姓名,发糕。

(二) 药学服务

对顾客进行阿胶糕等的服用指导。

(1) 阿胶糕需要置于冰箱冷藏室保存,一般可以保存40~50天。

(2) 阿胶糕每日早晨服用1~2块,3~10g为宜。

M5-8 熬糕

【任务实施】

中药炮制室内,由教师准备好需要学生进行代煎、切片、打粉、熬糕的所有中药饮片、方剂及辅料,学生分组,模拟药品销售现场,由教师扮演有临方炮制要求的顾客。

【任务评价】

组名:

考核内容	评分细则	分值	自评	互评	师评
职业素养与操作规范(20分)	仪容仪表:工作服穿着整齐(袖口扎紧),得4分;不披发、化淡妆、不佩戴首饰,双手洁净、不留长指甲,指甲不染色,得4分	8			
	精神面貌:饱满热情、面带微笑、耐心细致、礼貌用语,得5分	5			
	操作过程中爱惜财产,操作仪器、设备,得3分	3			
	安全意识:操作中时刻保持安全意识,得4分	4			

续表

考核内容		评分细则	分值	自评	互评	师评
技能 (80分)	中药代煎	1. 能正确进行浸泡等前处理,得2分; 2. 能根据饮片的性质正确控制加水量,得2分; 3. 能够根据方剂的要求及药物的性质正确选择火候,得3分; 4. 能够正确确定煎药的终点,得3分; 5. 能够按照不同用药人群,正确进行分装,得3分; 6. 能够正确处理先煎、后下、另煎、烊化、包煎、煎汤代水、冲服等特殊要求的饮片,得5分; 7. 能够正确操作煎药机,得5分; 8. 能够主动并正确向患者交代汤剂的储存、服用方法和注意事项,得2分	25			
	中药切片	1. 能进行浸润等正确的准备工作,得3分; 2. 能根据药材的性质,正确选择饮片切制的片型及标准,得2分; 3. 能正确使用中药切片机,得8分; 4. 能正确对中药切片机进行维护,得2分	15			
	中药打粉	1. 能根据药材的性质以及顾客的要求,正确选择粉体的标准,得2分; 2. 能正确使用饮片打粉机,得10分; 3. 能选择正确的药筛并正确使用,得5分; 4. 能正确处理挥发油或油脂含量高的药材,得5分; 5. 打粉结束后能对饮片打粉机进行正确养护,得3分	25			
	熬糕	1. 熬糕操作规范、标准,得8分; 2. 能够说出常用阿胶糕的配方,得5分; 3. 能够主动并正确向顾客交代阿胶糕的储存和使用注意事项,得2分	15			
总分及得分			100			

【任务考核答卷】

班级：　　　　　姓名：　　　　　学号：　　　　　成绩：

内容	饮片特殊处理原则	实训饮片举例
中药代煎 (每项7分,共42分)	先煎	
	后下	
	另煎	
	烊化	
	包煎	
	煎汤代水	
中药切片 (每项4分,共36分)	切极薄片	
	切薄片	
	切厚片	

续表

内容	饮片特殊处理原则	实训饮片举例
中药切片 （每项 4 分，共 36 分）	切斜片	
	切直片	
	切细丝	
	切宽丝	
	切段	
	切块	
中药打粉 （每项 6 分，共 12 分）	含挥发油的饮片	
	含油脂较多的饮片	
熬糕（10 分）	熬制阿胶糕的一般辅料	

【任务实训报告】

班级：　　　　　姓名：　　　　　学号：　　　　　成绩：

实训任务	
实训目的	
实训步骤	
注意事项	

续表

实训反思	

【课后作业】

阿胶糕制作工艺过程：_____

_____

_____

_____

_____

任务三　药食同源中药饮片的销售服务

【学习目标】

素质目标：树立"上医治未病"思想，在药学服务中充分建立中医药文化自信。
知识目标：能熟练说出九种体质以及所对应的药膳食疗方案、生活指导方案。
能力目标：能根据顾客体质特征推荐适宜的药食同源中药饮片并提供药学服务。

阅读材料

空腹食之为食物，患者食之为药物

隋朝时期的《黄帝内经太素》一书中写道："空腹食之为食物，患者食之为药物"，体现"药食同源"的思想。

随着经验的积累，药食才开始分化。在使用火后，人们开始食熟食，烹调加工技术才逐渐发展起来。在食与药开始分化的同时，食疗与药疗也逐渐区分。

《素问·五常政大论》中也有"大毒治病，十去其六；常毒治病，十去其七；小毒治病，十去其八；无毒治病，十去其九。谷肉果菜，食养尽之。"说的就是食疗对于疾病的祛除作用，可称为最早的食疗原则。

"中医药学是中国古代科学的瑰宝，也是打开中华文明宝库的钥匙。"中医药学必将在中华儿女的传承创新中源远流长，造福人类！

【任务要求】

能根据顾客的体质正确推荐适合的药膳食疗方案。
要求：①能在5min内进行体质辨证。②能在10min内完成顾客中药饮片（药食同源）推荐。③能在5min内利用电子工具辅助诊疗。

【任务准备】

一、任务名称

店内销售药食同源中药饮片。

二、任务条件

项目	基本实施条件	备注
场地	40m² 以上的GSP模拟药房	必备
设备	电子辅助中医诊疗设备	选备
工具与材料	药食同源中药饮片	必备

【相关知识】

一、概述

药食同源类中药材是指既可以作为食品，也可以作为药品的中药材，有些有一定保健作用，即便食用量多一些，一般也不会有太大的风险。而一般药用的中药材是不可以长时间或大量使用的。

药食同源中药饮片，可不按处方调剂开架销售。

二、药食同源中药的种类

国家卫生健康委发布了食药物质目录的纳入标准。
(1) 有传统上作为食品食用的习惯。
(2) 已经列入《中国药典》。
(3) 安全性评估未发现食品安全问题。
(4) 符合中药材资源保护、野生动植物保护、生态保护等相关法律法规规定。

三、药食同源中药饮片食疗的用法和用量

九种体质：平和质、气虚质、阳虚质、阴虚质、气郁质、血瘀质、痰湿质、湿热质、特禀质。可以借助中医体质分类与判定表确定。

M5-9 中医体质分类与判定表

1. 平和质

(1) 总体特征　阴阳气血调和，以体态适中、面色红润、精力充沛等为主要特征。

(2) 常见表现　面色、肤色润泽，头发稠密有光泽，目光有神，鼻色明润，嗅觉通利，唇色红润，不易疲劳，精力充沛，耐受寒热，睡眠良好，胃纳佳，二便正常，舌色淡红，苔薄白，脉和缓有力。

(3) 心理特征　性格随和开朗。

(4) 发病倾向　平素患病较少。

2. 气虚质

(1) 主要特征　元气不足，以疲乏、气短、自汗等气虚表现为主。平素语音低弱，气短懒言，容易疲乏，精神不振，易出汗，舌淡红，舌边有齿痕，脉弱。肌肉松软不实。

(2) 食疗调养　黄芪当归鸡汤。①配方：黄芪30g，当归15g，新鲜鸡肉250g，调料适量。②制法：黄芪、当归洗净用布包，鸡肉切块，加入水及调料，文火炖至鸡肉熟透。③分析：本药膳以黄芪益气，当归补血，鸡肉补中益气，共取益气养血、扶正培本之效。

(3) 运动调养　适量运动提高身体素质，促进气血运行，缓解气血虚所产生的各种症状。运动量渐进为宜，由小量运动开始，以传统的健身运动为佳，如太极拳、八段锦，还可以进行郊游、踏青、散步等，既能呼吸新鲜空气，又能活动筋骨。运动强度因人而异。运动频率一般每周3～5次，每次20～60min。适度的运动锻炼，可健运脾胃，强化心脏功能。

3. 阳虚质

(1) 主要特征　阳气不足，以畏寒怕冷、手足不温等虚寒性表现为主。平素喜热饮食，精神不振，舌淡胖嫩，脉沉迟。易患痰饮、肿胀、泄泻等病。

(2) 食疗调养　苁蓉羊肉面。①配方：肉苁蓉10g，羊肉50g，面粉200g，肉桂、生姜、黄酒适量。②制法：水煎肉苁蓉，去渣留汁，待凉，以药汁和面做面条；另煮羊肉做汤，加入肉桂、生姜、黄酒去腥调味，至熟即成。③分析：肉苁蓉补肾助阳，羊肉补气养血，肉桂补火助阳、散寒止痛，生姜解表散寒，黄酒活血通络；合而为膳，温阳散寒。

(3) 运动调理　选择春夏暖和天气进行户外运动锻炼，阳光充足的上午最好。运动量不宜过

大,尤其不可大量出汗。适当的短距离跑、跳跃运动和中国传统功法促进阳气升发流通。

4. 阴虚质

(1) 主要特征　阴津亏少,以口燥咽干、手足心热等虚热性表现为主要特征。平素鼻微干,喜冷饮,大便干燥,舌红少津,脉细数,体形偏瘦。易患虚劳、失精、少寐等病;感受外邪易从热化。耐冬不耐夏,不耐受暑、热、燥邪。

(2) 食疗调养　天冬黄精乌龟汤。①配方:玉竹24g,黄精30g,乌龟1只(约240g),百合50g,红枣少许。②制法:将乌龟放入盆中,倒入热水令其排尿并烫死,洗净,剖开,去肠杂、头、爪;黄精、百合、红枣(去核)洗净。把全部用料一齐放入锅内,加清水适量,武火煮沸后,文火煮2h,调味即可。③分析:方中黄精性味甘平,质地柔润,善于补肾填精;玉竹具有养阴润燥、生津止渴之功效;百合养阴润肺,清心安神;龟肉性味甘平,善于滋补肾阴。诸药合用,滋肾补精更佳。

(3) 运动调理　阴虚体质的人体内津液不足,所以在从事运动的时候容易出现口渴,干燥,面色潮红等现象,所以一定不能从事运动强度比较高或者剧烈的运动,只能从事中小强度的体育锻炼,如八段锦、"嘘"字功等。

5. 气郁质

(1) 主要特征　气机郁滞,以神情抑郁、忧虑脆弱等气郁表现为主。形体瘦者为多。平素神情抑郁,情感脆弱,烦闷不乐,舌淡红,苔薄白,脉弦。易患脏躁、百合病及郁证等。

(2) 食疗调养　佛手内金山药粥。①配方:佛手15g,鸡内金12g,山药30g,粳米150g。②制法:将佛手、鸡内金加水500mL,先煎20min,去渣取汁,再加入粳米、山药共煮成粥,粥成调味即可。③分析:佛手具有疏肝理气、和胃止痛之效;鸡内金可消食化滞;山药补脾养胃,生津益肺,补肾涩精。合而食之,健脾疏肝利胆。

(3) 运动调理　可以坚持大量的运动,如跑步、登山、球类运动、武术、游泳等,通过充分的运动更好地调节气血,促进食欲,改善睡眠。

6. 血淤质

(1) 主要特征　血行不畅,以肤色晦暗、舌质紫黯等血瘀表现为主。常见肤色晦暗,色素沉着,容易出现瘀斑,舌下络脉紫黯或增粗,脉涩。易烦,健忘。易患癥瘕、痛证、血证等。

(2) 食疗调养　山楂内金粥。①配方:山楂15g,鸡内金1个,粳米50g。②分析:山楂,性味酸甘微温,善于健胃脾、助消化,入血分,善于化痰、散结、止痛;鸡内金,性味甘平,善于消食磨积、健脾止泻;粳米,善于扶正气以行瘀血,为主食。

(3) 运动调理　对于血瘀体质的人来说,适当运动可增进气血的流通。运动时应注重保持呼吸的均匀和深度,这样才能充分推动血液在周身的运行,使经络脏腑气血调和。如跑步时,可采用两步一呼吸或四步一呼吸的方法;在做一些平缓运动,如打太极拳、打八段锦、做瑜伽、压腿时,可用腹式呼吸的方法。

7. 痰湿质

(1) 主要特征　痰湿凝聚,以形体肥胖、腹部肥满、口黏苔腻等痰湿表现为主要特征。

(2) 食疗调养　山药茯苓包。①配方:山药粉、茯苓粉各100g,面粉200g,白糖300g,猪油、果料适量。②制法:将山药、茯苓粉调成糊状,蒸半小时,加糖、猪油、果料调成馅;将面粉发酵,加入适量的食用碱,将馅包入面皮中,做成包子,蒸熟即成。③分析:山药性味甘平,健脾益气,补肺益肾固精;茯苓性味甘淡平,利水渗湿,健脾和胃,宁心安神。二者共奏健脾益肾、利水化湿之功。

(3) 运动调理　有氧运动很适合痰湿体质者,比如散步、慢跑、登山、骑车、游泳、太极等,不建议游泳,尤其冬泳,以免耗伤阳气,更受水湿。活动量应逐渐增强,让疏松的皮肉逐渐结实致密。

8. 湿热质

(1) 体质特征　湿热内蕴,以面垢油光、口苦、苔黄腻等湿热表现为主要特征。平素身重困倦，大便黏滞不畅或燥结，小便短黄，舌质偏红，苔黄腻，脉滑数。

（2）食疗调养　桃仁薏米粥。①配方：桃仁10g，薏苡仁50g，冬瓜子15g，鱼腥草15g。②制法：桃仁、冬瓜子、鱼腥草共煎去渣取汁，加水与薏苡仁煮成稀粥。③分析：方中桃仁性味苦甘平，入心、肝、大肠经，功用破血行瘀，润燥滑肠；薏苡仁性味甘淡凉，归脾、肺、肾经，功用健脾补肺，清热利湿；冬瓜子性味甘凉，功用润肺化痰，消痈利水；鱼腥草性味辛寒，入肝、肺经，功用清热解毒，利水消肿。诸品共奏健脾利湿、清热解毒之功。

（3）运动调理　适合做强度较大、运动量较大的体育项目，比如爬山、长跑、游泳、武术、球类运动等，有氧运动和无氧运动可以结合。

9. 特禀质

（1）总体特征　先天失常，以生理缺陷、过敏反应等为主要特征。

特禀体质是指由于遗传因素和先天因素所造成的特殊状态的体质，主要包括过敏体质、遗传病体质、胎传体质等。先天性遗传是造成特禀体质的主要原因。

（2）食疗调养　以过敏体质为例，可以食用固表粥。①配方：黄芪20g，当归12g，防风10g，冬瓜皮30g，乌梅15g。②制法：放入砂锅中加水煎开，再用小火慢煎成浓汁，取出药汁后，再加水煎开后取汁，用汁煮粳米50~100g成粥，加冰糖趁热食用。③分析：方中黄芪甘温，内补脾肺之气，外可固表止汗，重用黄芪补气以提供动力，气旺表实；防风胜湿、走表，遍行周身，而祛风邪；当归养血活血，引诸血各归其经，能理血中之气，调营血自然风灭；冬瓜皮通利小便、排出水湿以消除肿胀之功；乌梅酸能入肝、黑能走血，味酸则益肝血，血和则润。尤其适合头面部的过敏症状，乌梅可敛虚火，收浮热。

（3）运动调养　积极锻炼身体，避免紧张，保持愉悦心情。

四、药食同源中药饮片食疗的注意事项

1. 不"盲目进补"

用补益法进行调养，多用于老年人和体弱多病的人，用"补药"应辨明虚实，确认属虚情况下，有针对性进补。贸然进补，很容易加剧机体的气血阴阳平衡失调。例如人参，它确有良好的补益作用，但盲目进补会出现流鼻血、失眠、身体不适等症状。中医专家认为，人参对阴虚体质的人是不可用的，否则会消耗阴津使症状加重。

2. 适度补、适可止

进补目的在于协调阴阳，不可过偏。例如，气虚补之太过，会导致气体壅滞，出现胸、腹胀满，升降失调；阴虚补阴太过，会遏伤阳气，导致人体阴寒凝重，出现阴盛阳衰之候。如，人参可大补元气、回阳固脱、健脾补虚，多用于身体脏腑虚脱、肺脾肾亏虚、阳气虚脱等情况。但人参吃多了可出现上火、气机流通不畅、气滞血瘀、内火痰湿加重等症状。

3. 辨证施膳

利用药食同源中药饮片进行食疗，需咨询医生、药师。例如，虚人当补，但各人的具体情况不同，进补时就要分清气血、脏腑、阴阳、寒热、虚实，辨证施补，辨证施膳，才能取得延年益寿的效果，不致出现偏颇。

4. 药食搭配禁忌

（1）不宜同食　甲鱼（鳖）不宜与苋菜同食；蜂蜜不宜与生葱同食；柿子不宜与牛奶、蟹同食。

（2）药食禁忌　鲫鱼禁忌与厚朴同用；海藻禁忌与甘草同用；人参禁忌与萝卜、茶叶同用。

5. 妊娠禁忌

妊娠期往往阴血偏虚，阳气偏盛，忌食干姜等辛、热、温、燥之物，即"产前宜凉"。妊娠期忌食海带、甲鱼、木耳、山楂、马齿苋、薏苡仁等，防止流产（海带软坚散结；甲鱼通血络、散瘀块；木耳、山楂、马齿苋、薏苡仁等寒性滑利，有致流产的可能）。

【任务实施】

任课老师在课前对本班级学生逐一进行体质辨证,并做好记录。课上,模拟药店现场,学生分成若干偶数组,每组5~6人。两组间互相进行体质辨证,并将辨证结果和辨证依据写到技能考核答卷中。老师对照自己课前对学生的辨证情况对学生的辨证过程及结果进行客观评价。

【任务评价】

组名:

考核内容		评分细则	分值	自评	互评	师评
职业素养与操作规范(20分)		仪容仪表:工作服穿着整齐(袖口扎紧),得10分;不披发、化淡妆、不佩戴首饰,双手洁净、不留长指甲,指甲不染色,得8分。精神面貌:饱满热情、面带微笑、耐心细致、礼貌用语,得2分	20			
技能(80分)	体质辨证	1. 能在5min内进行正确的体质辨证,得20分;5~10min得10分;超过10min得5分;超过20min或明显辨证错误不得分; 2. 会使用电子辅助中医诊疗设备进行体质辨证,得10分	30			
	推荐药膳食疗	1. 能在5min内推荐正确的食疗药膳,得20分;5~10min得10分;超过10min得5分;超过20min或明显错误不得分; 2. 能提出药膳的一般组成、用法用量和烹饪方法,得10分	30			
	提出生活指导方案	1. 提出正确的情志调养建议,得8分; 2. 提出正确的音乐调养,得5分; 3. 能够将食疗注意事项转化成生活语言讲给顾客,得7分,讲解不充分或不够通俗酌情扣分	20			
总分及得分			100			

【技能考核答卷】

班级:　　　　姓名:　　　　学号:　　　　成绩:

内容	序号	结果
体质辨证	一	
	二	
	三	
	四	
	五	
推荐药膳食疗	一	
	二	
	三	
	四	
	五	

续表

内容	序号	结果
提出生活指导方案	一	
	二	
	三	
	四	
	五	

【任务实训报告】

班级：　　　　　　姓名：　　　　　　学号：　　　　　　成绩：

实训任务	
实训目的	
实训步骤	
注意事项	
实训反思	

【课后作业】

1. 阴虚质及其特征：_____

2. 血瘀质所对应的药膳食疗方案：_____

_____

3. 气郁质所对应的生活指导方案：_____

_____

M5-10　中药柜销售服务课件

项目六 门店促销

【项目介绍】

门店促销是指门店通过人员推销和非人员推销的方式，向广大消费者传递药品信息，引导、启发、刺激消费者产生购买动机，产生购买兴趣，作出购买决策，采取购买行动的一系列活动。按促销的具体形式划分，可分为：人员促销、营业推广、公共关系、广告。而零售药店的促销活动以营业推广为主，人员促销和广告为左膀右臂，公共关系为辅的形式开展，结合了促销的四种具体形式，但是相对重要性程度不同。

【知识导图】

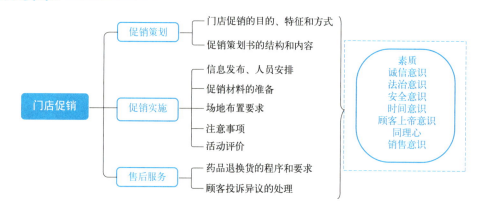

【学习要求】

通过本项目的学习，具备门店促销时的诚信意识、法治意识、安全意识、时间意识，以及在进行门店销售时的顾客上帝意识、同理心和销售意识。能够完整阐述门店促销的原则和促销活动的主要方式；能通过不同促销主题进行不同的促销活动的分类和门店促销的目的，能够对促销活动进行准确而有力的实施与执行。

【项目"1+X"证书考点】

任务中与药品购销职业技能等级证书对接的内容。

等级	工作领域	工作任务	职业技能要求
高级	3. 医药营销	3.1 营销策划	3.1.2 能制订营销策划方案
		3.2 营销实施	3.2.1 能应用营销组合策略。 3.2.2 能撰写营销实施报告

任务一　促销策划

【学习目标】

素质目标：具备在药店促销时的诚信意识和实践意识，在实践学习中体会安全意识，坚守法律红线。

知识目标：能够完整准确地阐述零售药店促销的方式和注意事项，能够基本阐述促销的目的、特征，以及促销策划书的结构和内容。

能力目标：能根据不同的促销目的撰写出促销策划书。

阅读材料

促销计划制订之实地考察的重要性

小张和小李应聘同一家医药公司，公司HR让他们三天内写一份××社区××药品的促销方案。拿到考题后，小张开始上网查找各类资料，两天就完成了一份看似完美的促销策划。而小李不慌不忙，他先到××社区去逛了一圈，发现该社区中老年人偏多，便制订了一个问卷调查表，根据问卷调查，小李发现该社区居民对××药品并不是很熟悉，于是，他针对该社区的具体情况制订了一份打开产品知名度的促销计划。在实施这两份促销计划时，小李的促销计划因为通过了实地调研，效果明显优于小张的促销计划，小李因此得到了公司的工作邀请。我们在制订计划时，一定要进行实地考察，根据具体的情况实事求是地制订促销计划。

【任务要求】

能够根据不同促销目的撰写不同促销方案并列出注意事项。

要求：促销方案实事求是，坚守法律红线，有较强的可行性。

【任务准备】

一、任务名称

药店促销方案的制订。

二、任务条件

项目	基本实施条件	备注
场地	50m² 以上的教室一间	必备
设备	货架、收银台	选备
工具与材料	药品标签、签字笔、海报纸	必备

【相关知识】

一、门店促销的目的、特征和方式

（一）门店促销的目的

零售药店促销的目的主要有以下几个方面。

（1）提供信息，刺激需求　药品不同于其他商品，它的针对性强，而且主要是在医生的指导下使用。虽然零售药店的消费者不是药品详细内容的主要宣传者，但是可以对促销活动内容、形式等进行宣传，故零售药店在做促销活动时能够提供商品信息，主要包括商品品名和价格，甚至活动内容，从而激发消费者的购买欲望。

（2）突出重点，引起重视　由于药品市场竞争日趋激烈，对于同类药品，消费者往往不易比较它们之间的细微差别。因此零售药店通过促销活动，大力宣传自己所经营主推的产品以及显示药店自身优势的品牌品种的特点和优点，使消费者能够产生深刻印象和好感，引起重视，从而使这些商品居于优势地位。

（3）树立形象，稳定市场　消费者对形象好、声誉高的药品零售企业所经营的产品具有较高的信任度，愿意购买并放心使用。说明药店的品牌形象会直接影响到经济效益。因此树立良好的药店品牌形象对于巩固其市场地位，增加经济效益显得十分重要。通过各种宣传促销活动，能增强消费者对药店的信任度。

（二）门店促销的特征

药店促销和其他商店的促销有共同之处，但是也有其自身的特点，主要有以下四个方面。

（1）药店促销规定的特殊性　药店促销的特殊性体现在法律法规对于药店销售药品时的相关规定。《药品经营使用质量监督管理办法》第四十二条第二款规定："药品零售企业不得以买药品赠药品或者买商品赠药品等方式向公众赠送处方药、甲类非处方药。处方药不得开架销售。"药店如果对处方药和甲类非处方药采取买赠的形式销售，无形中就会增加患者购买的药量，患者在没有专业医生和执业药师的指导下超量服用处方药和甲类非处方药，就会给用药安全带来诸多隐患。因此，药店根据商圈定位统筹安排合理促销，是药店之间的差异化竞争的需要。合理促销不等于不顾顾客的生命安全和身体健康；合理促销不等于不顾顾客的利益。合理促销反而有利于顾客的身体康复，如运用专业知识进行"联合用药"；合理促销既能培养顾客的忠诚度，也能为顾客节约时间成本，如某些慢性病需要长期服药患者需要按"疗程用药"等。总之应该在法律法规的框架下进行合理的药店促销。

（2）药店促销的季节性　由于消费者在购买药店商品时也有一定的季节性规律，这就要求药店促销要根据消费者的购买规律进行有效的促销。在春季是药店生意最为红火的一个季节，因为春季的节日比较多，尤其现在在流行着一种"送礼就送健康"的说法，自然这个季节是药店贵重药材和保健品的大卖季节。但是要注意也有"过年不上药店"的说法，所以这个季节的促销时间段也要有所把握。除此之外，春季是一个流行病、普通感冒频发的季节，注意这类药品和保健品等的促销。夏季由于天气炎热，是疾病的高发季节，夏季的主要促销商品是解暑类、减肥类、个人护理品等。秋季天气凉爽，就全年比较是药店销售的淡季，但是由于天气干燥，促使护肤品、化妆品及一部分保健品进入畅销期，同时，秋季的节日有中秋节和国庆节是两个比较大的节日，是应该抓住的时机。冬令进补是中国历史悠久的民间习俗，因此冬季是进行各类参茸补品的促销时机，冬季寒冷，是各种老年慢性疾病如高血压等的高发季节，应该注意用于预防这类慢性疾病药品和保健品的促销。总之，四季中，由于消费者的各种复杂的需求，药店的促销重点都是不同的。

（3）药店促销可以积极利用内外部的资源　作为药店的管理者，要善于对门店内外部的资源进行整合，包括连锁总部配置的资源、门店现有的资源、厂家促销资源、商圈资源等，可以与厂家、社区合作，开展以合作双赢为目的的宣传，提高药店促销的有效性，提升品牌影响力。零售终端是上游药厂非常关注的环节，药厂希望及时掌握顾客需要什么，包括价格、产品需求等信息，以指导厂家的生产和销售。终端促销活动便是终端与顾客、产品与顾客、企业与顾客沟通的最好时机，因此药店可以以最大限度获得厂家的资源，药店可以主动与厂家沟通，寻找更多的合作者和支持者来支持自己的促销活动，如邀请厂家共同开展互利互惠的主题促销活动，请他们提供活动经费和礼品赞助等。另外，一些超市店中店，也可与所在商超沟通，分享顾客资源。或者在其搞活动时，将药店的促销商品打印在对方的 DM 单上，这样可以节省促销费用。对于需要进社区举行的免费体检等活动，药店也应积极与所在社区沟通，以获得对方更大的场地支持。对于大型的连锁药店，在争取厂家资源方面的说话权利更大，这样可以以整个连锁公司出面，获得更多的资源。对于各大连锁药店，由于同样的促销手段可以在多个门店复制，可以更好地节省促销费用。

（4）药店促销是药店战术性的经营工具，但是药店肯定不想促销只是作为"强心剂"起作用，而是想将它的作用发挥到更加长久。所以，各个门店的促销战术新颖、形式多样，都力求促销活动形式避免单一化、同质化。在市场白热化的今天，最让跟随者头疼的是血本促销，结果是"赔了夫人又折兵"，其原因为促销活动方式老套陈旧、没有新鲜感、不新颖；采取差异化营销策略是要保障促销效力，赢得市场的方向。在实际过程中，如果没有明确的目标导向，单纯用促销去拉动销量，结果很可能是用明天的销售换今天的销售。不仅如此，由于没有明确的战略目标导向，过多地运用促销，反而破坏了药店的形象，甚至使消费者丧失对该药店品牌的信心。因此，药店促销战术性特征同样要求与企业的整体营销战略相结合，符合整体营销战略发展的目标和方向，与整体药店的品牌形象一致。

（三）门店促销的方式

促销活动的具体形式主要包括店头促销、健康讲座、社区推广、会议交流和公益活动五种。

（1）店头促销　店头促销是专营店的一种形象促销活动，指的是直接在店面进行的促销活动。主要表现形式有三种：特别展示区、货架两端（端头）和堆头陈列。这三者都是消费者反复通过的、视觉最直接接触的地方，而且陈列在这里的商品通常属于促销商品、特别推荐产品、特价商品和新产品。通过店头促销与目标消费者进行沟通，以提升品牌知名度，建立品牌认同，并增加销售量。注意特价商品的选择一定是在药店商圈内最为敏感的名牌商品。

（2）健康讲座　健康讲座是会议营销的主要内容，它通过邀请专家开展讲座，把产品知识和健康理念通过科普教育的方式传递给消费者。只有把产品知识和健康理念讲透，让顾客先有一个理性的认知，才有购买意愿。

（3）社区推广　社区推广指的是在目标社区内进行的以树立企业的品牌形象，积极引导顾客的消费倾向，并最终提高产品销售额的促销活动。社区推广活动是对门店日常营运工作的重要补充。在做社区推广过程中应该注意与社区居委会的公共关系的维护。

（4）会议交流　利用会议的形式与目标受众聚在一起进行交流，以期通过这种相对轻松的交流环境，经过主持人的适当引导，使与会者接受有关产品的相关信息，并产生一定的认同感，最终利于产品的销售。

（5）公益活动　公益活动是与公益组织联手，比如医院、药监部门、环保部门等，充分借助其权威、公益的性质，搭建一个具有社会公信背景的销售平台，实施人性化的营销活动。药店借助公益活动与消费者沟通，以树立良好的企业形象，并借以良好的企业形象影响消费者，使其对该药店的商品产生偏好，在作购买决策时优先选择该药店商品的一种营销行为。

二、促销策划书的结构和内容

（一）主题的选择

选择促销主题时应注意如下问题。

1. 主题要有广泛关注的社会意义

有社会意义，才会引起消费者关注、公众关注、媒体关注，才会有人气。比如妇女节主题："关注弱势妇女群体，三八免费妇检"；母亲节促销活动主题是："献给母亲的爱"。某儿童保健品的儿童节主题是："关注您孩子的情商！"。策划主题是本着公关第一，广告第二的思想，可请记者策划，可以以公关手段制作事件行销话题，使得促销活动主题由头具有较深的社会意义，从而取得较高的公众关注度。

2. 主题传达的信息清楚明白

明白要干什么，真正有兴趣的人自然会来参与。如果选取的主题较难同时具备社会意义和清晰明了时，可以用副标题形式来说明。比如某心脑血管药品重阳节的促销主题："老吾老以及人之老"，副标题："高血压防治知识咨询义诊"或"高血压患者如何改换用药品种"等。这里切记不可以拿"买一送一"欺骗消费者，尤其是送的这个"一"要说明白。

3. 主题通俗顺口，容易明白与记忆

促销的主题要做到通俗顺口，易说易记，比如："××送健康，买也赠换也赠！"。副题"用××产品同类产品空盒子可以换取××产品的赠品一盒"或"买一盒××，就向奥运会捐献一分钱"。

（二）促销主题的类型

1. 开业促销

开业促销除了拉动销售之外，最大的目的就是利用开业促销的时机进行宣传，提高知名度，树立药店形象和品牌形象，以此赢得良好的市场口碑。开业促销应该首先确定开店日期，而开店日期最好是选在有节日或特殊的纪念日等，提前做好促销准备，调查当地市场情况，特别是竞争情况，以利进行有针对性的促销。其次开业促销应该借助厂家资源，共同协商促销事宜，并制订具体的促销办法，预测促销效果、进行费用预算后形成促销方案。再次，应该根据最终的促销方案向公司申请资源，并得到厂商配合，监督执行促销过程。最后，在开业促销过程中，如果出现问题及时改变方案内容或者启动应急方案。开业促销应该注意以下几个方面的内容。

（1）不要盲目对抗竞争的药店　新开店面临一个进入新市场的适应期，应以培育市场、刺激消费为主，而不宜直接剑指竞争对手、盲目高举高打，更不宜主动挑起价格战。

（2）忌毫无广告投放　应该在开业前就有在社区的宣传、其他门店协同宣传，以及各种报纸DM单的发放等，新开店的促销更侧重于也更强调广告宣传，因为新开店对于消费者都不熟悉（单体店尤其如此），这个时候如果广告没有打响，再有力度的促销也不会产生很好的效果。

（3）开业促销应该选好时机　能够搭借重大节假日搞开业促销当然更好，如果不能，也要选择一个好的时机，比如周末、所在商场剪彩之日，或者当地市场的一些喜庆日期等。

（4）忌忽视卖场气氛的营造　开业促销要想一炮打响，一定要营造出开张大吉的气氛，以招揽人气。比如利用拱门、气球、彩带、彩旗、巨幅、花篮、花圃、绶带、广告车以及POP等，营造气氛。如果条件允许，能搞一些现场表演、互动游戏之类的活动，比如邀请社区腰鼓队等，效果自然更好。

（5）忌厂家品牌不介入　开业促销，是厂家品牌宣传的一个好时机，为厂家品牌今后在该市场的发展作好铺垫。同时有些有名厂家的参加，既可以获得促销资源，又可以更好地吸引人气。因此，厂家品牌和活动也要在促销宣传物甚至广告标题中得到体现。

（6）要注意多名药师的参与　药师的参与是药店专业的代表，为了树立药店专业的形象，在进行开业促销时应该让多名药师参加，可以让其他门店的药师来帮忙，这样既可以解决顾客关于用药知识、生理健康知识的疑问，又可以使得药店在这个商圈范围内树立良好的专业形象。

2. 节日促销

节日促销是药店增进销售、推广自有品牌商品的很好的时机。在节日中人们趁着节日的气氛进行冲动消费，愿意有新的尝试，实现购买欲望，因此药店做好节日促销是药店促销中必不可少的环节之一。节日促销应该注意以下几个方面的内容。

（1）节日促销要适时营造节日文化氛围，针对特定需求群体，制订目标品类策略。节日促销越来越为人们所推崇，不管是"母亲节健康爱护母亲"还是"春节好礼天天送"，在所有动之以情晓之以理的促销手段中，"节日"最终被药店不约而同地认为是最大的卖点。中国人节日情结重，而且又有送礼的好习惯，人们在几天的假期里逛商场大肆购物的时候，看到炫目的促销广告，难保不会去药店来个顺手牵"药"。

（2）精心设计节假日促销主题。零售商场要想在竞争激烈的节日促销中取胜，必须抓住各类节日的特点，塑造鲜明的活动主题，把顾客吸引到商场中购物。营造一个好的主题，好的主题是整个促销活动的灵魂，是展现在消费者眼前的第一道关卡，主题吸引消费者才能促使他靠近产品。

（3）尽量延长促销时间。节日的时间是比较短的，在节日期间促销竞争又很激烈，因此可以适当把节日促销分为节前、节中和节后三个阶段，延长节日促销时间。特色活动应该比竞争对手早三四天，以免被对手抢先。再好的策划，再好的时机，如果没有完整准确的规划预算，届时商品不充足，促销品不到位，顾客该买的买不到，该拿的拿不到，也必定影响整体活动的效果。

3. 会员促销

会员促销可以帮助药店准确找到目标消费者群，帮助药店判定消费者和目标消费者的消费标准并准确定位。会员促销通过成本最小化，效率最大化，在最合适的时机以最合适的产品满足顾客需求。会员促销使得顾客终身价值持续性提高；且能够记录顾客最新反馈，利用所得到的信息有针对性强的保证稳定消费者群的营销策略。会员促销是一个双向个性化交流的过程，可以实现各自利益。在进行会员促销时应该注意以下事项。

（1）药店进行差异化经营与定位，培养自己在某个疾病或者某个大品类方面的核心竞争力及优势，避开会员日的变相降价竞争。可以在会员日推出系列疾病健康解决方案，从而推出组合产品、推出优质优价或者疗效好的高价品种，或者就会员日针对某些产品提价，实施高价位、高促销策略。

（2）在进行会员促销时一定要加强药学和医学服务，体现服务差异化。如会员日患者之间举办联谊交友活动、会员日的健康讲座、会员日上门服务等，依靠其他活动减弱会员对会员日价格的预期，降低会员对打折降价的注意力。

（3）在进行会员促销时要注意提高会员忠诚度，以维系顾客忠诚度为核心的会员营销是一场持久战。有研究表明：企业争取一个新顾客比维持一个老顾客要多花20倍的成本，顾客忠诚度不仅可以带来企业利润，还可以降低营销成本，使企业获得持续增长的动力。一些有远见的企业已经非常重视会员日促销的变革创新，立足培养会员顾客的忠诚度，并把忠诚用户看作自己巨大的市场资源，努力强化他们和品牌产品之间的亲密关系，一举为药店赢得了会员促销的一片晴空。

（4）在进行会员促销时应该突出文化营销。尤其对一些老字号药店来说，依托传统文化，针对目标顾客以及潜在的需求，在知识传播中达成消费者之间的互动，也是造就强势销售的一个不错选择。

（5）利用数据信息指导会员促销。在实行会员制时，会员在购买药店商品后几乎都会留下一定的会员信息，而这些会员信息正是药店进行会员促销的指导。因此在进行会员促销策划时就应该分析会员信息，了解会员需求而开展有针对性的有差异性的会员促销。比如可以将会员进行分类，对不同类型的会员都制订相应的促销方式。

4. 社区促销

社区促销是一种投入少、见效快、针对性很强的促销策略。现今的社区概念已经拓展了，不再仅仅局限于居民小区，还包括了具有相近思想意识或行为活动的社会团体。但是某一社区必定都有其相似的生活形态、消费认知和消费水平，所以开展社区促销具有很强的针对性，将使药品的定位更加具有穿透力。社区促销是与消费者面对面的沟通，不仅可以宣传药品知识，也能了解消费者对药品、价格、促销手段、广告等各个方面的认知和建议，为下阶段制订符合消费需求的促销活动和优化药店品类结构奠定基础。在进行社区促销时应该注意以下事项。

（1）注意信息的管理和搜集　进行社区促销时药店应该尽可能地收集消费者的名单，必要时为每一位消费者建立详细的档案，包括消费者登记、回访记录、家访记录的信息系统，建立消费者资料卡，存档保留并按姓氏划分归类。对消费者实行动态管理，对重点消费者和固定客户还要进行总结性检查，重点检查不良反应情况登记、疑难问题解答等内容。做好信息的管理和收集，不但可以培养出大批的典型案例进行社区的口碑宣传，还可以直接掌握消费者反馈的一线信息，从而针对消费者的需求及时地调整经营策略。

（2）药店要积极参与社区活动　药店对当地的社会活动应热情，积极参加，这样，一方面可以建立良好的人际关系，获得顾客的信赖，得到社区的认可，另一方面也可以通过积极参与社会活动而拓展新的客源。参加社会活动最好以协助或服务的立场来完成，这样不仅可以获得社区居民的好感，更可以在协助或赞助中，留给社会利益。

（3）药店在进行社区促销时要维护好区域内的公众关系　药店对于当地派出所管区、社区居民委员会、消防队、工商、卫生等社会公共机构，要处理好关系，进行必要的沟通，以免在进行促销活动时因为违反这些公众机构的规定而造成不良的影响，不仅没有搞好促销还带来负面的影响。

（4）药店的社区促销还应该注意互动促销　社区促销可以通过一个有效的载体（如优惠卡、社区绿卡）和相对应的销售制度、销售政策，将消费者、品牌与邻近社区有机地串起来，形成一个整体互动的销售局面，真正实现药店品牌运作和互动促销。有效的互动能够使社区宣传推广的成果更有保障地转化为效益，能够更牢固地将消费者的目光吸引住并使之成为药店的忠实消费者，同时还有利于药店建立自己的定位优势和药店的品牌，既能有效地支撑和拉动销售又能营造一个很好的口碑形象。

5. 服务促销

药店的服务促销在各种促销策略中越来越具有竞争力，而药店的服务促销的关键是培养一种人文关怀的气氛。服务促销的形式多种多样，主要包括各种免费服务。一说到免费，总是能吸引顾客的注意，更何况，只要是走进药店，谁还能不关心自己的身体健康呢！不管是免费测血压还是免费送商品，"免费"给大家提供的就是一个方便，虽然药店不能以此为主要手段吸引顾客的到来，但在普遍讲究品牌服务的今天，这种所谓的免费服务还是不能少的。人们或许不会冲着你的免费去，但也会满意于你的免费服务。而药店进行服务促销时应该注意的事项主要有以下几个方面。

（1）服务促销对于药店整体的素质要求很高　尤其在进行药学服务促销时，药店整体的医药学知识是进行这类促销的前提。药学服务已成为药店服务的主要项目之一，而现在最有效的服务促销也莫过于药学服务。与其他的促销策略相比，服务促销是一项系统工程，服务促销首先要求药店的企业高层实施顾客满意战略，并在所有门店管理中输入这种管理理念；其次，由于服务价值的高低很大程度上依赖于提供服务的人员素质，以及相应的服务设施和工具，因此需要一定的人员培训和硬件投入；另外，药店总部还需要建立相应的服务监督系统，以保障和改进服务的质量。

（2）服务促销需要把握适度的顾客满意度　一方面，药店在服务过程中总是尽力满足顾客的要求；另一方面，顾客千差万别的要求又给门店增加了管理上的难度，使得门店不能不计成本地满足顾客的需求，因此在进行服务促销时也应该在顾客满意和管理成本中找到一个最佳的平衡点。

（3）服务促销要做好顾客的跟踪服务管理　药店要谋求长久的发展，就要从收集消费者的基本资料的工作做起，要注意资源的合理利用，消费者享受服务时必定留下一些资料，这些资料应该被很好地利用起来，可以对顾客进一步地跟踪服务管理。但是在收集这些资料时应该注意收集的方式和方法，特别不能引起顾客的误会。在收集到相关资料后应该做进一步的数据分析，得出结论。比如在第一次提供了药学服务之后，就知道了该顾客所关心的疾病知识，以及有关的生活习惯和消费倾向，在大约三天后可以询问有关病情或治愈情况，这样的跟踪服务是最能让顾客体会到药店的关心的。

（4）服务促销要做好顾客的外延工作　做好顾客的外延工作就是要加强顾客之间的沟通，使得顾客一带十，十带百，将顾客的消费潜力挖掘出来。消费者之间有时需要相互的交流，需要寻求互相的支持，药店要不时为其提供方便。可以通过典型消费者的推广和介绍，使得服务促销更具说服力。

（5）服务促销要做到一如既往、坚持到底　服务促销重在执行，难在坚持，要细致地长期地做好售前、售中、售后服务工作，尤其是售后工作，通过建立顾客档案、进行电话回访、开展联谊活动等方式及时跟踪，争取顾客的再消费，不仅是一种销售促进，更是一种品牌带动。

（三）确定促销活动内容的技巧

1. 确定时间与地点

（1）选址　根据产品的自身特点选择活动地点，就是说在选址时一定是围绕目标消费者而进行。

要点是人流量大、为居民区集中点（如选择小区人气最旺的广场或必经之路），人群文化素质高、购买力强、场地整洁开阔、对周围的影响力大小、租用场地的费用情况等，并根据促销点位置、大小和方位等来确定促销活动场地如何布置，对于这一点同样也需要社区促销负责人亲自现场走访进行确定，对现场情况可画草图进行标识和规划现场布置。

（2）活动力度与时间长短　活动的力度涉及投入多少、投入什么、投入方式的问题。活动力度不够、刺激不强、主题不明、立意不深、缺乏新意都较难吸引人气。在活动经费有限的情况下，唯一可做的事就是对活动的方式、方法、内容进行创新，依靠创新加大刺激力度。这里的刺激指的是参与这项促销活动可以得到的各项好处，物质的、精神的还有其他的好处等。

活动期需要足够的时间。在选择时间点时，做到赶早不赶晚的原则，如果持续的时间短，顾客因事无暇购买而丧失机会或在近段时间内无法实现重复购买，促销达不到预定的目标；如果时间太长拖延太久，又会引起开支过大，而且促销活动将会失去其新鲜感，从而降低刺激顾客购买的力量。另外，促销活动频率要适宜，不能频繁进行促销活动，会影响企业形象，并且容易被认为是企业在推销滞销产品。

2. 确定人员

（1）工作人员　治安巡逻队员、电工、保洁员等。

（2）活动人员　现场销售人员、主持人、咨询药师等。

（3）工作对象　具有明确购买意向或有潜在消费可能的目标顾客。

（四）促销活动策划方案的书写

1. 促销活动策划方案的项目

促销活动策划方案的项目有促销主题、促销目的、参与门店、促销时间段、促销方式和内容、宣传方式、促销预算、其他支持等。促销活动策划方案的项目内容可以根据具体的促销内容做一定的调整和增补。

2. 促销活动策划书写的注意事项

（1）促销活动策划前做充分的调查　促销活动策划前要做商圈的详细调查，没有调查就没有发言权，比如商圈的目标消费人群数量、竞争对手的数量以及营业情况、商圈目标消费人群较为敏感的商品等。

（2）促销目的就药店自身而言　促销活动策划书的促销目的是相对于药店自身而言，比如增加药店的销售额、毛利额，提升药店的品牌形象。因此促销目的和促销主题是有很大的差别的，主题需要用宣传手段宣传出来，而目的是实实在在对药店而言的。

（3）促销费用预算用在刀刃上　促销活动策划的促销预算应该与药店的实际情况相符，比如：店型、促销的规模、促销的具体内容等。尤其在选择送礼或抽奖等的奖品设置一定要贴近老百姓，主要为老百姓日常经常用到的敏感奖品，比如纸巾、鸡蛋、拖鞋、米、油等。

（4）支持项目要清楚　由于一个促销活动很多情况下不仅仅是一个药店自身就能够完成的，所以在促销活动策划书中要明确其他支持的项目，例如连锁药店需要总部的哪些部门支持，且支持哪些方面等。

（5）促销效果策划要适当　促销效果一般包括客流量或来客数，销售额和毛利额的提升的具体数值，在确定这些数值时不能太夸大，否则完不成，会对门店及员工的福利影响比较大。同时对于连锁药店而言，要根据当月或当季总部下达的销售任务匹配起来。

3. 促销活动策划书示例

××××× 店促销计划书

（1）促销主题：天天 3.15　实惠在××。

（2）促销目的：通过 3.15 的活动，提升门店品牌，提高 3 月份销售，拉动全年销售。

（3）联动门店：×××、×××、×××。

（4）促销时间：3 月 13 日—3 月 15 日。

（5）促销方式和内容：购物有礼、3.15 宣传、特价商品（西药、医疗器械、中药）。

① 购物有好礼：凡活动期间，购物满 38 元，均送礼品一份。（电脑小票不累计、不分解，特价、非会员商品不参与此活动）

满 38 元　　　　送　　　260g 洗衣粉一袋或口罩一只

满 88 元　　　　送　　　手帕纸或高级毛巾一条

满 158 元（会员 138 元）送　抽纸一提或精美雨伞一把

满 358 元（会员 338 元）送　900mL 食用油一瓶或弧形锅一个

满 558 元（会员 538 元）送　1.8L 食用油一瓶

② 说出您的知心话：3.15 当天，我公司在门店前设置"知心话台"，由店长带领两位营业员，倾听顾客的知心话（对门店的意见、建议均可），解答顾客对药品安全知识的疑惑，参与活动的顾客均可获得本店提供的精美礼品一份（抽纸一包或 2 枚鸡蛋）。

③ 30 个超值特价商品促销（西药 10 个、非药品 10 个、中药 10 个，附 30 个商品的图片及特价价格）。

（6）宣传方式：DM 单＋短信＋电话通知会员＋POP。

（7）促销预算：6434.7 元。

① 宣传费用预算 4770 元。

项目	橱窗喷绘	短信	电话	DM	社区海报
单价	30 元/m²	0.05 元/条	0.15 元/min	0.25 元/份	10 元/张
数量	2m²	3000 条	400min	10000 份	200 张
合计/元	60	150	60	2500	2000

② 赠品费用

档位段	38		88		188		388		588
赠品名	260g 洗衣粉	口罩	手帕纸	毛巾	抽纸	精美雨伞	900mL 食用油	弧形锅	1.8L 食用油
单价	1.67 元/袋	1.5 元/个	2.5 元/包	3.05 元/条	3.9 元/抽	7.5 元/把	8.8 元/瓶	11.3 元/个	18 元/瓶
数量	200 袋	40 个	80 包	50 条	50 抽	10 把	24 瓶	10 个	18 瓶

续表

合计/元	334	60	200	152.5	195	75	211.2	113	324
费用率	4.39%	3.95%	2.84%	3.47%	2.07%	3.99%	2.27%	2.91%	3.06%
备注	合计:1664.7元								

（8）其他部门支持。

① 行政部：按赠品计划、准备赠品。

② 企划部：DM单、活动前1天发会员短信、DM单10号送到门店。

③ 商品部：特价商品审核。

④ 门管部：如门店人员排班不足，请做相关人员支持。

（9）促销销售预估：促销期间客流量提升100人/日，客单价提升9元/人，总销售提升50%。

门店经理：×××

时间：××××年3月5日

【任务实施】

模拟现场，由教师准备4~5个目标市场，分小组对不同目标市场进行门店促销策划的分析、撰写，开展教师及组间评价。

（1）根据目标市场，明确促销主题、目的：促销主题和目的与目标市场特点相符合。

（2）根据目标市场，明确促销方式和内容：促销方式和内容可行性强。

（3）根据促销方式和内容，撰写促销计划书：内容翔实、严谨。

【任务评价】

组名：

考核内容		评分细则	分值	自评	互评	师评
职业素养与操作规范（20分）		仪容仪表:工作服穿着整齐（袖口扎紧），得4分；不披发、化淡妆、不佩戴首饰，双手洁净、不留长指甲，指甲不染色，得4分	8			
		精神面貌:饱满热情、面带微笑、耐心细致、礼貌用语，得5分	5			
		分析过程中用词得当，得3分	3			
		效率意识:快速地思考相关问题，在规定时间内完成任务，得4分	4			
技能（80)分	明确主题	1. 能分析出促销的目的,得5分； 2. 能根据不同的目标确定促销主题,得5分	10			
	明确促销方式及内容	1. 根据促销主题和目的明确可行的促销方式,得10分； 2. 根据促销方式明确促销内容,得10分	20			
	撰写促销计划书	1. 计划书中内容完整，包括主题、目的、联动门店、时间、方式和内容、宣传方式、促销预算、其他支持等,得25分； 2. 计划书中内容合理,可行性较强,得15分； 3. 计划书工整整洁,得10分	50			
总分及得分			100			

【任务考核答卷】

班级：　　　　　姓名：　　　　　学号：　　　　　成绩：

项目	内容	实施
促销计划书	促销主题	
	促销目的	
	联动门店	
	促销时间	
	促销方式与内容	
	宣传方式	
	促销预算	
	其他部门支持	

【任务实训报告】

班级：　　　　　姓名：　　　　　学号：　　　　　成绩：

实训任务	
实训目的	
实训步骤	
注意事项	

续表

实训反思	

【课后作业】

1. 门店促销的目的：_____

_____

_____

_____

2. 门店促销的主要方式：_____

_____

_____

_____

3. 促销活动策划书的主要内容：_____

_____

_____

_____

_____

任务二　促销实施

【学习目标】

素质目标：具备促销实践安全意识，在劳动学习中体会诚信优先、坚守法律红线，安全、有序开展促销活动。

知识目标：能够准确地阐述发布促销信息、准备物料的基本要求。

能力目标：能根据活动策划书，安全、有序地实施促销活动，能够对活动现场进行基本布置。

坚守法律红线，守卫人民健康

某连锁药房总店因虚假宣传口罩，被监管部门罚款 20 万，并扣押相关口罩，受到法院支持。执法人员表示，涉嫌口罩外包装标注执行标准为 GB 2626—2006 KN90，并非宣传的"N95 口罩"，该药店利用价签对商品的功能、质量做引人误解的宣传，误导消费者，实施不正当竞争违法行为。药品销售关乎着人民的健康，在销售过程中切勿虚假、夸大宣传，坚守法律红线。

【任务要求】

能根据门店活动促销策划书对活动进行有效促销。

要求：准确发布活动信息、安排人员、准备物料及布置活动场地，确保活动安全、有序地开展，坚守法律红线，加强诚信意识，不夸大宣传。

【任务准备】

一、任务名称

促销活动的实施。

二、任务条件

项目	基本实施条件	备注
场地	50m² 以上的教室一间	必备
设备	多媒体设备、桌椅	选备
工具与材料	药品空包装盒、药品说明书、签字笔、空白纸、广告牌、堆头等	选备

【相关知识】

一、促销的信息发布、人员安排

（一）信息发布

1. 选择媒体

（1）视听媒体　视听媒体集视觉媒体和听觉媒体的功能于一身，通过有声的活动的视觉图像，生动、直观、逼真地传递信息，易于激发受众的注意力和兴趣，有利于提高传播效率和效果。视听媒体可分为电影、电视、广播、幻灯片广告等。

（2）网络媒体　主要指的是经互联网进行信息传播的方式。网络媒体将文字、声音、视频等符号综合在一起，可以利用计算机和网络技术生成平面和三维动画、全息图像、虚拟空间环境等，达到信息的整合、重构和各种信息形态的相互转换，可以使人们产生比传统媒体的报道更加逼真的"沉浸感"，从而使宣传效果最大化。

网络媒体和传统媒体相比最大的优势是具有无限而廉价的空间，打破了原有的地域界限，网络使时空得到了大大的拓展，订货和购买可以在任何时间、任何地点进行。独有的、双向的、快捷的、互不见面的信息传播模式，为网络促销提供了更加丰富多彩的表现形式。企业在因特网中只需要很少的费用就可以把有关企业及其产品的信息刊登出来，一旦在网上发布广告，不用增加任何额外费用，产品和服务信息就会传遍全球，潜在的宣传效应巨大。

（3）纸质媒体　包括报纸、杂志、图书、宣传单等。

（4）直接邀请　指通过各种方式直接与目标顾客取得联系并邀请其参加活动。

2. 途径与方法

常用的信息发布途径与方法有：①邀请，以邀请函等方式将促销信息通知给目标顾客的方式；②播报，通过广播、电视等方式播放活动信息的方法；③人员派发，雇用人员对活动信息以传单的形式派发给目标顾客的方式；④公告，在一些公共媒体上以刊登广告的形式来传递活动信息给目标顾客的方法。

（二）人员安排

要保证整个活动过程的顺利进行，各岗位工作人员应明确职责，各司其职，工作到位，一职多能是关键。因此，必须对所有的工作人员进行培训，做到以下要求。

1. 确认岗位与职责

（1）促销活动准备责任到人，现场活动责任到人，跟踪检查工作责任到人。

（2）前期对每个人的工作进行分工，并反复沟通培训。要求所有参加活动现场的工作人员都能对促销活动主题、目的、意义、程序、注意事项等详细了解。

（3）做到一人多能多职安排，一旦人手不够就可真正实现一人多能多职。布置任务后，让每个人复述自己的职责，出现问题处理程序和处理方法。

（4）严肃纪律，统一行动，保证执行效果。

2. 人员培训

（1）培训人员仪容仪表、言行举止得体规范。特别强调现场应身着统一的企业服装。

（2）明确各人岗位与职责，不得擅自串岗离岗，不得随意扎堆聊天。

（3）注意统一宣传口径，清楚活动的起讫时间、促销商品及其他活动的内容。

（4）要求现场销售人员熟悉本企业，包括企业历史、文化、产品系列等各方面的情况。

（5）培训人员掌握所促销产品的卖点、产品销售技巧以及如何解答顾客可能提出的异议。

（6）要求现场工作人员做好顾客的信息收集工作。

（7）培训人员的服务意识，服务态度要积极，但注意不能随意攻击竞争产品。

二、促销材料的准备和场地布置要求

(一) 材料准备

1. 宣传材料

(1) 影视资料 围绕企业文化、企业的先进事迹及其取得的重要成果搜集宣传资料，并将其制成影视短片的形式，在活动现场进行循环播放。

(2) 渲染材料 分为宣传单张、POP、吊旗、台卡、立牌、展板、橱窗、厂商的宣传海报及橱窗空盒展示等，各种促销资源的使用应做到规范、有效。

(3) 活动方式介绍 介绍此次活动的活动内容、活动方式、优惠政策、方便程度及给顾客带来的利益等。

M6-1 如何制作DM单

2. 产品资料

(1) 产品说明书 产品说明书就是对产品的介绍和说明，包括产品的外观、性能、参数、使用方法、操作指南、注意事项等。

(2) 现场销售产品 现场销售人员运用一定的销售技巧，向顾客说明讲解商品，从而使顾客对商品产生兴趣、激发其购买欲望并最终促成商品的销售。

(3) 奖品或礼品 《药品经营与使用质量监督管理办法》中规定药品销售不得采用有奖销售、附赠药品或礼品销售等方式。不得以买药品赠药品、买商品赠药品等方式向公众赠送处方药或者甲类非处方药。但药店里还有许多其他产品，若做促销，应注意促销活动礼品设计，一般按照以下原则来设计：①有用性原则。顾客在日常生活中能经常使用得到的商品，用这类商品作为礼品消费者不会嫌多，如儿科用药可赠送一些画笔、铅笔盒等，妇科用药可赠小镜子、护垫等。②珍稀性原则。这类礼品由于没有卖，价格信息不对称，显得很有档次，价值看上去很高，但实际并非如此。这样由于这个礼品的关系，顾客可能就会大大提高对活动的参与度。③迫切需求性原则。礼品如果是对方急需的，那不论价值多少，都将是最佳的，如冬天来临的时的暖手袋等保暖用品。④趣味性原则。礼品要富有趣味，好玩的礼品也是受欢迎的，比如成人智力玩具等。

(二) 场地布置要求

1. 区域布局

根据场地的具体情况进行合理布局。①场地布置应有立体感，突出促销活动的氛围。②场地布置应结合选点的位置，布置便于为顾客服务，同时对整个场地有控制感，以便应对突发事件。③展示用促销商品堆头的布局。④拉好横幅，展板要按规格集中树起来，展示用桌子可多放几张备用；立牌及宣传广告放到醒目位置让来往顾客容易看到；把品牌伞撑起来，突出品牌及公司的企业文化，提高知名度；增加产品的信任度，营造热销氛围。⑤咨询桌上要整洁，无杂物；台布要干净。⑥促销活动结束时，道具应及时清洁护理，并按时归还，或做好下一次的准备工作，包括考虑下一次促销场地安排，由就近的促销代表保存道具，合理利用现有道具配置资源。

2. 营造气氛

气氛渲染有利于聚集人气，加上中国人普遍的从众心理，也可以实现销售。可以用以下手段渲染现场气氛。

(1) 视觉手段 促销活动终端现场尽可能多地张贴POP广告、海报、横幅、吊旗、宣传单页、根据不同主题的活动特别制作的异型立牌、台卡、灯箱等；布置气球、充气模型、彩虹门、空中飞艇、热气球；准备整齐特别的印有企业标志的着装、特制的帽子及药品空盒的宣传展示；散发印有活动说明的小气球给带孩子来的消费者，或者散发可以利用的小型精美宣传品。

(2) 听觉手段 指通过高音喇叭、麦克风、扩音器，传播背景音乐及主持人现场的产品宣传，如销售高峰期的现场叫卖；播放电视录像或者重复播放录像录音等吸引消费者。

(3) 现场表演秀 预先设计好一些以宣传产品为目的的利于消费者和组织者互动的小游戏

等；用产品或者特制的展示包装物堆成各种形状的堆头，并在所有能插的地方插上气球；也可以事先找一些参与欲望很强烈的顾客，让其在现场表演、现身说法；活动中间穿插歌舞表演，在条件允许的情况下还可以请一些专业表演团体表演，以提高活动现场的人气，为活动造势。

三、促销实施的注意事项

（一）安全

活动前期应该办好相关手续；活动过程中的每一个细节都必须掌控在主办者的手中，注意维持好活动现场秩序，及时发现隐患（如有人闹事或恶意投诉等），防止现场的混乱；做好顾客人身及财产安全的保障工作，防止现场商品被盗；注意活动过程中的用电安全问题。同时注意工作人员的态度，一定要耐心、细心地解释，以免与顾客发生争执，带来不必要的麻烦。事先预演可能出现的所有问题及其处理预案，以及应急方案，一旦出现问题，迅速按照预案或者应急方案处理，稳定现场局面。

（二）设施

活动前应仔细检查活动设施的使用状况。检查音响、彩虹门等是否能正常工作；海报、宣传单页、横幅等是否拿全；活动的礼品是否已拿够。并配备专职人员与相关职能部门进行沟通保证活动的正常进行。

四、活动评价

评价是为了总结经验，改进工作质量。因此活动过程中要求现场工作人员做好各类信息收集、整理工作。活动的评价可以分为活动过程的评价与活动绩效的评价两个方面。

活动过程的评价通常通过活动聚集顾客数量、现场销售产品数量、销售额、毛利率等指标进行评价，主要分析的是本次活动所产生的绝对效益。

促销绩效评价通过对不同促销方式或促销组合的各项销售指标进行对比，或活动前后各项经济指标的对照分析，从而了解不同的促销活动所产生的相对效益，最终评价出最优的促销方式以便今后继续使用。值得注意的是对促销活动的评价，除了直观经济指标外，有些效益是长期的、隐性的，不一定直接反映在销量上，如顾客对某一产品的信任不一定能产生直接的、短期的经济效益，但对药店的长期经营与发展显然有重要的影响。因此对促销活动进行评价分析时，不仅要注意收集销量方面的信息，同时也应重视收集活动前后顾客对产品、对药店品牌的印象与口碑等方面的信息，并进行分析。

【任务实施】

模拟活动实施现场，由教师准备好促销所用的商品，包括货架、多媒体设备。

设定有各类促销物料比如气球、吊旗、花车、促销商品、DM单等。同学开展分组评价，每组5～8人，根据前一次的促销策划书开展促销场地的布置和促销材料的模拟准备。

【任务评价】

组名：

考核内容	评分细则	分值	自评	互评	师评
职业素养与操作规范（20分）	仪容仪表：工作服穿着整齐（袖口扎紧），得4分；不披发、化淡妆、不佩戴首饰，双手洁净、不留长指甲，指甲不染色，得4分	8			

续表

考核内容		评分细则	分值	自评	互评	师评
职业素养与操作规范 （20分）		精神面貌：饱满热情、面带微笑、耐心细致、礼貌用语，得5分	5			
		促销过程中坚守法律红线，得3分	3			
		诚信意识：促销过程中无夸大、不良措辞，得4分	4			
技能 （80分）	促销材料的准备	1. 有宣传材料，如影视资料、渲染材料等，得10分； 2. 产品具有产品说明书，得10分； 3. 能现场销售产品，得10分	30			
	促销场地的布置	1. 场地布置有立体感，突出促销活动的氛围，得5分； 2. 场地布置结合选点的位置，布置便于为顾客服务，同时对整个场地有控制感，以便应对突发事件，得5分； 3. 展示用促销商品堆头的布局，得10分； 4. 横幅、展板布置得当，得10分； 5. 咨询桌上要整洁，无杂物；台布干净，得10分； 6. 促销活动结束时，道具应及时清洁护理，并按时归还，得10分	50			
总分及得分			100			

【任务拓展】

根据高级药品购销职业技能等级证书的要求能实施促销，针对有专升本需求学生学习。

【门店促销实施技能考核答卷】

班级：　　　　　姓名：　　　　　学号：　　　　　成绩：

项目	内容	实施
门店促销实施	促销材料的准备	
	场地布置有立体感，突出促销活动的氛围	
	促销商品堆头的布局	
	横幅、展板布置	
	咨询桌上整洁，无杂物；台布干净	
	及时清洁护理、归还道具	

【任务实训报告】

班级：　　　　　姓名：　　　　　学号：　　　　　成绩：

实训任务	
实训目的	

续表

实训步骤	
注意事项	
实训反思	

【课后作业】

1. 促销信息发布的途径和方法：_____

2. 促销活动礼品设计的原则：_____

3. 促销场地区域布局的要求：_____

_____

_____

_____

_____

_____

_____

_____

4. 促销实施的注意事项：_____

_____

_____

_____

_____

任务三　售后服务

【学习目标】

素质目标：具备进行售后服务的顾客至上意识以及在处理顾客投诉异议时的法治意识、同理心和销售意识。

知识目标：能准确阐述药品退换货的程序和要求，能基本阐述处理顾客的异议和投诉的原则。

能力目标：能运用药品退换货的要求及顾客的异议和投诉的处理原则，做好药品的售后服务。

阅读材料

远向助力华东医药　售后品牌全面建立

杭州中美华东制药有限公司（以下简称华东医药）在中国免疫类药物领域，处于毋庸置疑的龙头地位，但同样面临着来自国外相关品牌的竞争。而作为特殊用途的处方药，传播渠道非常有限。通过什么去影响患者，让患者主动选择国产药，而不是一味迷信进口药？售后服务是一个重要的突破口。这一点，华东医药在2002年就已经意识到了，并将售后服务部门命名为"生命之花"。但直至2018年，生命之花并没有进行系统的发展规划，因此没有呈现出最好的魅力。华东医药和杭州远向品牌策划公司进行深入沟通后，确定全面启动售后服务品牌化项目，全力升级、重塑"生命之花"品牌。通过采取售后服务品牌化、类公益化策略，华东医药将售后服务品牌"生命之花"定位为"中国移友之家"，成为华东医药打造"温柔"的竞争利器。

企业如果想要有长足的发展，做好售后服务至关重要，这样才能为企业赢得好口碑。

【任务要求】

能运用药品退换货的要求和流程等完成药品的退换货。

要求：在药品的退换货过程中遵循退换货的要求和流程，具备顾客是上帝的服务意识和同理心，坚守法律红线。

【任务准备】

一、任务名称

顾客退换货的处理。

二、任务条件

项目	基本实施条件	备注
场地	40m² 以上的 GSP 模拟药房	必备

项目六　门店促销

续表

项目	基本实施条件	备注
设备	货架、收银台、电脑、操作台等	选备
工具与材料	药品空包装盒、空白纸、笔、销售记录、验收记录等	必备

【相关知识】

一、药品退换货的程序和要求

（一）核实性验收

本店人员接到顾客提出的药品退货时，首先核对药品品名、规格、厂家、批号等是否与本店验收记录或销售记录一致，经确认为本店所售，方可收货，确实不是本店所卖出的不能给予退货。

（1）检查退回的药品的包装，如果没有拆封或使用则可以退货。

（2）药品包装及自身品质受损，影响再次销售则不给予退货。

（二）将退回的药品置于待验药品操作台，经验收人员验收

（1）合格的放入相应柜组。

（2）发生质量问题的作不合格药品处理。

（三）销售后退回药品不论验收合格与否，均应如实填好相关表格软件。

（四）及时与顾客办理相应的退款或重购事宜。

二、顾客投诉异议的处理

M6-2 诉怨处理技巧

（一）顾客投诉的类型

门店的投诉主要包括近效期投诉、药品质量投诉、用药异常情况投诉。

（二）顾客投诉异议的处理原则

（1）认真聆听原则　面对顾客的质疑，据理力争或者保持沉默都是不可取的，都无益于问题的解决，倾听是解决问题的有效途径，通过倾听来进一步了解顾客的真实想法、了解问题的关键点，从而为我们处理异议提供更多的机会，得到更加正确的结果。

（2）详细记录原则　面对顾客的投诉，在听的基础上，有目的地做好异议记录，把握顾客异议的关键点和期望解决值。

（3）给予理解原则　产生异议是人之常情，对于顾客的异议，我们要给予理解，要站在顾客的立场上考虑问题，对于顾客的异议，我们要充分体谅顾客提出异议时的心情，注意保护顾客的自尊心，避免对其人身、心灵造成伤害。

（4）区别对待原则　对于顾客提出的异议，应该要把顾客的异议与顾客本人区别开来。

（5）及时回复原则　对于顾客提出的异议，我们一定要坚持"尽快答复"原则，对于可以在现场解决的问题，我们务必要当即回复；不能解决的，要给顾客准确回复时间，换取顾客对我们的信任。

(三) 处理顾客投诉异议的注意事项

(1) 处理投诉问题时,需要注意投诉者信息的保密性。
(2) 与投诉者沟通时,注意沟通礼仪,态度诚恳,同时注意人身安全。

【任务实施】

每三个同学一组,选定自己要进行退换的药品,一个同学扮演店员,一个同学扮演顾客,一个同学扮演验收人员,每三个同学一组进行角色扮演,通过问答的形式完成药品的退换货,并记录退换货的过程。

【任务评价】

组名:

考核内容		评分细则	分值	自评	互评	师评
职业素养与操作规范(20分)		仪容仪表:工作服穿着整齐(袖口扎紧),得2分;不披发、化淡妆、不佩戴首饰,双手洁净、不留长指甲,指甲不染色,得2分。精神面貌:饱满热情、面带微笑、耐心细致、礼貌用语,得2分	6			
		在退换货学习中坚守法律红线,无违反法律法规情况,得5分	5			
		在退换货学习中无不良语言,得4分	4			
		具有顾客上帝意识和同理心,得5分	5			
技能(80分)	核实性验收	1. 核对药品品名、规格、厂家、批号等是否与本店销售记录一致,得20分; 2. 检查药品包装及自身品质是否受损,得5分	25			
	验收人员验收	1. 核对药品品名、规格、厂家、批号等是否与本店验收记录一致,得20分; 2. 合格的放入相应柜组;发生质量问题的做不合格药品处理,得5分	25			
	记录	销售后退回药品不论验收合格与否,均应如实填好相关表格,得10分	10			
	回复顾客	1. 及时与顾客办理相应的退款或重购事宜,得10分; 2. 在回复过程中语言恰当,得10分	20			
总分及得分			100			

【售后服务考核答卷】

班级:　　　　姓名:　　　　学号:　　　　成绩:

项目	内容	实施
核实性验收	药品品名	
	规格	

续表

项目	内容	实施
核实性验收	厂家	
	批号	
	与销售记录是否一致	
验收人员验收	药品品名	
	规格	
	厂家	
	批号	
	与验收记录是否一致	
记录	填写相关表格	
回复顾客	及时与顾客办理相应的退款或重购	

【任务实训报告】

班级：　　　　　姓名：　　　　　学号：　　　　　成绩：

实训任务	
实训目的	
实训步骤	
注意事项	

续表

实训反思	

【课后作业】

1. 药品退换货的程序和要求：

2. 顾客投诉异议的处理原则：

3. 处理顾客投诉异议的注意事项：

M6-3 门店促销课件

项目七 网上药店运营

【项目介绍】

随着网络经济时代的到来，电子商务迅速改变了传统零售药店营销模式。网上药店又称虚拟药店，是向个人消费者提供药品交易服务的企业。网络营销有别于传统营销，其运营方法和营销策略都需要进行重新审视。本项目按照《药品网络销售监督管理办法》、GSP的相关要求，利用网上药店运营与推广技巧，实现药品及大健康产品的展示、推广与销售，以吸引消费者的眼球、方便顾客购买以及开发药店新业务，最终实现提高药店的营业额的经营目标。

【知识导图】

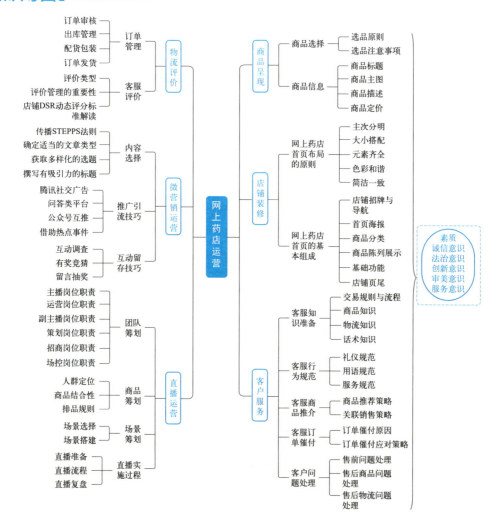

【学习要求】

通过本项目的学习，具备网上药店运营时的诚信意识、法治意识、创新意识、审美意识和服务意识。能够完整阐述网上药店运营与推广相关知识并能进行网上药店服务营销活动。

【项目"1+X"证书考点】

任务中与药品购销职业技能等级证书对接的内容。

等级	工作领域	工作任务	职业技能要求
中级	2. 药品营销	2.4 电商服务	2.4.1 能制作药品销售网页。 2.4.2 能贯彻企业互联网营销策略，实施药品网络营销。 2.4.3 能提供顾客线上用药咨询
高级	3. 医药营销	3.2 营销实施	3.2.1 能应用营销组合策略。 3.2.2 能撰写营销实施报告。 3.2.3 能进行品类管理
		3.3 医药网络推广	3.3.1 能撰写营销文案

【项目职业技能大赛考点】

电子商务技能大赛

项目	任务要求
直播营销	（1）能够进行直播开场讲解，通过问好、自我介绍、直播主题、促销活动等内容的讲解，营造直播氛围，快速将直播间观众带入直播场景中。 （2）能够选择合适的商品引入方式(比如问题情境引入、故事引入、热点引入等)，使商品讲解更自然。 （3）正确介绍商品的基本属性。 （4）能够讲解商品的卖点及特色，突出商品优势，强化直播间观众对直播商品的认知。 （5）有商品的日常价格、直播促销价的说明，并使用倒计时营造抢购氛围。 （6）弹幕问题出现后，需在下一个弹幕问题消失前准确完成前一个弹幕问题的回答。 （7）互动节奏安排合理恰当，能够有效活跃直播间氛围。 （8）主播讲解互动与后台推送互动配合默契，没有明显的卡壳、延误情况。 （9）能够准确详细地讲解互动规则，引导观众参与互动，关注直播间
视觉营销	（1）店标设计独特，有一定的创新性，并且能够反映出店铺所销售的商品。 （2）网店 Banner(横幅广告)图片主题统一，与店铺经营商品具有相关性，Banner 设计具有吸引力并且具有一定的营销导向，Banner 整体设计能够提高店铺整体风格。 （3）商品标题体现商品属性、特点、卖点的关键词。 （4）商品主图设计美观，主题突出，有视觉冲击力。 （5）商品相关属性描述，需包含商品属性、特点、卖点、适用人群、配送、支付、售后、评价等相关内容的信息；此部分图文混排得分更高

任务一　商品呈现

【学习目标】

素质目标：在商品呈现过程中符合法律法规基本要求，并能形成依法执业、诚实守信的职业操守；在商品信息呈现方式选择上引导形成正向审美意识。

知识目标：能准确陈述选品基本原则；能完整回忆选品注意事项；能完整复述药品呈现的主要内容。

能力目标：能完整且无差错地完成药品信息呈现。

 阅读材料

你想买我就卖，"电商"太任性？

随着互联网电商平台的快速发展，以及人们网络消费多样化，"网上买万物"似乎成为现实。然而，在网上购买某些特殊产品如药品时则要小心。2022年8月，多起网络违规违法售药事件被曝光，如一男子网购"特效药"治病，结果对身体造成严重影响，甚至被医院开具了病危通知书。上海市青浦区人民检察院提起一起刑事附带民事公益诉讼，被告人在网上销售精神类药物。媒体也在调查中发现，多家应用软件（APP）违规甚至违法销售处方药，网络售药乱象已然成为一个日益突出的社会问题。

网络售药平台的兴起，可以让用户更加便捷地购药，但随之也面临药品安全如何保障的命题。药品网络销售者应当是取得药品生产、经营资质的药品生产企业、药品批发企业、药品零售连锁企业，药品网络销售范围不得超出企业药品生产、经营许可范围。而销售对象为个人消费者的，还应当建立在线药学服务制度，配备执业药师，指导合理用药。处方药应凭处方销售，特殊管制类药品禁止销售。

药品安全是生命线，合法合规是底线。忽视底线、生命线的企业，即便能够取得一时成功，但长久来看损害的是消费者利益和市场的健康发展。需求催生市场，但逐利不能无良。

【任务要求】

能遵守《药品网络销售监督管理办法》《药品经营质量管理规范》《互联网药品信息服务管理办法》《互联网药品交易审批暂行规定》的要求，根据互联网药店经营管理目标做好选品、信息制作、大健康产品上架等工作。

要求：选品及分类符合GSP的要求及诚实守信原则，坚守法律红线，有一定的审美意识。

【任务准备】

一、任务名称

药店商品的选品及商品上架。

二、任务条件

项目	基本实施条件	备注
场地	40m² 以上的机房	选备
设备	计算机或笔记本电脑或手机、网络、虚拟仿真软件	必备
工具与材料	计时器、药品（商品）实物（30个品种以上）、投影仪	选备

【相关知识】

一、商品选择

选品就是根据电商平台的特点，结合自身情况和数据分析来选择所要经营的行业及具体类目下的产品。电商商品在选品上要科学性与逻辑性兼顾，选品的优劣直接决定了商品的销量，以下总结了几个选品的基本原则可供参考。

M7-1 网上药店商品选品原则

1. 选品原则

（1）选择消费者刚需产品　　选择消费者刚需产品是选品成功与否的重要因素。消费者购买商品的初衷是从自己的实际需求出发的，其次再考虑个人偏好。这也意味着，真正满足刚性需求的产品，销量自然高，复购率也高，潜在的消费群体也会越来越庞大，如慢性病用药等。只有站在用户需求的角度考虑，才能正确选品。

（2）选择高利润的产品　　如今在高流量成本、高运营成本的市场环境下，一款产品必须有一定的利润空间，才能有钱可赚。按照市场一般规律，电商直播间主播带货，价格会在原来的基础上翻3~4倍，所以选择高利润的产品至关重要。女性化妆品、教育类相关产品、养生保健类产品等都属于高利润产品，选品时可以优先选择。

（3）选择旺季热销产品　　把握产品销售旺季，选对产品是关键。根据市场趋势、消费者使用习惯以及多平台近期的历史销售纪录，挑选出最具销售潜力的产品。例如夏季美白、清热产品，冬季滋补产品等应季产品届时销量会高涨，提前做好选品、备货、入仓等，为打造爆款做好准备。

（4）选择重复消费产品　　选品时可以选择可重复消费的产品，消耗速度很快，复购率较高。虽然重复消费产品的利润相对较低，例如医用耗材类、保健饮品等，但其销售量巨大，利润可以很高。

（5）选择品质有保障的产品　　网上药店由于是进行远程销售，其信任感传递不足，大品牌一般对应着好质量，选择大品牌产品能增强消费信心，降低售后成本。但知名品牌制药厂商拥有更大的议价权，往往毛利率相对较低，在选品时可综合考虑药店经营目标，灵活进行组合。

2. 选品注意事项

（1）法律要求　　审查所选药品是否符合《药品网络销售监督管理办法》等要求，疫苗、血液制品、麻醉药品、精神药品、医疗用毒性药品、放射性药品、药品类易制毒化学品等国家实行特殊管理的药品不得在网络上销售。

（2）政策要求　　所选药品是否符合当前药品监督管理机构政策要求。

（3）市场要求　　所选药品是否满足主要销售目标要求，季节性药品上架时间是否符合时令。

二、商品信息

M7-2 网上药店标题设计

1. 商品标题

（1）基本要求　　商品标题在商品描述页最上方呈现，也会呈现在搜索栏目中，一般由60个字符（即30个汉字）组成。

（2）构词方法　　产品标题中的词分为品牌词、类目词、属性词、长尾词、促销词等。采集到足够多的关键词后，将其汇总整理，构建商品标题，一般构词规则为"上位关键词＋主关键词＋下位关键词"，上位关键词包括产品的品牌、所属行业、所属类别等，对主关键词起到限定作用；主关键词即选择的字词与发布信息的主题相关的核心关键词，一般为产品的名称；下位关键词是指主关键词所具备的功能属性特征。

（3）选词方法

① 分析商品属性和特征：根据药品本身或供应厂家的产品介绍，分析药品优势、使用对象、

项目七　网上药店运营　187

使用场景，提取关键词。

② 搜索框联想：利用所属电商平台搜索框，在搜索栏中输入拟销售的商品或相关词汇时，下拉框中会出现与之相关的联想词语。

③ 借鉴竞争对手标题：搜索同类商品，可以参考排名靠前的商品标题所设置的关键词，可以通过搜人气、点击率、转化率来进行挑选。

④ 利用统计分析工具：利用第三方平台或网站提供的统计分析工具，如生意参谋、百度指数等来帮助自己确定恰当的标题；或利用平台TOP排行榜，选取与准备销售药品对应的类目，得到热门关键词。

2. 商品主图

商品主图是商品展示面中用于展示商品的图片，常以图片或视频出现。

（1）作用　不仅会在商品展示页中呈现，还会以缩略图的形式出现在搜索结果中。商品主图是目前消费者进入商家店铺的最先入口，商品主图的优劣是影响消费者关注度和影响点击率的主要因素。

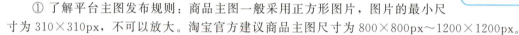

M7-3 网上药店主图设计

（2）制作注意事项

① 了解平台主图发布规则：商品主图一般采用正方形图片，图片的最小尺寸为310×310px，不可以放大。淘宝官方建议商品主图尺寸为800×800px～1200×1200px。

② 突出主题，背景素色：在设计商品主图的时候要突出主题，背景一般采用纯色，给人一种清晰、干净的感觉，且更容易添加文字说明。根据淘宝官方店家操作指南，第五张主图建议为白底图，便于后台机器识别抓取，增加搜索权重。

③ 全景与特写相结合：主图一般由5张图片构成，第一张图片一般为药品的全景图，此后增加产品的细节图、形象图等，结合全景与特写，对药品进行全方位展示。

3. 商品描述

（1）主要内容　商品描述是指由卖家预先设计和组织，在网络购物中按计划集中呈现给买家的商品信息，主要包括商品的细节图、形象图、具体规格功能及其他重要信息等。

M7-4 网上药店商品描述

（2）常见做法

① 描述商品属性：通过对药品自身属性和药品使用价值描述，体现药品的优势和品质，强化购买动机。

② 零风险承诺：考虑到客户在网络购物时可能出现的各种各样的担心，用零风险承诺打消购买疑虑，如正品保障、隐私发货等。

③ 发布商品证书、权威图片：除承诺外，品牌授权书、质量检测报告、药品说明书、实体店铺销售场景、客户使用场景等图片可以满足客户的安全需求，打消疑虑，也能增强购买信心，突出药品和店铺的信誉。

④ 客户见证：利用羊群效应，激发从众心理。展示产品及品牌同类产品的销售数据或客户评价信息，例如某品牌血压计全网累计销量1亿台，增强说服力。

⑤ 价值包装：凸显商品的价值点和竞争力，挖掘客户潜在需求，例如"东阿阿胶，滋补国宝，补而不燥润青春，老当益壮享天年"，升华购买行为。

⑥ 灵活促销：利用促销手段，营造未购焦虑，促使客户尽快下单，提高客单价。

4. 商品定价

价格是商品的重要属性。制定价格是店铺经营的重要环节，关系到商品对客户的吸引力和较同类市场商品的竞争力。

（1）影响商品定价的因素

① 产品的成本：企业经营活动是为了盈利。一般来说，主要商品的售价只有高于其成本，整个网上药店才可以通过商品销售获利。但由于医药电商营销模式特点，对于单一药品的定价可以不局限于其自身成本，而综合考虑整体店铺所有的成本及销售收入。通过合理定价，控制网上

药店总成本和总收入的平衡。

② 同类商品或可替代商品的价格：网络卖家对价格十分敏感。电商平台或其他网络技术为了满足这一需求提供了各类搜索、比较、分析的工具和手段，网络市场价格竞争更加直接。

③ 市场行情变化：与线下市场相比，网络售药的行情变化速度更快，幅度也可能更大。需考虑时间、消费习惯以及技术和宏观经济环境、地方性政策对供需环境造成的影响。

（2）商品定价的方法

① 成本加成定价法：核算单位商品的成本并以此为基础，适当增加利润制订价格的方法。

② 竞争参照定价法：根据市场上同类药品售价和竞争策略制订价格的方法。

③ 统一定价法：为多种相似商品制订统一的价格，使得消费者对价格脱敏，更多关注是否对商品具有需求。

④ 引流定价法：以较强竞争力价格吸引顾客，为店铺带来更多的销售量，促进全店全品类商品的整体销售。

【任务实施】

在医药电子商务实训室，由教师准备好3组30个待选待上架药品，分批次轮流开展，另外批次同学开展分组评价，每组至少上架5个品种，每组3～5人。两组为一批进行，一组进行选品、上架、发布信息，另一组同学进行打分评价，完成后轮转。

（1）商品选品　根据电商平台的特点，符合《药品网络销售监督管理办法》相关规定，结合设定的网上药店定位情况来选择所要经营的行业及具体类目下的产品。

（2）信息发布　将已经选择好的药品进行上架，制作与发布商品标题、主图、详情页、价格。

【任务评价】

组名：

考核内容		评分细则	分值	自评	互评	师评
职业素养与操作规范（20分）		仪容仪表：工作服穿着整齐（袖口扎紧），得4分；不披发、化淡妆、不佩戴首饰，双手洁净、不留长指甲，指甲不染色，得4分	8			
		精神面貌：饱满热情、面带微笑、耐心细致、礼貌用语，得5分	5			
		操作过程中爱惜财产，对商品和设备轻拿轻放，得3分	3			
		效率意识：完成速度较快，有一定的时间意识，得4分	4			
技能（80分）	药品选品	1. 选品符合基本原则，得5分； 2. 选品符合店铺定位，得5分； 3. 选品中无禁止商品，得5分	15			
	商品标题	1. 商品标题包含核心词、属性词、营销词等关键词，得5分； 2. 商品标题体现商品属性、特点、卖点的关键词，得5分； 3. 商品标题选词中无违规词，得5分	15			
	商品主图	1. 主图设置正确，且数量达到5张，得5分； 2. 商品主图设计美观，有视觉冲击力，得10分； 3. 主图主题突出，能反映产品特色，得5分	20			

续表

考核内容		评分细则	分值	自评	互评	师评
技能（80分）	商品详情页	1. 商品相关属性描述，需包含商品属性、特点、卖点、适用人群、配送、支付、售后、评价等相关内容的信息，得15分； 2. 信息呈现具有科学性、逻辑性，得5分； 3. 图文混排，得5分	25			
	商品定价	定价方式合理且具有竞争力，得5分	5			
总分及得分			100			

【任务拓展】

根据高级药品购销职业技能等级证书的要求能进行品类管理和销售网页制作，针对有专升本需求学生学习。

【任务考核答卷】

班级：　　　　　姓名：　　　　　学号：　　　　　成绩：

网上药店商品选品分析

商品名称	选品原因	商品售价	商品毛利率	商品类型（利润款、引流款、爆款）

网上药店商品信息呈现

商品名称	商品标题	商品主图设计思路	商品详情页设计思路	商品定价

【任务实训报告】

班级：　　　　　姓名：　　　　　学号：　　　　　成绩：

实训任务	

续表

实训目的	
实训步骤	
注意事项	
实训反思	

【课后作业】

1. 简述网上药店的选品原则。

   ① _____

   ② _____

   ③ _____

   ④ _____

   ⑤ _____

2. 简述网上药店商品信息呈现主要元素及要求。

   ① _____

   ② _____

   ③ _____

   ④ _____

任务二　店铺装修

【学习目标】

素质目标：在店铺装修过程中符合法律法规基本要求，并能形成依法执业、诚实守信的职业操守；在店铺装修过程中引导形成正向审美意识。

知识目标：能准确说出店标、店招等首页装修元素的要求；能完整陈述首页布局基本原则；能大致复述店铺装修主要流程。

能力目标：能熟练完成网上药店首页装修。

【任务要求】

能根据店铺装修基本流程与规范对网上药店售药进行视觉营销。

要求：遵循《药品网络销售监督管理办法》《药品经营质量管理规范》《互联网药品信息服务管理办法》《互联网药品交易审批暂行规定》，运用店铺装修技巧，抓住顾客的眼球，吸引顾客，整体装修中能够体现营销策划的相关内容。

【任务准备】

一、任务名称

网上药店店铺装修。

二、任务条件

项目	基本实施条件	备注
场地	40m² 以上的机房	选备
设备	计算机或笔记本电脑或手机、网络、虚拟仿真软件	必备
工具与材料	计时器、投影仪、设计软件	选备

【相关知识】

网上药店首页布局设计是首页装修设计中最重要的工作，合理的网上药店首页布局可以让消费者在购买过程中快速发现目标产品；如果布局不合理，消费者需要考虑额外因素（如产品信息），影响体验时甚至会选择离开店铺。因此，网上药店首页布局的重点是位置，使消费者在最短时间内浏览到相关信息。

一、网上药店首页布局的原则

（1）主次分明，中心突出　页面设计必须考虑视觉的中心，这个中心一般在屏幕的中央或者中间偏上的部位。因此，一些重要商品或内容一般可以安排在这个部位，在视觉中心以外的地方就可以安排次要的内容。

（2）大小搭配，相互呼应　商品展示的图片安排要错落有致，使大小图像之间有一定的间隔，页面富有层次感，避免重心的偏离。

（3）页面布局的元素齐全　包括格式美观的正文、和谐的色彩搭配、较好的对比度、生动的背景图案、大小适中的页面元素、布局匀称、不同元素之间有足够的空白、各元素之间保持平衡、文字准确无误、无错别字、无拼写错误。

（4）文本和背景的色彩和谐　考虑到大多数人使用256色显示模式，因此一个页面显示的颜色通常只需要2~3种，并采用一种标准色。

（5）保持简洁与一致性　保持简洁的常用做法是使用醒目的标题，这个标题常常采用图形表示，但图形同样要求简洁；另一种保持简洁的做法是限制所用字体和颜色的数目。要保持一致性，可以从页面的排版下手，各个页面文本、图形之间保持相同的间距，主要图形、标题或符号旁边留下相同的空白。

二、网上药店首页的基本组成

网上药店首页的基本组成包括店铺招牌与导航、首页海报、商品分类、商品陈列展示、基础功能、店铺尾页等。

（一）店铺招牌（店招）与导航

店招与导航是网上药店品牌的展示窗口，一家网上药店只有一个店招，无论点击哪个页面，店招都会显示在最上方，所以店招与导航是店铺首页中最重要的部分。作为店铺的宣传部分，可置入品牌商标、广告语、收藏、商品搜索等功能，引导买家进行购买。

1. 店招

对于买家来说，店招是消费者对店铺作出的第一印象判断，是建立自身对店铺认识的第一步。店招是商家用来展示自身店铺名称和形象特点的一种重要途径，可以由文字和图案组成，其表现的方式也十分灵活。网上药店店招的作用主要体现在留客的环节，只有当消费者进入店铺之后才可以看到店招，所以店招的设计要更多地从吸引客户、延长客户关注时间的角度去考虑。店招的构成元素主要有背景、店铺名称、商标、标语、促销信息等，颜色与网上药店首页的整体色调相统一。店招中既可以添加店铺名称或品牌名称，又可以标注店铺的性质。商标一般以品牌独有的图案为主，标语体现店铺的经营理念或者宣传口号。

2. 导航

导航是网上药店内容架构的体现，网上药店导航的合理性是易用性评价的重要指标之一。导航要做到便于浏览者理解和使用，让浏览者无论进入网上药店的哪一页，都非常清楚自己所在的位置，并且很容易返回网上药店首页。特别是对医药电子商务网站来说，由于消费者大多为中老年人，购买目的较为明确，所以导航的设计更应当简单明了，使消费者便于查找。

导航影响着买家的浏览路径和在店内的停留时间，让每一个导航成为店铺无形的"导航员"，可以节约买家的时间，因此在首页和内页都应该合理地设置导航，让买家顺畅地浏览。淘宝网店铺目前导航区最多可以添加12项一级内容，但是建议不超过7项，二级分类没有限制。

（二）首页海报

首页焦点轮播图，位于店铺首页店招导航下方的位置，它通常设置为1920px全屏尺寸展示。首页海报处于黄金位置，占有较大的面积，是消费者进入店铺首页最先看到的、最醒目的内容，是消费者的第一视觉关注点。利用好首页海报轮播图，不仅可以加大店铺活动及产品的宣传力度，还可以提升店铺形象。

首页海报一般会设计为促销广告图、新品宣传图、爆款展示图等，可以用来进行品牌展示、新品展示、活动展示、打造爆款，同时还能以轮播的形式循环播放。图形与图像、标志、文字及色彩是海报设计的构成元素，它们在首页海报设计中扮演不同的角色，各显神通，互相呼应，以形成统一的整体。在设计首页海报时，图形图像要生动简洁，做到阅读省力、情理交融，有助于受众对所传达的信息产生关注、理解、记忆的效果，进而产生强烈的购买欲望。标志主要包括商品标志和企业形象标志两类，以期对受众达到最强烈的视觉效果。网上药店海报主要为营销内容，因此文字多采用活动文案，其标题一般分为主标题和副标题两类。不同类目的产品一般采用不同的色彩设计，医药商品多用单纯的冷色调或暖色调来表现。冷色适用于消炎、退热、镇痛类药品；暖色适用于滋补、保健、营养、兴奋和强心类药品。

（三）商品分类

将店铺的所有商品进行合理分类，让买家在最短的时间内快速了解店铺的分类信息，从而精确地查找买家所需要的商品。

（四）商品陈列展示

以不同的陈列方式进行展示，可以展示大分类信息中的不同类别。商品陈列展示时可出现该陈列区域的主推单品海报，既可以宣传商品又可以使整体页面美观、不单调。

（五）基础功能

在该模块可以插入店铺首页的收藏模块、搜索模块、分类模块、客服模块等必备基础模块，在该模块右侧可以插入搭配商品区、清仓区、特价区等商品模块，这样不但丰富了首页的布局，也可以增加店铺黏性，提升买家的忠诚度。

（六）店铺页尾

店铺尾页是必不可少的装修模块之一，可以起到宣传、告知、激起买家兴趣等作用。

【任务实施】

在电子商务实训室，学生两两为一组，在仿真实训平台上进行店铺装修。要求完成至少包含店标、店招、导航、焦点图等主要视觉元素制作并上传；并根据店铺功能需求进行合理视觉规划，兼顾美观性和科学性。完成后两名学生根据评价标准相互进行评分。

【任务评价】

考核内容		评分细则	分值	自评	互评	师评
职业素养与操作规范（20分）		仪容仪表：工作服穿着整齐（袖口扎紧），得4分；不披发、化淡妆、不佩戴首饰，双手洁净，不留长指甲，指甲不染色，得4分	8			
		精神面貌：饱满热情、面带微笑、耐心细致、礼貌用语，得5分	5			
		操作过程中爱惜财产，对设备轻拿轻放，得3分	3			
		审美意识：设计美观，具有一定新颖性，得4分	4			
技能（80分）	规范	店标、店招等设计符合尺寸要求，得10分	10			
	页面布局	店铺装修设计主题、字体、配色等视觉效果统一，符合行业要求，得20分	20			
	功能设置	店铺功能分区合理，符合用户浏览习惯和法律法规，得15分	15			
	导航条	导航条能根据对象设置合理类目，得5分	5			

续表

考核内容		评分细则	分值	自评	互评	师评
技能 (80分)	Banner图	网上药店Banner图片主题统一,与店铺经营商品具有相关性,Banner设计具有吸引力并且具有一定的营销导向,Banner整体设计能够提高店铺整体风格,得30分	30			
总分及得分			100			

【任务拓展】

根据中级药品购销职业技能等级证书的要求能进行药品销售网页设计,针对有专升本需求学生学习。

【药品陈列技巧技能考核答卷】

班级：　　　　　　姓名：　　　　　　学号：　　　　　　成绩：

内容	设计规范	设计思路
店铺招牌		
店铺导航		
轮播图		
主推商品		
商品分类		
搭配销售		
店铺尾页		

【任务实训报告】

班级：　　　　　　姓名：　　　　　　学号：　　　　　　成绩：

实训任务	
实训目的	

续表

实训步骤	
注意事项	
实训反思	

【课后作业】

1. 网上药店首页布局的原则有：_____

_____

_____

_____

_____

2. 简述网上药店首页的基本组成及设计要求。

店铺招牌：_____

店铺导航：_____

轮播图：_____

商品分类：_____

基础功能：_____

店铺尾页：_____

任务三　客户服务

【学习目标】

素质目标：在售前客户服务中依法执业、诚实守信，对于用药咨询始终要体现专业服务。在售后服务中要问不厌、问不烦、耐心细致地解答顾客提出的问题，帮助顾客，有精益求精的职业态度，提升客户满意度。

知识目标：能熟练展示大健康产品推介及关联销售技巧；能基本阐述客户服务的基本知识和行为规范；能基本阐述售后交易纠纷处理的技巧。

能力目标：能根据客户服务原则，接待来访的网络客户；能根据客户服务话术规范，与客户进行沟通；能根据客户需求进行大健康产品推介；能根据客户需求对未付款订单进行催付；能根据客户需求对客户提出的售后问题进行处理。

阅读材料

用人工智能建立干预机制，淘宝"守护生命"半年劝阻上千人

互联网也能成为防范自杀的工具，为情绪失控者构筑生命安全的防护墙！2020年1月6日，记者从阿里巴巴获悉，阿里安全推出的"守护生命"项目，利用人工智能技术并联动商家、公安、第三方机构建立自杀干预机制，对有自杀倾向的人予以安抚干预、避免悲剧。项目运行半年来，已经联合社会各方力量劝阻上千人。

尽管安眠药早已在电商平台禁售，网上药店的经营者仍常会遇到各种询问。2019年12月的一天，一名12岁的小女孩在一家网上药店询问购买药品，客服按照惯例主动询问其用药目的时，竟发现女孩有轻生的倾向。药店客服紧急联系了阿里安全的工程师。接到药店客服的通知后，该工程师立即启动紧急干预程序，一边和商家一起安抚这个女孩，一边通过快速通道报警找人。民警连夜找到了女孩家。敲开门时，她的父母还不知道一墙之隔的卧室里发生了什么。

除了不断完善利用人工智能技术联动商家、公安、第三方机构的干预机制，阿里安全还对平台的商家做了宣导培训。当消费者购买商品后，商家客服会咨询其购买用途并指导使用，在交流中若发现异常，商家客服会及时安抚、劝阻、不发货，并通知阿里"自杀干预师"，再视情况决定是否联动警方快速干预劝阻。

【任务要求】

能运用客户接待流程、商品推荐技巧、售后纠纷处理技巧等进行网上药店客户服务。
要求：过程流畅，回复专业，操作正确，能满足用户服务需求。

【任务准备】

一、任务名称

网上药店客户服务。

二、任务条件

项目	基本实施条件	备注
场地	$40m^2$ 以上的机房	选备
设备	计算机或笔记本电脑或手机、网络、虚拟仿真软件	必备
工具与材料	计时器、投影仪、药品说明书库	必备

【相关知识】

一、客服知识准备

利用网络为客户提供解答和售后等服务,即为网上药店客服。网上药店客服是一个巨大的流量入口,是消费者和网上药店建立联系的窗口。网上药店客服首先需要了解和熟知平台交易的规则与流程,并遵守药品行业规范。此外,客服也应建立适用于不同场景应用的话术库。

(一)交易规则与流程

网上药店客服应熟知平台的交易规则、店铺活动及运营规则。

1. 交易规则

在线交易的过程中,首先,网上药店客服一方面应站在商家的角度了解、遵守网上药店的交易规则;另一方面,当顾客不清楚交易规则时,客服除了要指引顾客去查看网上药店的交易规则外,还需指导顾客如何分步骤进行操作。其次,查看交易详情,了解如何付款、修改价格、关闭交易、申请退款等也是非常必要的。此外,网上药店客服还应该掌握并遵守最新的法律法规,如《电子商务法》《药品网络销售监督管理办法》等。

2. 店铺活动及运营规则

客服在咨询下单、促单转化方面都有着很大的作用。客服不仅要对平台官方的活动规则熟记于心,还要了解报名的产品、活动时间、活动类型和活动对象,这样才能够提高转化率、降低售后纠纷。同时,客服对于网上药店的店铺活动也要足够了解,比如满减、搭配套餐、限制折扣、红包、店铺 VIP 设置等。比如,"双 11"的活动,很多顾客都不清楚规则,客服一定要清楚各项活动规则,给客户合适的建议,从而大幅提高订单的转化率。

(二)商品知识

客服是全店唯一能和顾客直接沟通的岗位,店铺中对客户信息的收集、问题的反馈、建议的整理等都是由客服来完成的,因此客服不仅需要具有解决问题的能力,还需要具备相对应的产品知识。客服应当对其经营的药品及大健康产品的品种、规格、剂型、适应证、用法用量、注意事项等都有一定的了解,同时对药品的配伍、销售要求、贮藏与养护条件等也有清楚认识。

(三)物流知识

客服需要了解以下的物流知识。

1. 不同的物流运作方式

(1)邮寄 邮寄分为平邮(国内普通包裹)、快邮(国内快递包裹)、EMS、国际邮包(包括空运、陆路、水路)。

(2)快递 航空快运、公路快运、铁路快运、水运快运等。

(3)货运 货运分为整车运输和零担运输等。

2. 物流信息的查询

客服需要随时了解各种物流方式的网点情况;了解快递公司的联系方式、计价方式和物流速度。

(四) 话术知识

话术是网店客服与客户沟通的基本技能,在网上药店运营中,平台和店铺均会有常见的同类问题,为提高客服的效率,树立网上药店的品牌,客服需将同类问题归类,形成话术集,便于后期智能设置自动回复及快捷回复。

1. 话术的编写依据及分类

话术的重要作用是能快速地、批量地完成客户的询问咨询。通常的工作流程是由运营部门制订促销策略,客服部门根据运营的策略,针对不同的场景、不同的销售策略去记相应的话术。

(1) 针对不同的场景 根据不同用户的意图,客服话术可以分为基础回复、跟单催付、活动规则、品质保障、使用方法、温馨提示等方面。基础回复通常包含产品信息、发货信息、物流快递信息、价格与促销等。

(2) 针对不同的商品销售策略 在销售过程中,客服需要在引导和解决咨询问题的过程中,进行关联销售,借此提高主推款、利润款等的销售额。所以商品推介的话术必不可少,一般可以分为主推款话术、预售款话术、礼品赠送话术等。

2. 话术的规范格式

按照客服售前、售中、售后的主要问题,话术也可分为咨询下单和纠纷处理两种不同情景,不同的情景有对应的话术规范格式。

(1) 咨询下单类话术基本格式 前来咨询下单的客户,一般都是首次交易的或是潜在客户,因此必须以礼相待。话术的设计格式一般为:问候语+自报家门+品牌宣导(或营销活动)。

(2) 纠纷处理话术基本格式 纠纷处理包含退换货、处理差评、投诉等售后纠纷。话术设计必须采取"先致谢,后道歉"的原则,尽力安抚顾客的怒火,耐心地作出解释。纠纷处理话术基本格式为:问候+致谢+致歉+解决方案(或换位解释)+欢送语(或表情)。

"致谢"是感谢客户的监督,是他们的监督让我们不断地成长;"道歉"是为服务的不足给客户带来的不悦,致以真诚的歉意。此举,可以打消大多数客户的怒火,让问题的解决方式更趋于平和。如:"您好,非常感谢您对我们家的支持!但是非常抱歉哟,咱们无法修改价格,为避免退款耽误时间,耽误发货,我帮您记录下,到货后给您退优惠券的金额到您的支付宝好吗?"

二、客服行为规范

(一) 礼仪规范

1. 真诚面对每一位客户

客服要用和善友好的态度及笑脸或爱心表情让客户感受到客服的真诚。

2. 尊重顾客

要时时刻刻尊重顾客,不能与客户发生正面冲突,牢记客户至上。

(1) 对待来宾要热情问候 通常使用"您好,有什么可以帮到您?"如果顾客较多,应表示:"对不起,请您稍等片刻。"忙完接待时一定要先表示:"不好意思,让您久等了。"

(2) 对顾客所提出的问题应立即回答 如顾客对客服人员进行询问时,一定要第一时间回答,使之有被尊重的感觉。

(3) 在顾客准备离开时要对顾客依礼道别 首先应询问顾客:"您还需要别的帮助吗?"在对方表示不需要后应说:"感谢您的信任,祝您早日康复!"如果顾客表示感谢,客服应说:"不必客气,我们将竭诚为您服务。"

(二) 用语规范

(1) 在与顾客沟通的过程中,客服人员应尽可能多地使用能够体现顾客地位的用语。例如,为了表达对顾客的尊敬，可以多使用"请""麻烦""好的""乐意为您效劳"等用语。

(2) 使用正确的称呼。通常来说，如果不用区分性别，客服人员只需直接称呼顾客为"您"即可；而如果要用称呼体现顾客的性别，则可以根据顾客的性别称呼"先生"或"女士"。

(3) 规范的对话用词。网店客服的日常对话用词通常包括欢迎对话、咨询对话、砍价对话、支付对话、物流对话、售后对话、发货后的温馨提示等。

(三) 服务规范

1. 训练有素，响应速度快

首次到访的客户响应时间不能超过 15s。客服的文字录入速度至少要达到 50 字/min 且不能有错别字。每次回答顾客问题，顾客等待时间不应超过 30s，如回答太长需要分次回答。

2. 了解需求

对顾客的咨询、顾客需求给予准确的回应，并快速提供令顾客满意的答复，顾客需求不明确时做到引导顾客挖掘需求。了解需求的过程中要做到细心、耐心、有问必答、准确，并寻找可能的话题。

3. 建立客户信任

通过交流，找到能和顾客产生共鸣的话题，学会换位思考，给予客户贴切、可行的建议，培养客户对网店的信任，需要建立好感、交朋友、解决问题、强化优势并欢送顾客。

4. 灵活多变的沟通技巧

在对话过程中如果碰到客户刁难、恶意骚扰等问题，能迅速转移话题，恰当处理。

三、客服商品推介

(一) 商品推荐策略

1. 顾客提出需求时，有针对性地推荐

在客户表达出自己的需求时候，客服要有针对性地做出推介。尤其是对于第一次来店铺购买的顾客，可能是无意浏览、朋友推荐，也可能是由于网上药店的品牌影响力。当顾客不清楚自己究竟适用哪种药品时，客服要耐心询问和认真倾听，引导顾客表达出内心的真实需求，从中获取信息，为顾客做出适合实用并且有针对性的产品推介。整个过程中，客服要注意"三分问、七分听"，尽量站在客户的角度，提出有针对性的推荐方案，让顾客感受到专业的药学服务。

2. 产品缺货时，推荐适合的替代产品

当客户问到某种产品时，如果该产品正好缺货，不妨根据药品的适应症及特性引导客户下单其他适合的产品，减少因为缺货而导致客户遗憾离开的现象。

3. 开展促销活动时，及时告知引导购买

如果店铺正在进行商业活动，比如聚划算等优惠活动，客服可以在顾客咨询完后顺便告知这一消息以此吸引顾客与提高店铺流量。这里要特别注意，如果顾客未及时回复，那么要奉上结束语，以表礼貌；如果顾客没及时看到，还能起到提醒作用；如果顾客只是因为忙碌而忘记看了，但还是有意向购买，那么要快速为顾客解答。推荐时以保健类、矿物质和维生素类产品为主，避免引起顾客反感。

(二) 关联销售策略

1. 用户共性需求分析

首先分析上架的主推款商品，用户群体有什么属性，有什么特征，用户需求是什么。分析目标用户群体最可能购买哪些其他商品，然后将关联商品推送给用户。

2. 产品组合和价格组合

在明确用户需求后，就是关于连带产品的选择和组合的问题。一般产品的选择遵循以下原则：首先，产品选择要基于用户的需求之上；其次，应尽力选择高定价策略的产品，因为这样才能让消费者感受到搭配销售的实惠，同时还能保证网上药店的利润；最后，关联营销的效果要和网上药店产品结构密切相关。

3. 搭配营销设计

在日常生活中，最常见的搭配销售方式：满×元送×元，满×元减×元，满×元返×元，全场×折，积分兑换，抽奖，原价×元现价×元等。

4. 页面展示和推送

网络购物和线下不一样，"宝贝"页面就是网店的橱窗。网店客服要开展关联销售的推送，必须掌握适时的页面展示和推送。

四、客服订单催付

店铺或品牌运营人员通过后台数据分析，可以实时监控到未付款的订单，通常这种情况可分成主观和客观原因，运营人员应及时与客服主管沟通，安排工作人员及时应对处理，分析产生订单催付的原因并采取合理的应对策略。

（一）订单催付的原因

（1）客观原因 如果客户是新手，由于首次购物、支付宝余额不足、忘记密码等操作方面的客观原因，客服可以主动热情地提供解决方案，利用截图来指导客户顺利完成支付。

（2）主观原因 由于客户对商品存在疑虑、对价格有异议、对店铺服务有意见等主观原因，客服可以态度亲切、得体地根据顾客的反馈，告知店铺优势和服务保障的优势，强调商品的性价比符合顾客的预期，情感上做到与客户的共鸣，从而顺利地完成订单催付。

（二）订单催付的应对策略

（1）订单催付的时间策略 关于催付时间要把握好时机，一般根据客户的下单时间来决定，每次催付消息发送后要做好标记，表示已催付；对已经付款订单的客户也要做好标记，并备注"订单重复"。催付过的订单不得再发重复消息。

（2）订单催付的工具策略 客服工具、短信和电话都可以作为催付的手段。一般以客服工具发送即时催付消息为主，优点是免费、不限字数、可使用表情、干扰性低、沟通效果好等；缺点是部分客户可能是静默下单，并不去看客服工具上的信息，当客户购买商品积累到一定数量时，信息很容易被遗漏。通常对客单价高的客户可使用电话进行催付，电话沟通时务必注意沟通技巧。

（3）订单催付的心理策略 顾客咨询后未下单而需要催付的心理活动通常分为两大类，一类是存在疑虑，另一类是价格因素。如果是存在疑虑，那么客服经过沟通了解，具体问题具体分析即可。而对于价格因素，客服重在从商品品质出发尽量打消顾客疑虑。如果顾客实在接受不了价格，但又非常喜欢，可以先加好友，做好备注，若以后店铺有活动再行通知。

五、客户问题处理

（一）售前问题处理

1. 问题类型

（1）产品问题 产品问题包含质量、适应性、保证等问题。

（2）与活动相关 与活动相关的问题主要包含价格、物流、优惠券等问题。

2. 处理技巧

客服应该在促销活动开始前，非常熟练地掌握活动规则及店铺促销策略，例如，店铺优惠活动的设置，优惠券搭配方式；店铺预售款、活动款等商品的卖点、功能等。在与客户进行沟通引导时，为完成订单的销售，应该注意以下四点。

（1）取得客户的信任　行为坦诚，语言真诚，并且在表现得敢于负责的时候，往往很容易获得客户的信任，让客户相信客服所说的话。客服要坦诚地告诉客户商品活动的真正原因，用事实和专业用药咨询说服客户，同时以真实优惠的特价商品作为引导客户立即购买的催化剂。

（2）分析自己店铺商品的优势　客服要把本店商品和竞争对手商品的各种优劣势进行详细比较，采用数据、证书等直观的方式，从店铺的状况以及商品的定位、包装、质量等方面向客户突出自己商品的优势。

（3）强调完善的服务　客服可以告诉客户自己店铺里的高价商品背后有着优于竞争对手的完善的服务体系，以及能够提供的更完善的增值服务，这也是竞争的重要因素。

（4）强调价格的合理　无论出于什么原因，客户都会对价格产生异议，很多客户认为商品的实际价格比其想象的价格要高，这时客服必须证明商品的定价是合理的。正所谓"一分钱一分货"，证明的方法就是应用说服技巧，透彻地分析并讲解商品在质量、功效、安全性等方面的各种优点。

（二）售后商品问题处理

售后商品问题一般指的是客户收到商品后，由于某些主客观原因，对商品使用、退换货流程的咨询以及商品破损、错漏等方面表示不满，但愿意用沟通协调的方式去解决售后问题。售后处理是客服每天最频繁的工作内容，也是客服的主要工作之一。

1. 咨询类问题处理技巧

完成购买后的客户已经是老客户，为了提升客户对品牌的认可度和复购率，客服首先要耐心地做出指引。网上药店要从客户的角度不断地完善用药指导，尽量做到简洁明了。由于小视频的不断普及，不少商家开始录制电子手册或者使用说明视频，让客户可以更加直观地掌握产品使用技巧，提高客户体验感（尤其适用于家用医疗器械）。如有必要，客服可以直接致电客户或视频连线指导。

2. 投诉类问题处理技巧

当交易出现纠纷时，采取积极主动的态度来处理可以使问题得到迅速有效的解决，并且还能获得客户的赞誉。而加入诸如消费者保障计划的卖家需要更加重视这一点，如果没有很好地处理交易纠纷，那么交易平台可能会使用冻结的保证金来对客户进行先行赔付。

（1）处理客户投诉的基本原则　在处理投诉的过程中，客服要始终以维护店铺（品牌）的形象和客户的满意度为前提，要有换位思考的意识，在服务过程中坚持"及时安抚、语言得当、避免升级、合理调解"的原则。

（2）处理客户投诉的策略　在致歉时，客服不必过分纠结谁对谁错，因为安抚客户的情绪，使对话氛围轻松、融洽，才更有利于有效沟通与协调。在与客户交流过程中，客服人员必须认真、耐心听取投诉细节，并对细节进行记录；时刻保持心平气和的沟通素养，理清头绪，正确分析出现问题的原因。一定要积极地回应客户的投诉，适当地做出解释，消除不满。

具体流程为：重视客户的投诉并及时道歉，缓和沟通氛围；掌握倾听的艺术，耐心分析纠纷的原因；确认问题后协商解决方案，如退换货、退款、维修等，并积极跟进、执行。

（三）售后物流问题处理

在网店交易的各个环节中，由于物流运输时间受多方面因素的影响，一般是卖家无法控制的，所以产生的物流纠纷很多，既是卖家最难以把控的环节，也是客户投诉最多的一个环节。国内平台物流环节遇到问题，通常由以下三个因素导致。

1. 卖家因素

本着诚信、以买家为中心的原则，对属于卖家责任的问题，卖家应向买家核实问题并支付来回邮费，为买家退换货或视情况支出费用给买家修复产品。

（1）发错货问题　发错货包括错发、漏发、多发等，客服在接收到此类信息后，应与客户进行图片核实及协助核实底单，确定后为客户进行相应处理并备注；错发、多发的商品需相应下架，涉及退换货的订单由客服进行换货下单或由客服引导做退款处理。

（2）破包问题　若买家拒签或者涉及退换货，均可按正常流程处理。

若买家已签收，如少件则交由客服核实底单，可与物流协商赔偿，若协商未果，则根据实际情况进行补发；若包裹内商品已破损，需买家协商上传凭证核实，并出具派件人证明，客服与物流协调核实后再做相应处理。涉及退换货同上处理。

2. 物流公司因素

（1）物流信息不更新　当买家询问为什么物流信息一直停留在某一状态下，客服首先到后台及快递官网查询该订单的物流信息，看看是否后台有延迟更新的情况；如果确实没有物流信息，要及时联系物流公司给予解决方案，同时安抚好客户，并约定处理时间。在此过程中要给订单做好备注，以防遗漏问题订单，并且能及时跟进。

（2）物流超区　如果买家反馈说快递不给送，要自己去网点取，这就属于物流超区了。建议最好能与多家快递公司合作，互补盲区；或是记录超区的地方，针对这些地方发可到达的快递。若已发生了超区情况，首先要与快递沟通，转发可到达的快递，或是让买家更换可到达的收货地址，待包裹退回后，重新发可到达的快递。

（3）显示签收但买家未收　物流信息上显示已签收，但买家说没收到货，可能是因为他人代签、包裹丢失等原因。客服要引导买家查看是否别人代签收，同时也要联系派件员，核实包裹的签收情况，及时向买家反馈解决方案，做好退款、补发等准备。

（4）破损处理　包裹在快递运输途中破损是常见情况。当买家反映包裹破损时，客服要让买家提供有收件人信息的完整外包装图片及清晰的破损处、外包装导致内部破损的图片，及时联系快递公司要求赔偿，并安抚好买家，协商退款或补发事宜。

3. 不可抗力因素

网上交易行为发生之后，由于不可抗力因素导致的不是由于当事人一方的过失或疏忽，发生了在订立合同时无法预见、无法预防、无法避免和无法控制的事件，以致不能履行合同或不能如期履行合同。遭受不可抗力事件的一方，可以据此免除履行合同的责任或推迟履行合同，对方无权要求赔偿。客服人员应据此及时提醒消费者存在不可抗力的风险因素，以及向消费者做好因为不可抗力因素导致无法履行物流协议的解释工作。

【任务实施】

两两一组根据客户服务相关知识在虚拟仿真平台进行对话，训练过程中一名同学扮演客户，一名同学扮演客服，并由扮演客户的同学完成对客服的打分评价。

【任务评价】

组名：

考核内容	评分细则	分值	自评	互评	师评
职业素养与操作规范（20分）	仪容仪表：工作服穿着整齐（袖口扎紧），得3分；不披发、化淡妆、不佩戴首饰，双手洁净、不留长指甲，指甲不染色，得3分	6			
	在客户服务中坚守法律红线，无违反法律法规情况，得5分	5			
	在客户服务过程中始终保持情绪稳定，得4分	4			
	具有进行客户服务的服务意识，得5分	5			

项目七　网上药店运营

续表

考核内容		评分细则	分值	自评	互评	师评
技能（80分）	客户服务知识行为准备	1. 熟知《药品网络销售监督管理办理》《互联网药品信息服务管理办法》等法律法规和所在平台的基本运营规则，得15分； 2. 熟知常见药品的适应证、用法用量、规格装量、用药注意事项、配伍及配伍禁忌等专业知识要求，得15分	30			
	客户接待与沟通	1. 能根据客户服务原则，接待来访的网络客户，得5分； 2. 能根据客户服务话术规范，与客户进行沟通，得10分	15			
	客户交易促成	1. 能根据与客户的交谈情况进行商品介绍，得10分； 2. 能根据客户需求对未付款订单进行催付，得5分； 3. 能根据客户需求进行关联销售，得10分	25			
	客户问题处理	1. 能根据客户需求对客户提出的商品相关问题进行处理，得5分； 2. 能根据客户需求对客户提出的物流相关问题进行处理，得5分	10			
总分及得分			100			

【客户服务技能考核答卷】

班级：　　　　　　姓名：　　　　　　学号：　　　　　　成绩：

内容	问题列表	回复话术
客户服务话术	客户问好	
	客户咨询商品	
	客户咨询店铺活动	
	对商品存在疑虑	
	议价不成功	
	产品问题处理	
	物流问题处理	
	成交客户礼貌送别	
	未成交客户礼貌送别	
商品推介及关联营销	替代关联	
	互补关联	

【任务实训报告】

班级：　　　　　　姓名：　　　　　　学号：　　　　　　成绩：

实训任务	
实训目的	

	续表
实训步骤	
注意事项	
实训反思	

【课后作业】

1. 客户服务的知识准备：_____

2. 客户服务的行为规范：_____

3. 商品推介的策略：_____

4. 关联销售的策略：_____

5. 订单催付的策略：_____

6. 常见客户问题的类型：_____

任务四　物流评价

【学习目标】

素质目标：在物流选择和打包发货时符合法律法规基本要求，并能形成依法执业、质量安全、秉节持重的职业操守；在回复顾客评价时控制情绪，形成任劳任怨的工作意识。

知识目标：能完整说出物流发货流程及注意事项；能准确复述评价店铺动态评分标准。

能力目标：能完成商品打包发货并填写相应单据；能够根据各类型客户评价，做好用户线上评价的运营维护。

【任务要求】

能根据网上药店订单情况，结合买家需求、库存情况等信息，安排订单发货；能根据各类型评价情况，做好用户线上评价的运营维护。

要求：发货出库操作正确、无违规现象，具有时效性，能满足用户服务需求；评价运营维护客观真实，有针对性。

【任务准备】

一、任务名称

网上药店发货与评价。

二、任务条件

项目	基本实施条件	备注
场地	50m² 以上的仓库、40m² 以上的机房	选备
设备	计算机或笔记本电脑或手机、网络、虚拟仿真软件	必备
工具与材料	30 个以上品种药品、20 份以上订单、计时器、投影仪	必备

【相关知识】

一、订单管理

订单管理流程是从订单的创建到完成的整个流程，分为订单审核、出库管理、配货包装、订单发货等阶段。

（一）订单审核

通过对订单的类型、到达城市、到货期限、销售额、优惠金额、物流要求、运费、订单时间等关键信息的分析，进行对订单的审核及分发优化，在保证没有出现违规订单的情况下实现发出订单的销售金额最大化。同时对尚未发出订单的数量进行统计、对仓库现有商品库存以及缺货商品数量进行统计,以便制订下期采购计划,及时补充相关商品。

(二) 出库管理

(1) 出库基本原则　药品出库应遵"先产先出""近期先出"和按批号发货原则。出库时,应按照销售记录或配送凭证对实物进行质量检查和数量、项目核对,做到出库药品质量合格且货单相符。

(2) 出库流程　保管员按出库凭证发货完毕后,在出库凭证上签字或盖章,将货交给复核人员进行出库复核,复核员必须按出库凭证逐一核对品种、批号,对实物进行质量检查和数量、项目的核对。复核项目内容应包括:购货单位、品名、剂型、规格、数量、生产厂商、批号、有效期、销售期等。出库复核人员按批号逐批复核后,应在出库凭证上签字或盖章,并认真做好复核记录,药品出库复核记录应保存至五年。有特殊要求的品种,按相关规定保存。

(3) 质量问题处理　如有以下情况应立即停止发货,由复核员报总质量管理部门处理。

① 药品包装内有异常响动和液体渗漏的药品。

② 外包装出现破损、衬垫不实、封口不牢、封条严重损坏或被污染等现象。

③ 包装的标识污染、模糊不清或脱落的药品。

④ 已超过有效期或无法在有效期内送达消费者的药品。

(4) 出库药品应做"五不准"

① 过期失效、变质、鼠咬及淘汰药品不准出库。

② 瓶(标)签污染、脱落、模糊不清的品种不准出库。

③ 内包装破损或污染,不准重新整理包装出库。

④ 有退货通知或药监部门的通知暂停销售的品种不准出库。

⑤ 怀疑有质量变化的药品,未经质管部门确认质量状况的品种,不准出库。

(三) 配货包装

根据《药品经营质量管理规范—药品零售配送质量管理附录》要求,对药品采用单独包装,不得与非药品合并包装;并根据药品的体积、重量、存储条件等选取适宜的无毒、无污染的包装物及填充材料,保证配送过程中包装不易损坏或变形,防止包装内药品出现破碎、被污染等情形;药品及销售单据装入包装物后,要对包装物进行外形固定,并在封口处或者其他适当位置使用封签进行封口;在包装件外部加贴寄递配送单。寄递配送单记载的信息至少包括药品零售企业名称及联系方式、配送企业名称及联系方式、药品储存要求等。寄递配送单亦可当作封签使用;包装件存放于专门设置的待配送区。配送时,应制作寄递配送单和配送包装封签的材料,应当不易损坏;封签上应明显标示"药"字样,用于打印信息的油墨不易被擦拭或造成字迹模糊不清。配送包装被拆启后,包装封签应当无法恢复原状。

此外,使用配送箱进行配送的,药品包装件应当有序摆放并留有适当空间,避免挤压致使包装或封签破损。与非药品混箱配送的,应当将药品包装件放置于配送箱内药品专用区。

(四) 订单发货

根据《药品经营质量管理规范—药品零售配送质量管理附录》要求,药品零售企业应当在药品配送过程中采取有效的质量控制措施,并满足药品信息化追溯要求,实现药品配送全过程质量可控、可追溯。在发货阶段,通过订单管理系统查询订单的状态,查找已付款未发货的订单。然后确认订单具体内容,查询库存。对物流有特殊要求的,按照卖家需求联系物流公司线下发货,上传物流单号。对于没有特殊要求的客户,可采用常规线上发货。为了节约时间和物流成本,在卖家对物流提出个性化的需求时,尽量使用网上药店合作的物流进行发货,降低风险。

值得注意的是,药品配送车辆不能直接将药品配送至消费者的,配送企业应当按照配送要求,继续选择其他适宜的配送工具;不得与冷冻食品、高温快餐熟食等与药品贮藏有明显温度差异以及有污染隐患的商品混箱、混车配送。药品零售企业应当在保证药品质量安全的前提下，尽量减少配送的在途时间。在配送过程中确需暂时储存的，储存场所应当具有与配送规模相适应的仓储空间，并符合药品贮藏规定的相关条件。

二、客户评价

以淘宝网为例。

（一）评价类型

1. 数据类

商品数据评价可分为好中差三种结果，店铺数据评价可以从卖家服务态度、商品描述相符度、发货物流速度三个维度进行。

2. 描述类

描述类指买家利用图片、文字、音视频等对当次购药体验进行描述评价。

（二）评价管理的重要性

店铺动态评分制度对交易双方来说都是有益的。对买家来说，一是评价信息更详细了，可以通过三方面（宝贝质量、服务态度、发货速度）更加全面地了解卖家在已购买过商品的买家心中的满意度；二是评价信息更新鲜了，买家看到的店铺动态评分都是近6个月的，了解卖家最新的评价信息是买家最想要的信息。对卖家来说，一是评价更客观了，区分了对卖家和对物流公司的评分，卖家不用因为物流公司的服务差而得到低分，当卖家发现"物流公司服务"项得分非常低时可以考虑更换合作物流；二是店铺发展不受历史约束，很多卖家对历史低分都会耿耿于怀，而店铺动态评分给每个卖家的机会都一样，只会将6个月的评分展示给买家，让卖家放宽心，最大化地提高店铺的综合品质。

1. 影响搜索排名

淘宝针对店铺出台卖家服务评级系统（DSR）考核标准，就是为了对买家针对店铺的购物体验和宝贝满意度进行统一的数据统计，同时分配给店铺不同的扶持和好处。如果店铺的DSR分数明显低，那么，该店铺商品的搜索排行也会明显降低，排名直接影响到商品流量引进的多少，继而影响商品销量。

2. 影响转化率

淘宝众多买家在购买商品时，会去关注店铺DSR分数，这些买家往往存在从众心理，其他买家的反馈他都会拿来衡量，因此飘绿店铺的转化率明显是要低于飘红店铺的。若店铺DSR分数长期飘绿，那即使有流量，转化率也会偏低，淘宝给予店铺的流量也会不断持续降低，由此构成恶性循环。

3. 活动受到限制

淘宝官方活动、大促报名、U站活动的参与都会有严格的DSR分数限制，活动可以提升店铺宝贝曝光率、积累老客户、提升新品销量等。若店铺DSR分数偏低，会直接影响到后期店铺活动的报名和审核。

（三）店铺DSR动态评分标准解读

（1）描述相符　包括商品质量满意度、商品描述相符度和退换货。前两项是顾客评价及运营指标。

（2）服务评分　包括卖家服务态度满意度、退换货处理满意度、在线客服满意度、在线客服响应时长、投诉工单回复。前四项属于客户评价范围，最后一项属于运营指标。

（3）物流服务　包括物流速度满意度、发货及时率、物流服务态度。前一项属于评价指标，后两项属于运营指标。

【任务实施】

两两一组,随机抽取任务卡,根据相关知识在模拟仓库进行发货演练,一名同学演练,另一名同学进行打分评价;根据相关知识在虚拟仿真平台对店铺评价进行管理分析,一名同学演练,另一名同学进行打分评价。

【任务评价】

组名:

考核内容		评分细则	分值	自评	互评	师评
职业素养与操作规范（20分）		仪容仪表:工作服穿着整齐(袖口扎紧),得3分;不披发、化淡妆、不佩戴首饰、双手洁净、不留长指甲、指甲不染色,得3分	6			
		在发货管理中遵守GSP相关规定,无违反法律法规情况,得5分	5			
		在评价管理过程中始终保持情绪稳定,得4分	4			
		在评价管理过程中无违规删除评价现象,得5分	5			
技能（80分）	发货管理	1. 熟知《药品经营质量管理规范—药品零售配送质量管理附录》等法律法规和所在平台的基本运营规则,得15分; 2. 能根据订单情况进行合理派单,得5分; 3. 能正确进行出库复核,流程完整,且无错漏,得10分; 4. 能熟练进行药品配货包装,且分类合理、无错漏,得10分; 5. 能正确填写药品出库记录,得10分	50			
	评价管理	1. 能正确区分不同类型评价,得5分; 2. 能理解DSR评分的含义,得5分; 3. 能根据网上药店的DSR得分情况,进行有针对性的运营管理,管理建议可操作且有效,得20分	30			
总分及得分			100			

【客户服务技能考核答卷】

班级:　　　　　姓名:　　　　　学号:　　　　　成绩:

订单审核

订单号	订单类型	到达城市	客户	到货期限	销售额	物流要求	运费	订货时间	是否优先

药品出库单

销售日期： 　　　　发货日期： 　　　　总金额：
购物单位： 　　　　收货地址： 　　　　单据编号：

名称	规格	剂型	单位	数量	单价	金额	件数	批号	生产日期	有效日期	批准文号	生产厂家	质量状况

药品配送单

订单号	出库品种及数量	仓库位置	到达城市	发货物流	预计到货时间	受订时间

评价管理

低分项目	影响因素	对应部门	对应问题	管理措施

【任务实训报告】

班级： 　　　　姓名： 　　　　学号： 　　　　成绩：

实训任务	
实训目的	
实训步骤	

续表

注意事项	
实训反思	

【课后作业】

1. 订单管理阶段及各阶段管理要点：_____

_____

_____

_____

_____

_____

2. 店铺 DSR 评分维度及解读要点：_____

_____

_____

_____

_____

_____

_____

任务五　微营销运营

【学习目标】

素质目标：对接零售药店新业态，应用新零售技术，具备拥抱科技、提升自己的信息素养；在微博、微信公众号软文撰写中符合法律法规基本要求，真实宣传，做到依法执业和诚实守信；在产品的微信公众号软文撰写中具有审美意识和一定的文化内涵，提升自身的文化素养，做到进德修业。

知识目标：能准确罗列出微信公众号医药文案的主要内容；能完整回忆出用微信公众号医药文案撰写的步骤；能完整阐述微信公众号医药软文撰写的STEPPS法则的具体内容。

能力目标：能依据STEPPS法则撰写出一篇微博或微信公众号医药文案。

【任务要求】

能遵守《互联网药品信息服务管理办法》的要求，根据互联网药店经营管理目标做好微信营销、微博营销等工作。

要求：信息内容无法规禁忌、无夸大宣传、无描述笼统、无暗示适用人群等，并且文案有感染力。

【任务准备】

一、任务名称

网上药店微营销。

二、任务条件

项目	基本实施条件	备注
场地	40m² 以上的机房	选备
设备	计算机或笔记本电脑或手机、网络、虚拟仿真软件	必备
工具与材料	计时器、投影仪	选备

【相关知识】

一、微营销内容选择

内容是微信公众号运营的核心，高质量、高价值的内容才会被关注。

（一）传播STEPPS法则

1. S：社交货币（Social Currency）

使用社交货币能够获得家人、朋友和同事的更多好评和更积极的印象；就像人们都倾向于选择标志性的身份信号作为判断身份的最直接依据一样,如果公众号的思想能够使人们看起来更优秀、更潇洒、更爽朗,那些信息自然就会变成社交货币,被人们大肆谈论,以达到广泛传播的效果。

2. T:促因(Trigger)

消费者是否会想到你的公众号是构成信息传播的重要手段。诱因会帮助激活对某种信息的重复性口碑传播,其中要强调两个关键因素:建立链接和周边环境。建立一个专属于两者之间的特定链接非常重要。在设计诱因的时候,也要十分注意,诱因发生的频率也会在很大程度上影响口碑传播的效果。

3. E:情绪(Emotion)

这一原则简单地说就是让受众和消费者产生情感上的共鸣。要利用高度唤醒人们的情绪维度,点燃情绪之火,来激发他们的共享行为。唤醒敬畏、消遣、兴奋等积极情绪可以增强共享,唤醒生气、担忧等消极情绪的信息也同样会激发传播。

4. P:公共性(Public)

人们都有模仿和从众的心态,社会影响会产生集群效应,所以要让公众号足够突出,足够引起别人的注意,才能吸引更多的人关注。社会影响会产生集群效应,激发口碑传播与共享,因此,增加信息的公共性就要首先增加他们的可视性和公开性。

5. P:实用价值(Practical Value)

与他人共享有用的信息,帮助他人解困,揭示真相,节省时间,给人们带来快乐,让人们更加健康,这些实用价值会增强产品和思想的传播性。

6. S:故事(Story)

故事是一种最原始的娱乐形式,故事更方便人们记忆,而且某一类的故事更方便大家的记忆。情节叙述从本质上讲比基本的事实来得更加生动,故事以最简洁的方式让消费者谈论相关的产品和思想。

(二)确定适当的文章类型

在内容输出之前,首先要确定公众文章的类型,常见的文章类型有以下几种。

1. 新闻型

在任何时候,当下热点的时效新闻都能吸引足够多的眼球。所以,不管哪个类型的公众号,都应该将新闻型内容作为常规内容之一,并重点关注两方面的新闻:一是与公众号定位相关的新闻,二是人人都关心的大众化新闻。

2. 教程型

此类文章往往会让读者学到或了解到许多非常有用的知识或技能,注重实用价值。优质教程型文章会受用户高度追捧,促使其自发转发和收藏,并长期关注该账号。

3. 故事型

故事型文章一般以叙述见长。这类文章的常见题材为历史人物和事件、当下知名人的成长经历、组织机构的发展壮大等。

4. 观点型

以思想观点取胜。这类内容想要吸引关注,观点一定要与众不同,要么极具争议性,要么非常独到,要么异常犀利或者很有深度。

(三)获取多样化的选题

确定了文章类型,便需要获取多样化的选题并据此进行内容创作。

选题可以通过"内视"和"外观"两个方法来分析目标用户感兴趣的内容。所谓"内视",就是分析自己账号过往效果表现好的内容及用户真正需求;而"外观"则是分析与自己目标用户相同或相似账号的内容方向。

1. 内视

（1）分析账号历史发文数据　统计自己公众号过往全部历史文章数据，比如图文阅读、分享量、点赞量、打开率、分享率、推送时间等，分析这些数据，总结出之前受欢迎的各种选题方向。而后，把这些结果做成详细表格，便于以后测试、优化并升级。

（2）挖掘用户真正需求　由于历史文章数据体现的都是之前发过的选题方向的受欢迎程度，而没有推送过的选题无法据此衡量其认可度，此时需要通过"询问"粉丝来寻找答案。方法有很多，比如可以在后台让粉丝投票感兴趣的选题类型，也可以发起征集活动让用户留言，还可以通过在线问卷平台进行粉丝调查等。最后，把得到的用户感兴趣的选题方向也做成详细表格，便于后用。

2. 外观

通过自媒体分析工具寻找与自己目标用户重合度高的账号，然后看看这些账号在发什么内容，他们的哪些选题方向是比较受用户欢迎的。有了一批目标账号后，要做的就是对这些目标账号进行内容选题分析，长期观察并做好汇总统计。

（四）撰写有吸引力的标题

在正式开始内容创作之前，要完成标题的写作，写好标题，能够明确行文目的和沟通思路，有助于保持内容清晰，更重要的是，文章打开率的高低完全取决于标题，标题写作需掌握以下三个技巧。

1. 增加代入感

人们喜欢一切跟自己有关的事物。所以写标题的一个技巧就是，让读者代入进去，让其感觉跟自己有关。要与读者的经历、情感有关，与其所见所闻、行为动作有关，写得越逼真，读者越能将自己代入。增加标题代入感的要点：平视用户，寻找共鸣，多用"你""我"。如："咳嗽原因多，对症用药才有效！辨别方法交给你！"

2. 激发好奇心

（1）熟悉事物＋新鲜信息　这是调动好奇心最基本的法则。所谓熟悉事物＋新鲜信息，指的是所讲的事物对方很熟悉，但讲的与本事物相关的内容对方却闻所未闻，如"都说吃鱼好，但这种鱼真的少"。

（2）戏剧化　戏剧化的核心，就是制造矛盾，制造冲突，制造反差。这个技巧最常见于故事型标题，某个人有着种种矛盾的标签，或者在极端艰难、戏剧化的场景下，做了一些反差非常大的事情。如"3岁画画，一幅涂鸦赚10万元，百万粉丝夸她是天才，其实她只是被猫咪治愈了的孤独症儿"。

（3）延迟满足　激发读者好奇心，却不揭示答案，故意遗漏一部分信息，吸引读者点开标题查看文章，如"我国超3亿人有睡眠障碍，打工人如何提高睡眠质量？关键在于……"

3. 抓住人性弱点

人性的弱点主要有贪婪、懒惰、傲慢、嫉妒、愤怒、暴食等。抓住这些人性弱点，会极大提升标题的吸引力。如"让人拼了命也要吃的鱼，究竟有什么魔力"。

二、推广引流技巧

有了内容的输出，辅以推广引流才能增加粉丝数量。常见的推广引流的方法如下。

（一）腾讯社交广告

腾讯社交广告有两种类型，分别是微信朋友圈广告和微信公众号广告。在微信公众号后台申请开通广告后，便可以将自己的微信公众号推广至朋友圈或文章中。

(二) 问答类平台

常用的问答类平台有知乎、百度知道、悟空问答等。按照问答平台的回答规则，巧妙自然地让自己的产品、服务植入问答中，借助平台流量实现增粉。

(三) 公众号互推

通过加入同行交流群、同行交流活动等方式，多认识一些同行或其他公众号的运营者，而后相互在公众号里适当推广对方的账号。

(四) 借助热点事件

对于热点事件，可以借助两个较为关键的要素：时间和角度。若是能赶上热点的黄金时间，阅读和流量自然都不会低，但是这种抢时间的推文，在内容上可能不会有太多的发挥空间。而没有抢到时间的公众号，则可以选择不同的角度，对热点进行新的解读，这一类的文章更容易让热点发酵，形成二次传播。需要强调的是，在借助热点事件之前，应该花更多的时间去思考这一热点事件是否有流量。

三、互动留存技巧

互动能增加公众号的活力，且与粉丝沟通，可以加深粉丝的信任，提升粉丝满意度，促使粉丝对公众号保持长久关注。要想增加互动性，需要掌握以下方法。

(一) 互动调查

问卷调查是一种传统却行之有效的方式，这种方式不但能与用户互动交流，还能搜集相应数据，洞悉用户习惯，可谓一举两得。

(二) 有奖竞猜

竞猜类的方式虽比较传统，但经久不衰，如猜歌名、猜谜语等，能让用户乐此不疲。竞猜的奖品不一定非得是企业自己花钱采购，也可以是与其他厂商通过合作的方式互换。如果公众号粉丝多，甚至可以直接寻求赞助。

(三) 留言抽奖

根据当前时事热点、近期活动、节假日等，准备一个互动话题，让用户在相应时间到推文的留言区留言互动，通过随机抽取或按点赞数排名等规则选取中奖用户。这种方式简单易行，便于操控，话题互动性越强，用户参与的积极性就越高。

【任务实施】

在电子商务实训室，由教师准备 5 个左右热点话题作为本次微信软文撰写的话题，学生两两为一组，各自撰写，并在虚拟仿真软件上发布运营，完成后相互评价。

【任务评价】

组名：

考核内容	评分细则	分值	自评	互评	师评
职业素养与操作规范（20分）	仪容仪表:工作服穿着整齐（袖口扎紧），得 4 分；不披发、化淡妆、不佩戴首饰，双手洁净、不留长指甲，指甲不染色,得 4 分	8			

续表

考核内容		评分细则	分值	自评	互评	师评
职业素养与操作规范（20分）		精神面貌：饱满热情、面带微笑、耐心细致、语言文明、无错别字，得5分	5			
		操作过程中爱惜财产，对商品和设备轻拿轻放，得3分	3			
		效率意识：完成速度较快，有一定的时间意识，得4分	4			
技能（80分）	类型	所选文章类型能较好反映主题，得10分	10			
	选题分	1. 文章选题具有一定吸引力，得5分； 2. 文章选题具有一定科学性，得5分	10			
	标题	1. 标题表达内容清晰，得5分； 2. 标题有吸引力，得5分	10			
	STEPPS法则	软文撰写符合STEPPS法则，每达标一项，得5分	30			
	引流	1. 引流推广运营有效，得8分； 2. 引流推广运营经济可行，得2分	10			
	留存	1. 留存运营有效，得8分； 2. 留存运营可行，得2分	10			
总分及得分			100			

【任务拓展】

根据高级药品购销职业技能等级证书的要求能进行营销文案撰写，针对有专升本需求学生学习。

【任务考核答卷】

班级：　　　　姓名：　　　　学号：　　　　成绩：

任务背景	
文章主题	
文章类型	
文章标题	
文章内容	
引流技巧运用	
留存技巧运用	

【任务实训报告】

班级：　　　　　　姓名：　　　　　　学号：　　　　　　成绩：

实训任务	
实训目的	
实训步骤	
注意事项	
实训反思	

【课后作业】

1. STEPPS法则包括：_____

_____

_____

2. 网上药店的微营销常见图文类型：_____

_____

_____

3. 网上药店进行微营销时，标题撰写常用技巧：_____

_____

_____

4. 网上药店微营销时，常用引流技巧：_____

_____

_____

5. 网上药店微营销时，常用留存技巧：_____

_____

_____

任务六　直播运营

【学习目标】

素质目标：对接零售药店新业态，应用新零售技术，具备拥抱科技、守正创新的职业态度；直播过程中采用团队协作，认同密切协作、敬业乐群的职业价值；直播话术组织符合法律法规基本要求，并能形成专业服务、诚信营销的职业操守；直播选品中彰显对乡村等弱势经济群体的帮扶关爱，树立兼济天下、经世济民的职业理想。

知识目标：能准确背诵话术组织提炼要点；能完整回忆直播实施的操作流程；能全面地列举直播团队主要岗位及其主要职责；能准确地阐述出排品的基本规则；能归纳总结说明室内场景和室外场景的特点。

能力目标：能完成一份较为完整的直播方案；能完整无差错地完成一场医药电商直播。

阅读材料

直播带货蹚出乡村振兴新路

当前，很多奋战在乡村一线的年轻人在摸索直播带货，为乡村振兴蹚出一条新路。

通过"云端"连线，团贵州省委驻村扶贫干部黄宗策把喀斯特深石山区漫山遍野的黄色花朵"带"到了演播室。那是坡老村村民因地制宜栽种的药材铁皮石斛，开得正盛。

3个月前，黄宗策还在为因疫情滞销的石斛产品焦虑。他带着几个年轻人开动脑筋，发力电商，不仅打开销路，还把一批货物送到了武汉一线医务人员手中，为他们补充体力。

黄宗策希望把电商直播红利与实现农产品销售有机结合，通过一线扶贫干部的真诚与实干，实现产业自救，为当地百姓蹚出一条致富路。

【任务要求】

能遵守《互联网药品信息服务管理办法》的要求，根据互联网药店经营管理目标做好网上药店单品直播脚本策划及直播实施工作。

要求：直播信息内容无法规禁忌，无夸大宣传，无描述笼统，无暗示适用人群等，并且文案有感染力。

【任务准备】

一、任务名称

网上药店直播运营。

二、任务条件

项目	基本实施条件	备注
场地	40m² 以上的机房	选备
设备	计算机或笔记本电脑或手机、网络、虚拟仿真软件、直播灯	必备
工具与材料	计时器、投影仪	选备

【相关知识】

一、团队筹划

直播团队人员构成主要包括主播、运营、副主播、策划、招商、场控六类人员，他们的职责分工如下。

（一）主播岗位职责

直播前：熟悉直播脚本内容，明确直播目标。电商类主播在直播中还需熟悉商品特性，了解直播过程中的优惠和福利信息。

直播中：活跃直播间气氛，把握直播活动节奏，引导新粉关注并维护铁粉。电商类主播还需讲解商品卖点以引导观众下单。

直播后：打造个人IP并提升粉丝黏度，领导直播复盘，定期发放粉丝福利。电商类主播还需关注发货及客服问题。

（二）运营岗位职责

负责整体运营和安排；规划整场直播的内容；确定直播的主题并维护直播间流量；做好团队协调，包括外部协调、内部协调以及人员的关系和情绪协调；引导数据监控，发现直播中出现的问题并及时解决；复盘直播并进行实时数据分析，总结并提出优化建议。

（三）副主播（或主播助理）岗位职责

副主播（或主播助理）一般出现在电商类直播中，岗位性质偏向辅助性。

直播前：确认货品、样品及道具的准备是否就位；检查直播设备并做好网络调试，确保直播成功；熟悉脚本内容并及时提醒主播；熟悉商品性能，做好替场准备。

直播中：配合场控与主播协调；副主播一般出镜与主播搭配，协助主播直播，而主播助理一般在镜头外辅助主播；在观看人数较多时进行互动答疑、商品讲解；进行穿搭、商品试用；做好货品整理；当各种因素导致主播不方便出场时，副主播（或主播助理）替代出场。

直播后：协助主播做好直播后相关工作，主要包括打造个人IP并提升粉丝黏度，协助直播复盘，定期发放粉丝福利等。电商类直播中还需注意发货及客服问题。

（四）策划岗位职责

负责直播的内容策划，包括选题、执行、统筹等工作，以及策划推广文章、短视频创意等。统筹直播内容执行或派题，与直播后方、嘉宾及其他部门沟通协调。根据主播的人设和粉丝属性，策划直播脚本，包含销售话术撰写、活动策划执行、优化内容质量等。

（五）招商（或选品）岗位职责

负责直播间商家招募、合同签订及客户维护，电商类直播商品对接及促销活动协调，电商类直播商品更新，电商类直播产品监控、排期和整理等。

（六）场控岗位职责

负责调试设备，如网络、摄像头、灯光角度等；软件设置，如直播音轨推流方式等；做好后台操作，如直播推送、公告、商品上架、修改价格、录制讲解视频等；数据监测，监测在线人数、峰值数据、商品点击数据等；直播过程中有异常情况时及时反馈给直播运营，并负责指令的接收及传达，例如，直播运营有要传达的信息时，场控就要及时传达给主播和主播助理，并令其传达给观众。

二、商品筹划

（一）人群定位

在选品时，要尽量选择匹配账户垂直领域的，粉丝认同主播带货专业度，切入电商相对容易。同时，兼顾粉丝的年龄和消费能力情况，确定品类和品单价。

（二）商品结合性

选品时要求安全可靠，用户的安全风险是选品的第一大因素；季节周期也是重要考虑因素。此外，商品的客单价、品类要控制在一定的比例，避免选品品类及客单价区间的单一化，要照顾到不同用户群体的需求。

（三）排品规则

排品一般遵循"引流款＋爆款＋利润款＋特色款"这一规则，保证直播间流量热度并兼顾店铺销售收益。

1. 引流款

引流款通常价格偏低，且是店铺销量的主要贡献产品。引流款可作为福利款，分批次穿插在其他商品中，有助于把控直播间的节奏，以及增加用户在直播间的停留时间。

2. 爆款

通常直播间上架这类商品主要是为了清库存和冲销量。这些商品作为直播间主打款，一般讲解频次或讲解时长较高，以便让消费者充分了解该商品。这类商品上架的时段没有太多的要求，不管是流量高的时候，还是人气一般的时段，都可以上架和讲解。因为，这类商品既是直播间的主打款，又是冲销量的商品。因此，要想达到效益，那就需要时不时出现在直播中，加深观众对商品的印象。

3. 利润款

一场直播的盈利多少就要看利润款数量。这类商品适用于直播间目标用户里面某一特定的小众人群，这些人追求个性，愿意去消费，并且有能力去消费。因此，这部分商品一般品质高，而且产品卖点上有自己的独特之处，并且用户对这类商品的价格敏感度不高。一般而言，利润款上架的时段都是当直播间人气和流量较高，最好是最高的时候。这样一来，能确保利润款商品被更多的人看到，并且通过主播的不断反复讲解，观众也更多地了解商品的信息。并且，在这种流量较高的时候，主播会适当拉长商品的讲解时间，反复强调产品的价格或活动，以此就增加商品的转化率。

4. 特色款

特色款应该是店铺的主推款，它的作用是把本店和其他店铺区分开，在用户印象里形成独特的记忆点，达到精准引流，持续引流的效果。特色款选择时应考虑到账号的长期规划，卖点提炼需要足够鲜明，精简到一两个，足以打动用户即可。

三、场景筹划

（一）直播场景选择

1. 室内场景

选择室内场景开展直播时，为保证直播效果，一般会按需搭配其他相关道具，如幕布、显示屏、提词器、展示架、氛围布景、黑白板等。

2. 室外场景

室外场景可以带来耳目一新的观看体验，客观上有利于推动直播销售的成果转化。但室外直播具有更多不可控因素，对收音设备等也有更高要求

（二）直播场景搭建

1. 背景布置

直播背景尽量选择纯色和浅色，更精简，视觉效果更宽阔。如果直播空间很大，为了避免直播间显得过于空旷，可以适当地丰富直播背景。例如，放一些室内小盆栽，如果是节假日，可以适当地放一些跟节日相关的物件。

M7-5 网上药店虚拟直播间搭建

2. 灯光布置

直播间的灯光布置可以从亮度、数量、摆放位置等方面统筹考量。最常用的灯光分为主光、辅助光、轮廓光、顶光和背景光，首先要设计好灯光的摆设和照射方向，然后通过不同角度和不同组合搭配设计出不同的光影效果。每种灯光都有其自身的优缺点，只有配合使用、相互补充才能达到最佳效果。场景搭建过程中需要耐心测试和调整，最终设计出最优秀的灯光布置方案。

（1）主光布置　主光源应放在主播的正面，与镜头形成 0°～15°夹角，这种设置可以保障光线充足均匀，也可使主播的面部更柔和，起到磨皮美白效果。其缺点是光源从正面照射，没有阴影，使直播画面略显平板而没有层次感。

（2）辅助光布置　辅助光源可放在主播左右两侧，呈 90°照射。左前方 45°的辅助光可以使主播面部产生阴影，形成立体质感；而右后方的 45°辅助光则可使主播后侧的轮廓被打亮，与前侧产生反差，更利于打造主播面部的立体感。需注意光的调节，防止光线太亮而出现过度曝光或部分光线太暗的情况。

（3）轮廓光布置　轮廓光源放在主播身后，以形成逆光效果。背后射出的光线可以使主播轮廓分明，也可将主播从直播间的背景中分离，突出主体。轮廓光布置需注意调节光线亮度，防止光线过度而变成强光普照的效果，使用不当甚至会出现镜头耀光情况。

（4）顶光布置　顶光是从主播头顶照下来的光，可以产生浓重的投影效果，有利于塑造轮廓感，起到瘦脸作用。但需注意顶光光源位置不要超过 2m。顶光的缺点是易在眼睛和鼻子下方形成阴影。

（5）背景光布置　完成前面所有布光后，直播间的背景会变得黯淡无光，这时就需要布置背景光，以达到均匀室内光线的效果，在保障主播美肤的同时保留直播间的完美背景。背景光布置需特别注意均匀灯光的效果，建议采取低光亮多光源的方法。

3. 设备布置

直播间设备，主要包括各项直播硬件，如手机、电脑；直播辅助设备，如手机支架、麦克风、声卡等。

四、直播实施过程

（一）直播准备

1. 物料准备

不仅包含直播设备、道具、商品或者样品、奖品等实物物料，还包含直播素材、商品卖点提

炼、主播团队形象和精神状态的调整、突发预案等非实物物料。

2. 场景准备

除要对摄像设备（直播系统）和网络环境进行检查之外，还涉及场地和灯光布置调整。

3. 测试准备

主要围绕网速测试、设备测试、主播测试等展开。

（二）直播流程

1. 直播开场

直播开场主要是指从单场直播到主播内容输出（电商类直播详细介绍商品）前的阶段。在这个阶段进入直播间的观众数量较少，主要工作是吸引观众并最大限度地控制流失率。主播可以用别开生面的开场白赢得观众兴趣，同时从客户利益点等方面深入浅出介绍。此外，开播前派发福利、抢红包、抢免单等方式也能提升体验感和用户留存率。

（1）直白开场　直接告诉观众直播相关信息。

（2）提出问题　引导观众思考与直播相关问题。

（3）抛出数据　利用数据，第一时间令人信服。

（4）故事开场　带着听众进入直播所需场景。

（5）道具开场　借助道具来辅助开场。

（6）借助热点　拉近与观众之间的心理距离。

2. 直播过程

指从开播初期到直播结束前的阶段，这个阶段观看直播的人数呈现出动态稳定状态。主播按照脚本输出内容，详细介绍商品并通过各种营销方式促成用户下单，主播与团队其他成员之间要密切配合，试图与观众建立深度信任与情感交融，积极处理弹幕上的问答互动，引导点赞打赏。

（1）商品讲解话术

① 为什么要买：给出购买理由。

② 为什么要买你的：权威、从众。

③ 为什么要现在买：传递购买好处。

（2）互动技巧

① 开播互动：打招呼、口播昵称、弹幕互动。

② 提问互动：通过提问形式与观众互动。

③ 问答互动：针对观众"疑难"问题解答。

④ 抽奖互动：以粉丝福利形式进行发放。

⑤ 感谢互动：真挚表达感谢，预告下次直播时间。

3. 直播收尾

直播收尾指从主播完成本场直播的内容输出到直播关闭前的阶段，本阶段的实施要点是回顾本场直播活动并介绍下一场直播活动的主体方向、主要内容和播出时间。

（三）直播复盘

直播后的复盘在于通过对过程的回顾和梳理，探索和总结出过程中存在的问题和疏漏，并在"推倒重来"过程中扬长避短、沉淀经验、不断改进。

1. 对照目标

通过对照直播策划中的直播目标和分析同行的相关数据，可以大致了解每场直播活动的直播销售额、直播观众总数、直播间观众停留时长、新增粉丝数、直播间用户画像数据等，作为直播复盘对照依据。

2. 数据分析

在项目运营一段时间，各方面数据都比较充分完备之后进行综合分析。分析的切入点是项目运营的主要考核指标，以此为基础作出相应的优化，关键是综合考量当前走势和未来趋势。

3. 问题改进

按照参数的不同、内容方向或者在项目中的权重，将问题归为流量问题、转化问题、留存问题等。先清晰地罗列问题框架，再以此填入经由数据分析得出的问题描述，最后有针对性地加以解决。

4. 复盘记录

复盘记录是直播活动的总结记录，把团队复盘数据、商品复盘数据、直播间复盘数据记录下来，然后将预期目标与达成目标进行对比，最后明确问题，找出解决方法，通过一张表格清晰完整地呈现复盘记录。

【任务实施】

在电子商务实训室，学生六人为一组，分别担任主播、副主播、场控、策划、运营、选品的职位。根据教师给定的药店，如阿里健康大药房，完成一份单品的直播策划书，并根据直播策划书进行一场不少于15min的单品直播。

要求：选品合理，流程清晰，操作无错误，语言有感染力。

【任务评价】

组名：

考核内容		评分细则	分值	自评	互评	师评
职业素养与操作规范（20分）		仪容仪表：工作服穿着整齐（袖口扎紧），得4分；不披发、化淡妆、不佩戴首饰，双手洁净，不留长指甲，指甲不染色，得4分	8			
		精神面貌：饱满热情、面带微笑、耐心细致、语言文明，无违规用词，得5分	5			
		操作过程中爱惜财产，对商品和设备轻拿轻放，得3分	3			
		创新意识：营销活动具有新意，得4分	4			
技能（80分）	团队	人员分工合理且职责分明，得10分	10			
	商品	1. 选品符合主要销售对象需求，得5分； 2. 排品符合网络直播销售规律，得5分	10			
	场景	1. 场景选择和搭建合理，得5分； 2. 设备灯光使用得当，连接安全，得5分	10			
	直播实施	1. 预热开场中，有效问好及自我介绍，介绍本次直播计划、促销活动，得10分； 2. 直播讲解中正确介绍商品基本属性，有商品特色、卖点介绍，有商品的特写展示，有商品日常价和促销价说明，得20分； 3. 在20s内完成直播间的问题回答，有效形成互动，得10分； 4. 直播结尾口播引导关注、感谢语，得10分	50			
总分及得分			100			

【任务拓展】

根据高级药品购销职业技能等级证书的要求能撰写营销实施报告，针对有专升本需求学生学习。

【任务考核答卷】

班级：　　　　　　姓名：　　　　　　学号：　　　　　　成绩：

直播主题				
直播时间	直播商品	话术	人员分工	场景画面

【任务实训报告】

班级：　　　　　　姓名：　　　　　　学号：　　　　　　成绩：

实训任务	
实训目的	
实训步骤	
注意事项	

项目七　网上药店运营　225

续表

实训反思	

【课后作业】

1. 直播团队主要包括：_____

_____

_____

2. 直播商品排品规则：_____

_____

_____

3. 直播实施主要阶段及注意事项：_____

_____

_____

_____

_____

_____

M7-6 网上药店运营课件

项目八　药店拓展

【项目介绍】

药店拓展内容围绕零售门店，以《药品管理法》《药品经营质量管理规范》有关法律为依据，深入展开学习药店选址与开办、营业卖场布置和 DTP 药店运营管理有关内容。对门店选址、店面布置与 DTP 药房运营管理进行学习与实训。通过本项目学习，学会药店运营的基本要求，综合考虑与分析多项因素对药店的影响与作用，以增强门店竞争力，提高门店销售额。

【知识导图】

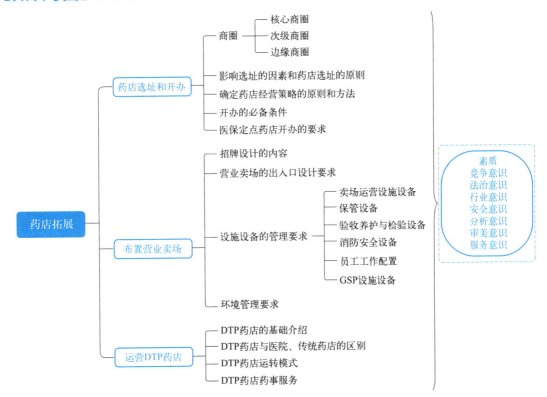

【学习要求】

学会药店商圈分析的基本方法，掌握门店选址及开办的基本原则，培养门店选址的社会调查能力与目标市场选择的敏锐目光，在门店布置过程中具有法治意识、商业意识和审美意识，具备 DTP 药房运营管理实践操作能力。掌握商圈的基本知识与药店选址的基本原则；熟悉药房门店的布置；了解 DTP 药房运营管理的基本程序。能对药店选址进行分析调查；能有效完成门店布置工作；能运用 DTP 程序完成专业 DTP 药房运营管理。

【项目"1+X"证书考点】

任务中与药品购销职业技能等级证书对接内容如下。

等级	工作领域	工作任务	职业技能要求	备注
中级	2. 药品营销	2.1 市场调研与新品种开发	2.1.3 能对调查资料进行分析并撰写调研报告。 2.1.4 能对客户的市场能力和资金信用进行评估	
高级	3. 医药营销	3.1 营销策划	3.1.1 能进行医药市场预测分析	

任务一 药店选址和开办

【学习目标】

素质目标：在门店选址过程中具备社会实践调查意识，学会分析市场动态的管理思维，坚守法律红线。

知识目标：能在 5min 内准确阐述药店选址的基本要求与原则；能在 10min 内基本陈述商圈的基本概念和药店选址、经营策略的原则和确定方法。

能力目标：能够根据给定的门店地址在 30min 内基本完成对商圈的分析调查，能有效合理完成药店选址工作。

【任务要求】

根据药店经营方向与经营策略，结合市场需求，对拟开办药店区域进行商圈调查，小组合作完成药店选址工作并对拟开办的药店进行 SWOT 分析，准备好拟开办药店的相应证件与材料。

要求：能够遵守法律法规，独立完成药店选址工作，成果应当具有可实施性。

【任务准备】

一、任务名称

药店商圈的调查与 SWOT 分析，并准备拟开办药店的相应材料。

二、任务条件

项目	基本实施条件	备注
场地	学校周边	必备
工具与材料	调查问卷、纸和笔、计时器、计数器、照相机、计算机	必备

【相关知识】

一、商圈

（一）商圈的定义

商圈指以门店所在地为中心，沿着一定方向和距离向外扩展，所吸引顾客的辐射范围。该范围内的消费结构、消费者组成和竞争门店等因素都会影响到门店的经营情况。因此，在门店选址前进行商圈的分析是有必要的，为风险性评估和可行性分析提供真实有效的数据，为门店的营销策略和经营方向提供依据。

（二）商圈的构成与分析

1. 商圈构成

店铺的销售活动总是有一定的地理辐射范围，商铺类型、经营的商品、地理位置、交通情况和经营规模等的不同，都会影响到商圈的形态和规模。药店商圈的构成一般按照客流密度的分布进行划分，一般由核心商圈、次级商圈和边缘商圈组成，如图8-1。核心商圈是最接近药店，具有高客流密度的区域，顾客占其总数的55%～70%；次级商圈位于核心商圈之外，是客流密度较低的区域，顾客占总数的15%～25%；边缘商圈的顾客密度最低，且最为分散，消费者约占其总数的5%～10%。

需要注意的是，商圈的构成中其地理辐射范围并不是一个规整的同心圆，在实际生活中，药店商圈的地理辐射范围的距离和形状是动态变化的，受到多方面因素影响，包括地理位置、交通情况、节日因素、竞争门店经营行为的变化等。

2. 商圈形态对药店的影响

商圈形态是商圈所具有的地理性形状。它取决于交通枢纽、自然性、社会性、行政区划界限、竞争店铺位置等。一般而言，商圈形态可以分为商业区、住宅区、文教区、办公区和混合区。商圈形态不同，其交通情况、消费特征、消费对象和消费高低等因素都会存在差别，因此药店对所在商圈进行分析十分有必要。

3. 商圈分析

药店商圈分析是对其商圈的形态、构成情况、消费结构特点和影响商圈的变化情况等各种

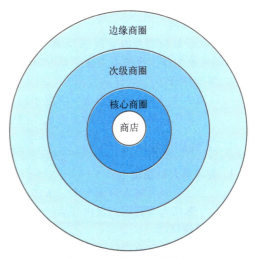

图8-1 药店商圈的构成

因素进行综合性的调查与研究，对于商店来说，具有重要的意义，为药店的选址、市场目标制订、确定消费者结构和消费群体、门店经营策略等提供重要依据。药店商圈分析主要内容如下。

（1）人口规模及特征　分析内容包括人口总量和密度、过往人口数量、年龄分布、平均教育水平、居民户数、企业单位数、可支配总收入、人均可支配收入、职业分布、人口变化趋势等。

（2）供货来源　包括运输成本、运输与供货时间、生产商与经营企业数目、可获得性与可靠性。

（3）促销　包括促销媒体可获得性与传达的频率、促销成本与经费情况。

（4）经济情况　包括主导产业、商圈多角化程度、免除经济和季节性波动的自由度。

（5）竞争情况　现有竞争对象的经营情况、商业模式、经营商品、服务对象、竞争者优劣分析、竞争对象的变动情况和竞争饱和程度等。

（6）商店区位情况　交通系统便利情况、城市规划、开店主要区域、区位类型和数目等。

（7）其他因素　除上述因素外，商圈分析应当还考虑区域内营业限制、租金成本、停车位情况和城市规划建设等相关影响因素。

二、影响选址的因素和药店选址的原则

药店选址是药店开展经营活动的必要前提，是企业对市场开发拓展的重要环节。考虑药店选址的影响因素，把握选址原则，是药品经营从业人员的一项重要技能。

(一) 影响药店选址的因素

1. 法律规范要求

药店因其经营商品的特殊性，选址首先应当遵守《药品管理法》《药品经营质量管理规范》等有关规定，为避免药店扎堆、资源分配不均的现象，部分城市实施药店间隔要求。因此，开办药店应当及时关注法规政策与市场需求，坚持遵循需求导向、分类引导、市场规定、安全可控的要求从事药品零售活动。不符合要求的一律不可开办药店。

2. 商圈类型

药店应当考虑选址的商圈类型是否符合药店经营策略，如门店较小、药品价格相对低廉的小型门店更适合开在住宅区，更能满足其消费结构与人群。

3. 人流量

人流量是药店选址重要的指标，药店选址应当选择消费人群密集的区域，如医院、社区、商业中心等区域是药店选址黄金地段。客流量越大、越集中，门店的集客能力越强，获得的经营效益更大。

4. 地理环境

门店的选址应当考虑交通的便利性，最好选择面对客流量最大的街道，顾客步行不超过15min的区域为佳。再根据人流流动方向与密集程度，合理选择门店朝向。

5. 消费特征

门店选址应当调查商圈形态，考虑不同人群的年龄段、消费需求与消费特征，比如住宅区不适合设立奢侈品门店，而繁华的商业区不适合小型便利商店。

(二) 药店选址原则

1. 客流量大且稳定

药店选址首要考虑人口密度大、人流量高、居住人口集中的区域，推算人流折返点，选在人流折返点之内开店，保证药店客流量与经营稳定性。

M8-1 药店选址的原则

2. 地段选择

药店的开店黄金首选区域包括医院、小区等靠近菜市场、超市门口等区域，街角、街道交界处、拐角处与街道两端，这些位置是行人密度较高，药店覆盖力较强的地方。

3. 交通便利

选址应当选择交通便利，行人易停留，步行较短时间能到达的区域，不选快车道旁。门店位置应当尽量平整无斜坡、无障碍物，选择在人流量较高的一侧道路开店，尽量不选马路对面。

4. 租赁成本符合预期

考虑开店租金成本与资金状况，主干道拐角、商业区、医院等黄金地段开店成本较高，门店应当慎重分析。

5. 根据企业定位进行选址

对于连锁门店，药店选址应当与企业的发展定位和市场规模相匹配，考虑企业对门店的定位要求，考虑企业配送中心是否有能力为新店供货。

6. 竞争关系

选址前应当调查周边存在有竞争关系的门店，评估竞争和无竞争对销售产生的影响。一定程度上，竞争关系能够起到促进销售作用，但过于激烈的竞争却也对销售产生负面影响，药店选址，应当考虑与周边门店竞争的差异性，减少门店销售的冲击。

三、确定药店经营策略的原则和方法

(一) 确定药店经营策略的原则

零售药店在确定自身经营策略时应当考虑如下方面。

1. 企业经营方向

连锁药店应当明确企业经营方向、发展方向、业务范围与经营领域,明确市场战略方针。

2. 企业资源

企业有足够的资源支撑,才能保证药店经营活动的进行与市场的开拓,资源包括有资金支持、物流配送、产品支持、市场推广及优秀人才等。

3. 目标市场与群体

明确消费主体,对目标顾客进行差异化分析,制订以顾客为导向的经营策略,突出门店经营的差异化,提升门店的知名度。

4. 竞争对手

门店的竞争关系分为直接竞争与间接竞争,直接竞争的对手其销售商品、经营手段、目标顾客与本店类似,直接分割市场,争夺相同的市场份额,门店经营越强,竞争力越大。间接竞争的对手分为两类,一类是有商品种类、经营范围、经营对象的不同;另一类是有相似经营范围和经营对象的,其商品价格、质量水平、经营模式等存在差别。分析竞争对手及竞争模式才能合理制订药店经营策略。

5. 门店地理位置

地理位置的差异、商圈形态的不同,所面对的客户群体存在巨大差异,确定门店经营策略应当考虑这类因素。

6. 法律与政策

法律与政策是药店应牢牢把握的底线,及时了解政府最新政策法规,把握市场动态是制订门店经营策略的重要要求。

(二) SWOT 分析

SWOT 分析中 S(strengths)指优势、W(weaknesses)指劣势、O(opportunities)指机会、T(threats)指威胁,SWOT 是一种基于内外竞争环境的一种分析方法。对于药店来说,就是以药店为研究对象,分析与该研究对象的各种主要优势、劣势和外部的机会、威胁等,通过调查,将各种因素综合匹配得出一系列相应结论,从而确定本药店的目标市场,明确药店市场定位,做好药店经营决策。对于零售连锁药店来说,SWOT 分析内容主要包括以下方面。

1. 优势分析

(1) 成本的优势 零售连锁药店在竞争过程中有成本优势,区别于普通单体药房的买、卖职能一体的经营模式,零售连锁药店有着多样化的连锁形式与统一的药品配货中心,药店商品由配送中心统一进行进货与配送。这种形式有效节约了配送成本与采购精力,由于大批量进货,避免了出现货物短缺不足的情况,也能够增加连锁门店的客户选择自由度,获得市场的竞争优势。

(2) 企业与品牌形象 相较于单体门店,零售连锁药店往往追求规模效应,有着强大的品牌效应与网点辐射力,消费者覆盖人数更多,知名度与购买欲望往往更高,更有利于市场的开发与稳固。并且同一企业的零售药房其药品的品种、质量、价格都是规定的,销售、服务与售后也具有统一标准,员工引进渠道正规,素质更加优秀,市场竞争力更强。

(3) 技术与经济规模 相比单体药店,连锁药店包括门店数量、员工数量、销售量、资金投入等方面都有着不可比拟的规模与技术优势。随着时代的进步与药品质量管理的要求变更,知名连锁药店往往有着统一的数字化运营系统与专业的信息处理人才,企业能够收集门店大量的信息数据进行统计分析,调整销售经营策略,在市场动态上占领高地。

(4) 宣传与管理优势 连锁药店的职能机构与管理制度是统一制定的,意味着每一家连锁药店都具有药品供应、采购、物流管理、质量信息管理、门店管理、宣传推广等相关职能部门或工作岗位,每个部门与岗位分工明确,能够更有效率地完成工作。

2. 劣势分析

(1) 经营模式老化单一 由于药品本身的特殊性、受众人群、目标市场定位等原因,目前我国大部分零售药店经营模式较为老化单一,经营品种多元化程度较低,折扣促销、会员制、赠品活动等线下营销依旧是主要的促销手段,缺少经营特色与经营差异化。特别是受疫情的影响,单纯的传统线下单体门店已经不能满足消费者的要求和营业所需,阻碍了零售药房的发展。

(2) 专业技术能力不足　药品作为关乎消费者的健康安全的特殊商品,对于从事药品行业的工作人员有着较高的专业技术要求,药店作为药品销售的终端,面向广大消费者,既是服务性质的销售行业,同样也是药学健康顾问。但整体来说,零售药店的从业人员专业性仍然偏低,具有药师资格的人员较少,不能充分地了解所推销药品的相关专业知识,不能开展专业技术的药学服务,导致不能满足消费者的需求,药店的专业权威性难以树立。

(3) 管理能力　我国药店规模小,数量多,监管与培训指导不能到位,人员管理不够标准,对于从业人员的管理缺乏专业的培训。部分药店存在违规经营与超范围经营的行为而难以及时监督管理,处方药违规销售、私自坐堂行医、药品分类标识不清等问题仍有出现。

3. 机会分析

(1) 市场与需求　随着医疗体制改革的推进,零售药品终端已成为主要的发展趋势。商务部在"十四五"指导意见提出在2025年,培育形成5~10家超500亿的专业化、多元化的药品零售连锁企业。对比国际发达国家的零售医药商场,我国零售药店的市场占比份额较小,具有巨大的市场发展潜力。中国医药零售市场在未来的几年内,仍将以较快的速度发展。

医药行业属于大健康服务行业,国家鼓励发展并推进医药市场的建设,随着消费水平的提高、消费者需求的增加,消费者对药店的需求已经不仅仅是购买药品,而是包括了健康咨询、保健养护、服务管理、化妆品购买等多种需求,需求的扩大意味着市场的扩大,药品零售企业通过对市场的把握,提高药学服务水平、扩大药店目标人群、拓展商业功能,赢得市场发展的机会。

(2) 政策优势　为推动医药零售行业的健康持续发展,国家与地方政府相继发布多项利好政策,随着医疗体制改革、药店分级管理制度、医保谈判药品的"双通道"管理等多项政策的推行,我国的零售药店布局明显加速。国家出台的有关特慢病定点零售药店享受医保统筹支付待遇的政策更是为零售药店打开了特殊病用药、慢性病用药的市场大门。多项利好政策的推行,提高了药店的抗风险能力、增加了药店市场竞争力,为药店赢得广阔的发展空间。

4. 威胁分析

(1) 竞争对手　随着医药零售市场的发展、医疗政策的推行,越来越多的竞争对手与新型经营模式冲击着传统药店的经营模式。其中主要有两大竞争对手:一为互联网药品交易,二为医疗机构。互联网药品交易中规定申办网上药店的企业必须是连锁门店,这种网上购药的形式不仅拓宽了销售渠道,药品以实惠的价格、更便捷的方式到达消费者手中,还改变了消费者的消费方式与习惯。据统计,2021年我国网上药店的药品销售额已达到了368亿元,同比增长51.49%。同时,医院等医疗机构由于国家基本药物制度的实施,取消了药品加成,实现药品零差价,药品具有优越的价格优势,这也是对线下药店的经营造成冲击的很大原因。

(2) 市场紧缩　近年来,药店数量急剧增多,电子商务的入局使得行业竞争逐渐加剧,随着《关于"十四五"时期促进药品流通行业高质量发展的指导意见》的发布,连锁药店已是大势所趋,至2025年,目标达到药品零售百强企业年销售额占药品零售市场总额65%以上;药品零售连锁率接近70%,这意味着医药行业向着更高质量、更高标准发展,中小药店发展更加艰难。

5. 制定经营策略

根据SWOT分析,可以将问题进行分类与拆解,将各种因素互相匹配加以分析(表8-1),帮助综合分析形势,为企业战略制订、确定企业经营策略提供决策性结论。

表8-1　SWOT态势分析

因素	优势(S)	劣势(W)
机会(O)	SO:优势+机会	WO:劣势+机会
威胁(T)	ST:优势+威胁	WT:劣势+威胁

四、开办的必备条件

(一) 开办药店基本条件

根据《药品管理法》《药品经营质量管理规范》与《药品经营许可证管理办法》有关规定,开办药店需要如下基本条件。

M8-2 药店开办需要提供的资料

(1) 具有依法经过资格认定的药师或者其他药学技术人员。

① 药品零售企业法定代表人或者企业负责人应当具备执业药师资格。

② 零售药店应当按照国家规定配备与经营规模相适应的执业药师,执业药师应在岗在职,不得兼职。

③ 质量管理、验收、采购人员应当具有药学或者医学、生物、化学等相关专业学历或者具有药学专业技术职称。

④ 从事中药饮片质量管理、验收、采购的人员应当具有中药学中专以上学历或者具有中药学专业初级以上专业技术职称。

⑤ 营业员应当具有高中以上文化程度或者符合省级食品药品监督管理部门规定的条件。中药饮片调剂人员应当具有中药学中专以上学历或者具备中药调剂员资格。

(2) 具有与所经营药品相适应的营业场所、设备、仓储设施、卫生环境。

药品零售企业的营业场所应当与其药品经营范围、经营规模相适应,并与药品储存、办公、生活辅助及其他区域分开。零售药店营业场所应当具有相应设施或者采取其他有效措施,避免药品受室外环境的影响,并做到宽敞、明亮、整洁、卫生。药品零售连锁企业委托配送药品的,不得另设配送中心仓库,且药品零售连锁企业购进的所有药品必须从同一法定代表人的药品批发企业采购。若药品零售连锁企业不委托配送或不委托同一法定代表人的药品批发企业配送药品的,应当设置独立仓库。

(3) 具有与所经营药品相适应的质量管理机构或者人员。

为保证质量管理工作有序展开,药品零售企业应当设置质量管理部门或者配备质量管理人员,履行相应职责。质量管理工作人员需在职在岗位,不得兼职其他岗位。

(4) 具有保证药品质量的规章制度,并符合国务院药品监督管理部门依据药品管理法制定的GSP要求。

(二) 开办药店申办程序

1. 申请营业执照

营业执照是工商行政管理机关发给企业或组织合法经营权的重要凭证。营业执照申请可以与筹建申请同时进行,申办人前往所在地的工商行政管理部门进行申请,营业执照申请程序是核准名称、提交资料、领取执照。营业执照的申领各省要求或有不同,办理时应当向当地市场监督管理部门咨询有关信息。

2. 申请药品经营许可证

(1) 筹建申请 开办药品零售企业,申办人向拟办企业所在地设区的市级药品监督管理部门或省、自治区、直辖市药品监督管理部门直接设置的县级药品监督管理部门提出筹建申请,筹建申请提交以下材料。①拟办企业法定代表人、企业负责人、质量负责人的学历、执业资格或职称证明原件、复印件及个人简历及专业技术人员资格证书、聘书;②拟经营药品的范围;③拟设营业场所、仓储设施、设备情况。受理申请的药品监督管理部门应当自收到申请之日起30个工作日内,依据国务院药品监督管理部门的规定,对其相关申报材料进行审查,作出是否同意筹建的决定。

(2) 验收申请 申办人筹建申请通过后,向受理申请的药品监督管理部门提出验收申请,每个省自治区具体需要提交的材料不一致，主要包括：①药品经营许可证申请表；②企业营业执照；③营业场所、仓库平面布置图及房屋产权或使用权证明；④依法经过资格认定的药师或药学专业技术人员资格证书及聘书；⑤拟办企业质量管理文件及主要设施、设备目录。

（3）组织验收　受理申请的药品监督管理部门在收到验收申请之日起15个工作日内，依据开办药品零售企业GSP的要求组织验收，符合条件的，发给药品经营许可证。

（4）发证　对符合验收条件的药品零售企业，发给药品经营许可证。

五、医保定点药店开办的要求

医保定点药店全称为基本医疗保险定点药店，是指符合基本医疗保险定点条件，经社会保险经办组织评估确认并签订服务协议，为基本医疗保险参保人员提供配购药品及相关服务的零售药店。每个省份申请医保定点药店的管理规定有所不同，主要包括：在注册地的经营时间要求、执业药师或者药师的要求、医药管理人员的要求、医保标识要求、医保相关管理制度要求、医药信息系统要求、医保协议签订要求等。

【任务实施】

3～4人一小组，利用课余时间在学校周边进行商圈调查，设计调查问卷，完成药店选址工作，撰写调查报告，成果具有可实施性。

（1）药店选址　分析学校周边商圈形态，根据所学知识进行药店选址。

（2）结果汇报　汇总调查结果，撰写调查报告，并对结果进行分析，小组成员派代表进行结果汇报。

【任务评价】

组名：

考核内容	评分细则	分值	自评	互评	师评
调查前准备工作（40分）	小组人员分工明确，得10分	10			
	调查方案设计完整，具有可行性，得10分	10			
	1. 调查问卷内容充分，符合调查要求，得15分； 2. 问卷内容逻辑清晰，排版美观合理，得5分	20			
调查方案实施（30分）	1. 分工明确，组织高效，在规定时间内完成调查任务，得3分； 2. 调查任务符合规范，得3分； 3. 调查环节过程良好，待人有礼，得3分； 4. 调查问卷回收率高，问卷填写情况良好，得6分； 5. 调查任务完成情况良好，调查信息真实有效，得15分	30			
调查报告撰写（10分）	撰写和提交调查报告，得10分	10			
结果汇报（20分）	1. 调查结果具有真实性与可实施性，得10分； 2. 小组汇报流畅完整，得10分	20			
总分及得分		100			

【门店选址与开办技能考核答卷】

班级：　　　　　姓名：　　　　　学号：　　　　　成绩：

内容	项目	门店选址与开办思路
门店选址工作	选择地址	
	商圈	商圈类型： 商圈特点：
	地理位置	交通工具： 步行距离： 地段优势： 周边竞争门店情况：
	人流量	每小时经过行人数：
	选址原因	
药店开办需要准备的材料	药品经营许可证申报材料	
	营业执照申报材料	
	其他有关材料	

【任务实训报告】

班级：　　　　　　姓名：　　　　　　学号：　　　　　　成绩：

实训任务	
实训目的	
实训步骤	
注意事项	
实训反思	

【课后作业】

1. 药店开办的程序：＿＿

2. 简述商圈的定义。

（1）核心商圈：＿＿＿＿＿＿＿＿＿＿＿＿＿＿＿＿＿＿＿＿＿＿＿＿＿＿＿＿＿＿

（2）次级商圈：＿＿＿＿＿＿＿＿＿＿＿＿＿＿＿＿＿＿＿＿＿＿＿＿＿＿＿＿＿＿

（3）边缘商圈：＿＿＿＿＿＿＿＿＿＿＿＿＿＿＿＿＿＿＿＿＿＿＿＿＿＿＿＿＿＿

任务二　布置营业卖场

【学习目标】

素质目标： 在营业卖场布置过程中形成审美素养，遵守法律规范要求，树立法治意识。

知识目标： 能在10min内完整阐述营业卖场布置的基本要求与GSP规定的设施设备布置原则。能在5min内基本陈述营业卖场的出入口设计和招牌设计。

能力目标： 能在30min内根据给定的营业场所设计药店营业卖场，能有效、合理完成药店卖场布置工作。

阅读材料

中国台湾地区独特的分子药店

在中国台湾地区，有这么一家设计装修颠覆传统的奇妙药店，该药店由中国建筑工作室Waterform操刀设计。这家药店有着华丽而独特的室内设计，无处不在的绿植、鹅卵石墙壁和富有美感的药品陈列方式，与传统的药房经营模式相去甚远。"没有生病也可以来药店喝咖啡"，其经营理念让它成为众多消费者讨论的焦点。这家药店打破了传统药店经营业态的模式，将传统与流行现代相结合，将健康的理念推向人群，成为众多药店中标新立异却又生机勃勃的一种新风格。

【任务要求】

根据药店空间布局要求，结合市场需求，对拟开办药店进行营业卖场的布置，小组合作完成药店空间布局，并配置营业卖场所需设施设备。

要求：能够遵守法律法规，合作完成营业卖场布置工作与设施设备配置工作，成果应当符合有关规定并且具有美感、无缺漏错误的情况。

【任务准备】

一、任务名称

药店空间布局与营业卖场成本预算。

二、任务条件

项目	基本实施条件	备注
场地	60m² 以上的GSP模拟药房	必备
工具与材料	白纸、铅笔、彩色笔、尺子、计算器	必备

【相关知识】

一、招牌设计的内容

药店招牌是药店展示给消费者的第一印象,是药店的重要组成部分。一个好的药店招牌不仅是指示门店的名称和标志,更具有高度的概括力和强烈的吸引力,能够吸引消费者,扩大销售,是无形的药店推销员。

(一) 药店招牌类型

(1) 栏架招牌 指装在门店正面的招牌,表明门店招牌名称、商标名称、经营范围等,多采用 LED 灯等照明吸引顾客,是招牌类型最重要的一种。

(2) 屋顶招牌 指安置在门店建筑物最顶端的招牌,醒目显眼,能够使消费者在远处就看到门店,起到了宣传作用。

(3) 垂吊招牌 指连锁门店的正面和侧面墙上挂置的招牌,作用和栏架招牌类似,能够使侧面行走的行人更好地看清门店的招牌,起到吸引消费者的作用。

(4) 侧翼招牌 位于门店两侧,展示给门店侧面行走的客人,通常以灯箱或 LED 灯为主,可以是门店名称、经营品种、广告或宣传。

(5) 墙壁招牌 独栋或拐角门店墙壁若符合规定要求可以进行设计,一般可以用于广告宣传,醒目夺眼。

(6) 路边招牌 指放置于人行道的招牌,能吸引行人视线,是一种可移动招牌,一般用于展示宣传门店的促销活动、商品折扣、营业时间、服务项目等内容。

(7) 遮阳棚招牌 指由厂商提供进行商品宣传的招牌,是视觉应用设计的一部分,具有统一性,顾客印象更为深刻。有广告宣传、促进销售的作用。

(二) 药店招牌命名

1. 命名原则

(1) 易读、易记原则 药店招牌命名应当朗朗上口、易读易记并且通俗易懂,这样才能发挥招牌的识别功能和传播功能。如果药店的招牌采用复杂生僻字或繁体字,即便门店的经营服务能力强,也会由于许多顾客无法辨认门店名称,影响口碑与传播。一般而言招牌命名中文 2~4 个字为宜,而外文 4~7 个字母为宜。

(2) 新颖有特色原则 招牌命名应当新颖不落俗套,具有一定的幽默感或深厚内涵,讲究语言的韵味与通畅,把握消费者的心理,让消费者产生共鸣作用,这类名称能更容易留下深刻印象且易于传播。

(3) 体现消费特征原则 招牌的命名一定要体现出门店的消费特征,反映门店经营品种、经营主体、经营特色等。命名要结合门店的经营项目和经营对象,如药店的招牌命名围绕"药""健康"等关键主体进行命名,更能抓住消费的目标群体的目光。

(4) 联想启发原则 药店招牌命名应当能让顾客对门店、企业或品种产生愉快的联想,有一个好印象能对消费起到正面促进作用,如康健药房、永安药房。

(5) 与标志物组合原则 药店招牌可以使用非文字表述的装饰物或图片,文字与标志物结合可以使得招牌更生动形象,让人印象深刻。

(6) 受法律保护原则 药店应当向工商行政管理部门登记招牌信息,因此命名应当考虑注册问题,必须符合《中华人民共和国商标法》登记有关要求。商店招牌应当安全、美观,符合城市管理有关规定,招牌内容需以国家通用语言为基本用字,不得使用及注册其他企业已登记的名称、县级以上行政区划的地名或者公众知晓的外国地名,不得使用国旗、国徽、地方标志性建筑或图案等作为商标。

2. 命名方法

（1）与经营特色或主要经营商品相联系　招牌命名可以以药店的主要经营商品和特色相联系，如好药师大药房、杏林大药房，突出门店经营的特色，顾客更易于识别。

（2）表达美好寓意或意境　招牌命名可以表达美好的寓意或意境，如民康药店、益丰大药房、千鹤大药房等，能引起顾客的有益联想，引起顾客兴趣，产生正面印象。

（3）与人名或历史文化、历史名人相联系　招牌命名可以联系人名或历史文化，以经营者姓氏命名如张氏药房，以历史文化、历史名人的相关命名如华佗药房等，使顾客产生兴趣和敬重心理。

（4）表达服务精神或经商格言　招牌命名可以展现门店的服务精神，如老百姓大药房、济生堂药店，给消费者一种正面的印象。

（三）药店招牌设计

1. 材料选择

药店招牌材料选耐久、耐污染的材质，同时因为招牌一般需要照明亮化设计，因此要保证一定的通透性。最常使用的是塑料材质招牌，价格低廉、外形美观且易塑形。除此之外还有铝塑板、不锈钢、烤漆玻璃、防腐木等。

2. 文字设计

由于大部分药店的消费对象主要为中老年人群，因此药店招牌字体的选择应当简明易懂，干净整洁，不宜使用花体、草书、篆书等难辨字体。药店招牌字体不宜太大也不能太小，应当根据门头的大小和字体进行设计，广告文字的大小一般不小于门头高度1/3，不大于门头高度2/3。

3. 色彩设计

招牌的色彩设计应当与药店门店和谐统一，符合招牌的材质需求；色彩不宜过多，容易引起消费者的视觉疲劳；也不应用同一种颜色导致招牌的内容难辨，色彩应当鲜明醒目，能有效吸引行人的目光。

二、营业卖场的出入口设计要求

零售药店营业卖场出入口是卖场设计的第一步骤，出入口设计应当考虑门店规模、客流量大小、经营商品特点、地理位置和安全管理要求等方面，做到既方便顾客的出入，又能符合营业卖场的管理要求。

（一）出入口类型

（1）出入分开型　如图8-2(a)，该类出入口分开设置，消费者进入门店后需由商场指示通道到出口结算。这类型出入口设计更能引导顾客流动方向，增加消费者购买欲望，同时能方便门店管理，有效阻止偷盗事件的发生，比较适合于开放式货架，顾客自由选购的门店。

（2）全开型　如图8-2(b)，该类出口面向行人一面全部开放，行人能直观地看到门店的内部和所销售的商品。这类门店出入口要求避免设置障碍物以保证消费者的自由出入，要避免门店前堆积其他杂物，一般在店中店使用。

（3）半开型　如图8-2(c)，该类门店出入口稍小，采用倾斜配置橱窗，以达到吸引顾客的目的。这类门店设计要求橱窗的展示能尽可能地引起消费者购买欲望，一般而言，化妆品、装饰品、服饰等商品的门店常采用这类设计。

（4）封闭型　如图8-2(d)，这类门店出入口尽可能小些，采用橱窗或有色玻璃进行遮挡，消费者能安静、愉悦地选购商品，该类店铺一般经营品种名贵、橱窗陈列讲究，给顾客留下深刻印象。

(二)药店出入口设计要求

(1) 地理位置　卖场出入口设置应当选择交通便利、人流量较大的方位,以吸引行人目光,营业卖场再根据所设置的出入口合理规划店内顾客流动方向。

(2) 出入口数量　对于零售药店来说,其营业面积较小,一般只设置一至两个出入口,方便人员管理,避免出现盗窃事件,也节省了营业的空间面积。

(3) 出入口大小　药店出入口设计不宜过宽,一般大型门店出入口设置在门店正中央,小型门店可以选择设置于门店左侧或右侧,由于行人靠右行走的趋势,门店出入口设置于左侧能更有效避免人流拥挤。

(4) 避免视线阻挡　出入口设计应当保证店内外的行人视线不被遮挡,能够清晰地看见店内商品,尽可能吸引消费者目光。

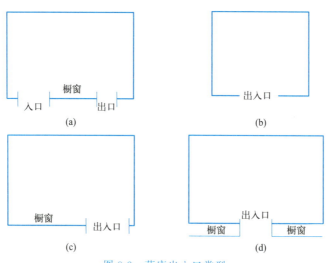

图 8-2　药店出入口类型

(三)顾客流动曲线

【课堂互动】

如果你进入一家药店,你会倾向于走哪个方向(图 8-3)?

顾客流动曲线是指店内顾客的流动方向。商店中,顾客的流动方向是有引导性的,因此又被称为"客导线"。流动曲线就是顾客在店内的活动轨迹,也是工作人员进行补上货的必要道路,流动曲线的设计原则就是能满足人员的行走和浏览,并且希望能让顾客在店内停留更长时间,购买所需商品,把顾客输送到我们想要顾客去的区域。

1. 流动曲线设计技巧

(1) 遵循流动方向　一般而言,消费者习惯于靠右行走,目光注视右方事物,流动曲线多为逆时针。因此收银台可以设置在出入口靠左侧,引导消费者靠右行走,在陈列商品时,可以将促销商品、主推商品等商品放置于靠右侧位置。

(2) 色彩引导　色彩设计是门店设计非常重要的一个环节,能直接影响药店的销售,因此在设计流动曲线时,考虑使用色彩引导,色彩中,明亮的颜色如黄色、白色能给人一种向前进的欲望,有一种空间扩大的视觉体验,而暗色系的

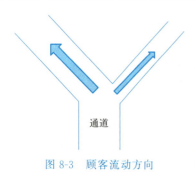

图 8-3　顾客流动方向

颜色则给人一种逼仄、阴暗的感觉，因此在设计流动曲线时，采用一些明亮的色块吸引消费者进入。

（3）道路宽度　流动曲线的主道路不能过窄，使消费者感觉行走困难、逼仄，一般而言，中小型的药店主道路宽度设置150cm左右，而辅助通道可以稍窄，宽度设置为100cm左右；大型药店则可以将主道路设置为200cm左右，辅助通道150cm左右，方便消费者回到主通道，增大商品的陈列面积，使消费者感受到商店商品数量充足，更能引起购物欲望。

2. 流动曲线设置原则

（1）合理规划店面销售区域　流动曲线设计时一定要考虑到商店内不同的区域所能带来的经济效益是不一样的，所产生的价值各有差异。大多数情况下，商店的黄金销售区域是出入口的附近，也就是消费者在门口就能直接看到的区域，因此，要注意黄金区域的设置是否吸引消费者目光，也是决定消费者是否进入门店、在店内停留时间长短的重要因素。设计时考虑引导消费者穿过黄金区域，从而更方便地引导消费者进入商店设置的视线焦点，达到促进销售的目的。

（2）不阻碍通行与视线　门店设计保证不阻碍消费者通行，流通曲线的主通道不能过于狭窄，导致消费者感到不能通过或通过较困难，同时保证流动曲线的设计尽可能地引导消费者到达所有的销售区域。

（3）充分结合店面形状　流动曲线设计时，充分结合门店的形状与经营特色，并根据门店形状规划设计划分出门店的主要销售区域，考虑主要商品的位置，流动曲线应当尽可能地照顾主推品种。

（4）学会设计视线焦点　视线的焦点也就是磁石点，焦点要能引起消费者的注意，如商品的展示区、POP海报等，使其进入特定的销售区域，指引性地引导顾客进行消费，因此，流动曲线设计时在行径道路设置焦点能够提高消费者的停留时间与增加购买欲望。

三、设施设备的管理要求

（一）药店设施设备分类

药店设施设备是指能满足药店为药品陈列、销售和管理等要求设置的所需要的技术装置和工具，药店的设施设备主要有以下几项。

1. 卖场运营设施设备

（1）药品陈列设施设备　主要有货架、柜台、货柜等。

（2）商品包装设施设备　主要有打价机、胶带、包装箱、打包袋、封口机、打码机等。

（3）中药材、中药饮片区设施设备　主要有中药斗柜、中药货柜、戥秤、天平、调剂台、研钵、包药纸、中药煎药机等。

（4）拆零区设施设备　包括有镊子、药勺、药刀、磁盘、医用手套、剪刀、酒精、棉签等，保证拆零区内清洁，保障药品质量安全。

（5）通风保暖照明设备　按照药店经营规模与要求配置，主要有空调、抽湿机、照明灯、暖气片、各式电扇等。

（6）装卸、搬运设施设备　药店用于装卸、搬运商品所用的设施设备，常用器具包括多类型手推车、手提篮、搬运车等。

（7）软件设备　包括有企业药品质量管理制度、相关管理记录、台账、相关财务票据和药店收货验收、销售、储存养护、采购计算机管理软件等。

（8）便民服务设施　药店根据经营需求与消费者需求可配置饮水机、血压计、血糖仪、存物柜、桌椅、导购栏、垃圾箱、购物篮、推车等。

2. 保管设备

包括各类保管存护的设施设备，有橱柜、中药饮片储存箱等，需阴凉、冷藏药品配备阴凉柜、冷藏箱、冰箱。药店有经营二类精神药品、医疗用毒性药品及罂粟壳资质的，还需配备保险箱。

3. 验收养护与检验设备

药店对商品进行验收和养护、检验以及避免商品质量变性、失效的相关设施设备。包括有温度计、湿度计、空调、制冷机、除湿机、加湿器、分析天平、烘干箱、风幕、空气调节器、散热器、暖风机等。

4. 消防安全设备

（1）防火设备 报警器、消防栓、应急照明灯、警示牌、消防通道、安全出口、指示灯、水枪、防火卷帘、消防水源、喷淋系统。

（2）防盗设备 防盗门、保险柜、保险锁、防盗磁扣、监控设施、警示标语等。

5. 员工工作配置

门店员工工作、休息时所需配备的相关设施设备，包括有工作服、更衣柜、座椅、电话、微波炉、储物柜等。

（二）GSP 设施设备布置要求

2016 年版《药品经营质量管理规范》（GSP）要求营业场所应当具有相应设施或者采取其他有效措施，避免药品受室外环境的影响，并做到宽敞、明亮、整洁、卫生。具体要求如下。

1. 药品与地面隔离、陈列设施

GSP 规定，按照药品陈列要求，营业卖场应当设置货架、柜台，按剂型、用途以及储存要求分类陈列。药品营业卖场设置有仓库的，根据储存要求，药品与库房内墙、顶、温度调控设备及管道等设施间距不小于 30cm，与地面间距不小于 10cm，每垛间距不得小于 5cm，需采用相关工具或者设备进行隔离，包括有塑料托盘、木制托盘、货架等。

2. "五防"设施

营业卖场与库房应当设置避光、通风、防潮、防虫、防鼠等设备保证药品质量安全。

（1）避光 避免阳光直射的设施，包括窗帘、百叶窗、磨砂玻璃等。

（2）通风 促进空气流通的设施设备，包括换气扇、空调、电风扇、空气净化器等。

（3）防潮 避免因湿度原因影响药品质量安全的设施，包括有抽湿机、干燥机、防潮柜等。

（4）防虫、防鼠 避免药品特别是中药材、中药饮片受虫蛀、鼠害，导致药品质量受损的设施，包括捕鼠夹、挡鼠板、捕鼠笼、驱蚊灯、纱窗等。

3. 调控温湿度与空气流通设施

由于药品质量特殊性，药店对温湿度有严格要求，根据温湿度要求，药店应当配备以下设施设备：常温区温度要求控制在 10～30℃，应当配备有空调、风扇、风幕、温度计等设施设备。阴凉区温度要求不超过 20℃，药店门店应当配置阴凉柜，并设置有相应温度监控。冷藏区温度要求控制在 2～10℃。经营冷藏药品的，应当配备有相应冷藏柜、冷柜或冰箱，并设置有相应温湿度监控。药品储存相对湿度应保持在 35%～75% 之间，有特殊质量要求的药品应设置相应湿度条件。

4. 符合药品要求的照明设施

药店照明应当满足药品陈列与用电安全的要求，药店内照明应当保证药品标识识别的光线强度，无阴暗区、无光照死角。

5. 有特殊要求药品设施设备

（1）特殊管理药品 GSP 规定，药店经营二类精神药品、麻醉药品（罂粟壳）、医疗毒性药品应当有符合安全规定的专用存放设备。

（2）拆零药品 药品拆零应当在拆零区完成工作，药店应当配置药品拆零销售所需的调配工具、包装用品，如镊子、医用手套、剪刀、托盘、拆零用包装袋等。

四、环境管理要求

对于零售药店而言，环境氛围的设计应综合考虑到消费者的视觉范围和流动方向、出入口通道、门店主推品种、购物是否有拥挤感等多种因素，在合适的地方摆合适的商品，才能尽可能引起消费者购买的欲望，增加购买概率。

（一）照明要求

门店整体环境明亮是药店装修设计的基本要求，门店照明明亮无阴影也是法律规范的明确规定。同时，灯光照明也有着聚焦、传递信息的作用。灯光照明要求应当考虑以下几个方面。

1. 灯光强弱

灯光的强弱很大程度影响着消费者的视线，过于明亮的光线会导致人的眩晕感，光线过暗，则会让人感觉昏暗，都不利于药品的销售，同时，照明方式过于单一乏味，会缺乏特色，无重点的突出。对于门店来说，不同商铺、不同格局、不同商品间灯光的照明亮度应区别。药店灯光应当均匀分布，保证所有商品的照明亮度，照明亮度 1600lx 以上，能使顾客感受到明亮、轻松、从而产生健康的感觉。同时为做出区分，门店的出入口、橱窗、堆头、主推品种等重点区域需要更高的亮度进行重点照明，一般而言，药店门店的照明亮度要求如图 8-4 所示。

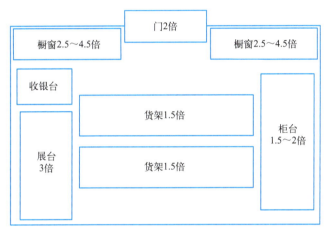

图 8-4　药店门店的照明亮度要求

2. 灯光色彩

灯具的类型与照明的颜色的不同，商品呈现的质感与状态也会呈现区别。药店作为一类特殊商品的门店，应当要求氛围素雅与严肃，要求药品的状态能原始地显现，门店内环境不适宜使用红光、绿光、紫光等过于明亮的色彩使得商品失真。

3. 灯具距离

过强或过近的灯具距离会导致药品包装褪色、变色，药品变性变质，不仅导致药品无法销售，也会使得消费者对门店信任度下降。因此在药店设置灯具距离时，除考虑商品照明需求外，也要注意灯具与商品的距离。一般来说，药品与集光性强、照明温度高的灯具间距离不得少于 1m。

4. 照射角度

灯光设计还要考虑灯光照射角度，照明应当避免产生阴影，重影照射不宜照射在消费者身上，也不应产生逆光，影响购物。

（二）视觉色彩

一个人对商品的感知可以在 7 秒内留在人的印象里，这就是色彩营销中的 7 秒色彩理论。一般而言，药店的装修色彩应当以素雅的淡色为主，如暖白色、淡蓝色、淡绿色，让消费人群感到适宜温馨，不应使用色彩过于明亮刺眼的色彩，影响消费人群的停驻时间。

M8-3　7秒色彩理论

(三) 声音

对于药店来说,需要考虑主要的消费对象与经营商品,多选用较轻快、温馨的音乐而避免使用动感、快节奏音乐,播放背景音乐也不可循环重复播放,导致人的厌烦。同时,商店一般临街设置,且消费群体较大,噪声较高,过强的噪声会导致人烦躁不安、心情不悦,因此,可以使用轻柔舒缓的音乐达到降噪效果。除此之外,在不同时间段内,背景的音乐也可以适当调整,如促销节日期间播放喜庆的音乐,早上开业可以播放活泼的音乐,刺激人的精神,在消费者较多、工作氛围较紧张的时间段播放一些舒缓的音乐放松人的心情。

(四) 气味

药店应当消除店内的不良气味,使消费者感到舒适,注意通风排气、空气净化的设施布置,可以适当地释放芳香的气味。药店本身还可以协调所销售的药品的特征,凸显药品的香味,起到促进销售作用。

(五) 温湿度

药店温湿度条件首先需要符合GSP有关规定,同时要注意空气温湿度适中,使消费者在店内感到舒适。当人流量较大,空气污浊时,应当注意换气通风,加强空气净化。天气过于炎热时,室内的空调不能开太低,导致内外温差过大引起消费者的生理不适。出现有梅雨天或潮湿的季节,注意抽湿排湿,为消费者提供清洁、舒适的购物环境。

(六) 卫生条件

为保证药品质量、保障用药安全,药店应当创造优良、清洁的工作环境。营业场所内环境要做到干净卫生、明亮整洁、无灰尘、无污染、无积水、无垃圾、无虫鼠害。每天早晚至少各做一次清洁打扫,药店经营场所卫生需要责任到人,保证货架商品陈列摆放整齐工整,药品无乱摆乱放、凌乱或空架情况。

【任务实施】

4~6人为一组,学习药店营业卖场布置的方法、步骤和内容,设计门店空间布局并对营业场所的成本进行预算。

(1) 设计药店空间布局 模拟药店空间设计,对门店的招牌、卖场经营区域进行合理的分区与规划,预估门店需采购的设施设备,并绘制药店卖场平面设计图。

(2) 药店营业场所设施设备配置 根据拟设药店经营范围,结合所学知识,对药店经营所需配置设施设备进行统计,整理汇总成设施设备一览表,并分析设施设备配置是否齐全合理。

【任务评价】

组名:

考核内容	评分细则	分值	自评	互评	师评
职业素养与操作规范(20分)	仪容仪表:工作服穿着整齐(袖口扎紧),得4分;不披发、化淡妆、不佩戴首饰,双手洁净、不留长指甲,指甲不染色,得4分	8			
	合作意识:组内同学分工明确、规定时间内完成任务,得5分	5			
	法律意识:操作设计过程坚守法律红线,无违反法律法规情况,得3分	3			
	审美意识:设计美观、新颖,得4分	4			

续表

考核内容		评分细则	分值	自评	互评	师评
技能 (80分)	设计药店空间布局	1. 空间整体布局符合规范且美观,得10分; 2. 药店空间功能齐全,得10分; 3. 药柜、台面高度、设计尺寸等商品陈列空间符合要求,得5分; 4. 药店辅助空间设计规划合理,得5分; 5. 顾客服务空间设计规划合理,得5分; 6. 设计图纸字体、数字标注符合规范,得5分	40			
	药店营业场所设施设备配置	1. 设施设备配置齐全,得10分; 2. 药品隔离、陈列设施合理,得5分; 3. "五防"措施配置齐全合理,得5分; 4. 照明设施合理,得5分; 5. 有特殊要求药品设施齐全,得5分; 6. 便民服务设施合理,得3分; 7. 消防安全设施合理,得2分; 8. 员工工作配置齐全合理,得2分; 9. 其他与药店运营相关设施合理,得3分	40			

【营业卖场布置技能考核答卷】

班级:　　　　　姓名:　　　　　学号:　　　　　成绩:

内容	项目	布置思路
设计药店空间布局	药店招牌	命名: 所用材料:
	营业卖场分区面积	药品储存陈列区 1. 常温区: 2. 阴凉区: 3. 冷藏区: 4. 辅助作业区: 5. 便民服务区: 6. 员工工作区: 7. 其他分区:
	空间布局设计思路	

续表

内容	项目	布置思路
药店营业场所设施设备配置	药品储存陈列区设施设备	常温区： 阴凉区： 冷藏区：
	便民服务区设施设备	
	员工工作区设施设备	
	其他需配备设施	

【任务实训报告】

班级：　　　　　姓名：　　　　　学号：　　　　　成绩：

实训任务	
实训目的	
实训步骤	
注意事项	

续表

实训反思	

【课后作业】

GSP 规定的零售药店设施设备配置要求：_____

_____

_____

_____

M8-4 药店选址和开办、布置营业卖场课件

任务三　运营 DTP 药店

【学习目标】

素质目标：具备重症病患者的服务意识，在服务学习中体会对患者进行全治疗周期的管理必要性，坚守法治底线。

知识目标：能在 5min 内完整阐述 DTP 药店运转模式；能在 10min 内大概陈述 DTP 药店的现状及意义；能在 10min 内基本阐明 DTP 药店的药事服务内容。

能力目标：具备对患者全治疗周期的管理能力，包括用药指导、用药提醒、监测用药不良反应及用药后的指标变化，为医生的后续用药提供调整依据，并向药品生产企业提供相应的数据及支持服务等。

阅读材料

重症患者的亲情关怀——建档及回访

为什么 DTP 药店要对顾客进行建档和回访？

DTP 药店服务的主要对象为肿瘤、罕见病等重症病患者，对他们的基本信息进行档案建立，以便后期进行用药情况等跟踪回访，并对回访结果进行管理，是做好患者用药指导及服务，以患者为中心的具体体现。中国古代就有患者档案建立及回访的记载，如被称为"仓工"的西汉时期著名医家淳于意，就记录了我国现存最早的患者信息及就诊档案；而在宋朝，宋太宗晚年创办的御药院，专门掌管帝王及后宫的用药，并对药物使用情况进行记录及跟踪，是现代药店建档及回访的雏形。

【任务要求】

通过任务学习，对 DTP 新式药房有足够了解及具备基本特定消费者管理意识。了解医院、DTP 药店和传统药店的差异性。

要求：了解 DTP 药店的基础知识与高效运转所需能力；能够完整阐述 DTP 药店与医院、传统药店的区别；熟悉 DTP 药店运转模式；了解 DTP 药店的药事服务内容，并能应用这些内容模拟进行药事服务。

【任务准备】

一、任务名称

DTP 药店药事服务。

二、任务条件

项目	基本实施条件	备注
场地	60m² 以上的模拟药房	必备

续表

项目	基本实施条件	备注
设备	身高测量仪、体温计、体重秤、电话	选备
工具与材料	凳子、签字笔、空白纸	必备

【相关知识】

一、DTP药店的基础介绍

DTP的英文全称为Direct to Patients，是指"直接面向患者"，DTP药店是以患者为中心，在依据医院处方为患者进行药品销售的同时，提供用药咨询、追踪进展等服务的药店零售新模式。与传统的零售药店相比，DTP药店高效运转需要具备完善的医药流通能力、良好的盈利能力和专业化全流程药事管理能力。

M8-5 DTP药店的特点

二、DTP药店与医院、传统药店的区别

与传统的零售药店相比，DTP药店不仅是院外销售终端，更是连接医院、患者、药企三方的平台。

具体区别见表8-2。

表8-2 DTP药店与医院、传统药店的区别

模式	DTP药店	传统药店	医院药房
药品品种	处方药、专利药及高端新特药等特殊药品	非处方药（OTC）为主，部分处方药，药品品种相对齐全	所有病种的药品种类基本包含，但在新医改政策下新特药引进较难
提供服务	以患者为中心，提供一对一的全程药事服务和不间断的健康管理服务，合理对患者用药过程进行随访干预	以销售药品为服务主体，加以基本的用药咨询、测量血压等，针对每个患者的精准服务较少，近年逐渐引进如糖尿病、高血压等慢性疾病管理	药物咨询服务少，不能为患者提供时效性的个性化药事服务
药师配备	执业药师配备更多	一般以销售员为主，执业药师按国家配备每店1~2人	药师配备较多
经营理念	链接药物生产企业、医院与患者的平台	零售渠道的终端销售	承接院内处方为主
经营成本	人员要求高，地理位置以邻近医院为主，冷链配送服务，经营成本较高	规模较大，地理位置以居民区为主，高端设备较少，经营成本较低	医院配套科室，有政府财政支持
顾客来源	受经营范围影响，顾客来源小而专，但客单价可达传统药店的10倍以上，长远而言，可获得精准且长期的顾客资源	客流量大，来源较为杂乱，吸客能力主要受经营品种与服务能力影响	依靠医院的患者流量为主，药品销售份额当前在药品市场占绝对优势

三、DTP药店运转模式

DTP药店的运转模式精简、高效，与传统的医院和药店销售依赖商业公司连接药企和销售终端不同，DTP药房通过直接接触药企来获得更多的专业及服务资源，从而搭建更好的专业药事服务及患者教育体系。DTP药房绕过商业代理、政府药品招标采购环节，使药品流通链更为简洁，有利于减少流通成本以

M8-7 DTP药店运转模式

项目八 药店拓展 249

及提高药品安全性。

具体流通模式见图 8-5。

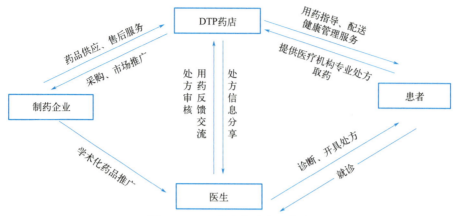

图 8-5　DTP 药店药品流通模式

四、DTP 药店药事服务

M8-8　DTP药店药事服务

由于所销售药品的特殊性，DTP 药店必须配备合格的执业药师，为患者提供专业且全面的药事服务，包括患者的用药指导、患者用药及健康教育、追踪随访、特殊药品输注、慈善赠药等。DTP 药房对药店员工的专业能力有更高的要求，员工需要掌握特殊疾病药品及其使用的相关知识，从而帮助患者改善用药体验和治疗效果。此外，患者的处方药用药信息也需要及时反馈给医院，其购药时的医保支付信息也应实时传送到医保端，使处方信息在药店、医院、医保三方保持互通，做到全程可溯。因此，患者的档案建立及追踪随访在 DTP 药店中起到非常重要的作用，也是体现"以患者为中心"的重要展现。

（一）档案建立

1. 基本信息收集

患者的基本信息是后期追踪的必要基础，同时，基本信息在一定程度上，也能反馈患者疾病的用药控制程度。

常见的基本信息见表 8-3。

表 8-3　DTP 药店患者基本信息收集表

建档日期	姓名	性别	年龄	BMI 值			饮食习惯（烟酒辛辣等）	家庭住址	联系电话
				身高	体重	范围			

以上所有信息均需如实填写，避免遗漏。如 BMI 值，对肿瘤患者就有特殊意义，由于肿瘤属于消耗性疾病，若患者在用药后一段时间出现 BMI 值下降严重，则可预判为病情恶化，药物控制不明显，需及时反馈专业医生。如长期大量吸烟，能诱发部分肿瘤，应及时对患者进行纠正及干预。

2. 疾病信息收集

疾病信息包括患者在药店进行档案建立前，在医疗机构完成的临床诊断及进行的治疗。

常见疾病信息收集见表 8-4。

表 8-4　DTP 药店患者疾病信息收集表

诊断日期	诊断疾病	诊断医院	诊断医生	一线治疗方案及时间	是否耐受	不耐受症状	二线治疗方案及时间	是否耐受	不耐受症状

在建档过程中需完整收集以上信息，通过完整、真实地了解患者的病因及既往治疗情况，后期可以更深入对患者用药进行跟踪以及了解其治疗用药情况，而不是仅仅对某一个单品进行回访。同时，也可结合以往的治疗方案综合解答患者的用药疑问。

3. 治疗信息收集

治疗信息是指患者针对在药店使用的新药所产生的情况信息。

常见治疗信息收集见表 8-5。

表 8-5　DTP 药店患者治疗信息收集表

首次用药时间	药物剂量	不良反应	应对措施	下次用药时间

其中首次用药时间是指在药店首次使用药品的时间，而非首次治疗时间。治疗信息的收集利于掌握患者的用药情况，及对出现的不良反应采取初步专业指导。并通过记录下次用药时间达成及时提醒、避免患者漏服的目的。

（二）追踪随访

随访追踪是针对患者在使用药店产品后具体情况的追踪，一般而言，需要在建立患者基本档案后即预约首访时间，并在随访提醒登记表上做好记录。

追踪随访示例表见表 8-6。

表 8-6　DTP 药店患者追踪随访记录

预约随访时间	随访内容			下次随访预约时间
	是否耐受	主要不良反应	建议应对措施	

随访是 DTP 药店"三专"（专业团队、专业能力和专业客服）和"三心"（放心、省心、安心）的重要体现，是患者关怀和稳定顾客的重要环节。

【任务实施】

模拟 DTP 药店现场，由教师准备好需要进行药事服务的表格及预设若干组参考信息，分批次轮流开展，另外批次同学开展分组评价，至少每组完成一轮信息采集或模拟随访，每组两人。八组为一批进行，两组进行基本信息采集，两组进行疾病信息采集；两组进行治疗信息采集；两组进行患者追踪随访。

（1）基本信息采集　根据预设的患者信息进行询问并填写清楚，应用收集的信息计算出 BMI 值（BMI＝体重/身高^2（体重单位：kg；身高单位：m）。判断出该患者当前 BMI 值的指标范围（对于亚洲人而言 BMI 在 18.5～23.9 之间为正常，低于 18.5 为过瘦，24～27.9 为超重，高于 27.9 为肥胖）。

（2）疾病信息采集　对一线或二线治疗方案及时间询问并记录清楚，对不耐受具体症状进行挖掘。

（3）治疗信息采集　注意首次治疗时间的正确判断，不良反应的正确挖掘。

（4）患者追踪随访　正确使用礼貌话术，根据患者不良反应表现及重视程度适时缩短下次预约回访时间（正常可在两次用药中及用药前一天进行随访）。

【任务评价】

组名：

考核内容		评分细则	分值	自评	互评	师评
职业素养与操作规范（25分）		仪容仪表：工作服穿着整齐、不卷袖口、裤腿，得4分；不披发、化淡妆、不佩戴首饰，双手洁净、不留长指甲，指甲不染色，得4分	8			
		精神面貌：饱满热情、面带微笑、耐心细致、礼貌用语，得10分	10			
		操作过程中正确选择表格，得3分	3			
		主动意识：对行动不方便患者主动搀扶让座，得4分	4			
技能（75分）	基本信息采集	1. 正确填写，不缺项不错项，得5分； 2. 准确计算出BMI值，得5分； 3. 判断出正确BMI范围，得10分	20			
	疾病信息采集	1. 正确询问及记录治疗方案、治疗时间，得5分； 2. 二线治疗方案询问并记录，得3分； 3. 不缺项，得2分	10			
	治疗信息采集	1. 正确判断首次治疗时间信息，时间规则按××××年××月××日格式填写，得10分； 2. 不良反应正确筛选填写，不填写无用信息，得7分； 3. 药物剂量、应对措施、下次用药时间正确填写，每项得1分	20			
	患者追踪随访	1. 预约随访时间一致，随访时先后台、实时核对患者信息，得10分； 2. 对当前体重进行询问并根据以往资料计算BMI值，范围判断正确，得10分； 3. 成功预约下次随访时间，得3分； 4. 其余不缺项，得2分	25			
总分及得分			100			

【任务实训报告】

班级：　　　　姓名：　　　　学号：　　　　成绩：

实训任务	
实训目的	
实训步骤	

续表

注意事项	
实训反思	

【课后作业】

1. DTP药店的"三专""三心":_____

_____

_____

2. 简述DTP药店与传统药店药品品种的特点。

DTP药店:_____

传统药店:_____

M8-9 运营DTP药店课件

参 考 文 献

[1] 梁春贤,俞双燕.药店经营与管理.2版.北京:中国医药科技出版社,2018.
[2] 俞春飞.药店零售与服务技术.北京:高等教育出版社,2015.
[3] 秦红兵,陈俊荣.药学服务实务.2版.北京:人民卫生出版社,2018.
[4] 李洪福.网络创业培训教程.北京:中国劳动社会保障出版社,2021.
[5] 聂林海.网店运营基础.北京:高等教育出版社,2019.
[6] 聂林海.网店运营.北京:高等教育出版社,2021.
[7] 段文海,孙晓.医药电子商务.北京:中国医药科技出版社,2021.
[8] 王梅.药房工作实务.北京:化学工业出版社,2019.
[9] 周在富,王元忠,曾祥燕.药学服务技术.北京:化学工业出版社,2022.
[10] 张平.医药商品购销员(中级).2版.北京:中国劳动社会保障出版社,2015.
[11] 叶真,丛淑芹.药品购销技术.北京:化学工业出版社,2020.
[12] 丛淑芹,李承革.药品购销技术综合实训.北京:化学工业出版社,2022.
[13] 张宁.零售药店实务.北京:中国医药科技出版社,2021.
[14] 王桂梅,于勇.药店零售与服务技术.2版.北京:中国医药科技出版社,2021.
[15] 王淑玲.药品零售管理与实务.北京:人民军医出版社,2010.
[16] 李松涛.中药炮制技术.3版.北京:化学工业出版社,2021.
[17] 管金发,杜明华.中药调剂技术.北京:化学工业出版社,2020.
[18] 马烈光,章德林.中医养生学(新世纪第四版).北京:中国中医药出版社,2021.